Dieter Schenk

Tod einer Polizistin

Die
Geschichte
eines
Skandals

Hoffmann und Campe

Die Deutsche Bibliothek – CIP Einheitsaufnahme
Schenk, Dieter:
Tod einer Polizistin: Die Geschichte eines Skandals / Dieter Schenk.
– 1. Aufl. – Hamburg: Hoffmann und Campe, 2000
ISBN 3-455-06494-9

Schutzumschlag: Büro Hamburg / Stefanie Oberbeck
Satz: Utesch GmbH, Hamburg
Druck und Bindung: GGP Media, Pößneck
Printed in Germany

Im Gedenken an

Alexandra Richter
Stefanie Limmer
Nina Dreisbach
Silvia Braun

Inhalt

Tod einer Polizistin –
Die Geschichte eines Skandals 9

Nachwort 166

Dokumentarischer Anhang 169

Kontaktadressen 222

Abkürzungsverzeichnis 226

Literaturhinweise 228

Die folgende Geschichte beruht auf Begebenheiten, die sich so oder ähnlich irgendwo in Deutschland zugetragen haben und immer wieder zutragen können. Mit Rücksicht auf die Opfer und ihre Lebensgeschichte sind die dargestellten Personen und Schauplätze lediglich an die Wirklichkeit angelehnt.

1

Hallo Mama.

Es tut mir leid, wenn ich dir jetzt noch einmal große Sorgen bereite. Aber ich will nicht mehr nach Berlin. Was soll ich dir sagen? Das Handy abzumelden dürfte nicht schwer sein. Die Schlüssel, die auf dem Fernseher liegen, sind für mein geliebtes Polizeirevier. Die Telefonnummer findest du in meinem Notizbuch. In Charlottenburg musst du mich auch abmelden. Da redest du am besten mit dem Heiko. Seine Telefonnummer steht unter Kaiser im Notizbuch. Ich weiß, dass dies der feigste Ausweg ist, aber ich kann mir nicht mehr anders helfen. Aber das war oder ist meine letzte Entscheidung. Meine eigene Entscheidung. Ich hoffe, du kannst mir verzeihen. Gerade habe ich noch mal mit dem Herrn Rumpf telefoniert. Die glauben mir gar nichts mehr, ich traue mich da nicht mehr hin. Bitte versuche mich ein bisschen zu verstehen. Jetzt weiß ich dann hoffentlich bald, ob es einen Himmel gibt. Bete für mich. – Du tust mir bei der ganzen Sache am meisten leid. Aber tröste dich, denn jetzt finde ich hoffentlich meinen Frieden. Jetzt fällt mir gerade nichts mehr ein. Wir haben das ja alles nächtelang besprochen. Danke, dass du mir zugehört hast. Schau, dass du die Telefonnummer vom Heiko abschreibst, weil, wie ich meine Polizeikollegen einschätze, werden sie diesen Brief und mein Notizbuch sicherstellen. Es ist jetzt Dienstag etwa 10.00 Uhr. Wenn ich es ändern könnte, wie alles verlaufen ist, würde ich es tun. Aber ich traue mich nicht mehr nach Berlin. Ich habe keine Lust mehr, mich von denen quälen zu lassen. Wenn du vielleicht irgendwas gegen die A-Schicht unternehmen willst, lass den Heiko aus dem Spiel. Vielleicht sollte ich gegen einen Baum fahren, dann sieht es vielleicht wie ein Unfall aus. Aber mit meinem Schutzengel passiert mir nichts. Also nehme ich diesen Weg. Nicht mal das kann ich entscheiden. Na ja, also bitte mache dir nicht so viele Sorgen, und es tut mir leid. Also dann hör ich mal jetzt auf zu schreiben.

Ich liebe Dich.

Deine Hanna

Elisabeth Büttner ließ den Brief sinken. Immer wieder hatte sie ihn in den letzten Tagen durchgelesen. Jetzt setzte sich der ICE nach einem kurzen Halt in Wannsee in Bewegung, in acht Minuten musste sie am Bahnhof Zoo aussteigen. Sie steckte den Brief in ihre Handtasche. Der Geschäftsmann mit dem Laptop, der ihr gegenüber saß, sah, wie ihre Hände zitterten. Sie trug einen schwarzen Faltenrock und eine schwarze Bluse. Plötzlich, mit einem Schwung, stand sie auf, zog ihren Mantel an und wollte die Reisetasche von der Gepäckablage heben. Der Mann kam ihr zuvor und reichte ihr die Tasche mit einem Lächeln. Elisabeth Büttner war so in Gedanken, dass sie von der freundlichen Geste keine Notiz nahm. Als eine Stimme über Lautsprecher die Anschlusszüge am Bahnhof Zoo bekannt gab, verließ sie grußlos das Abteil und stieg aus dem Zug. Sie hasste Berlin.

Den Brief fand sie erst vor gut einer Woche, mehr als sechs Monate nachdem sich Hanna erschossen hatte. Erneut entfaltete sie die beiden DIN-A4-Blätter. Elisabeth Büttners Gedanken drehten sich ständig im Kreis: Gut, dass Hanna schreibt, wir hätten nächtelang diskutiert. Aber doch nicht über den Tod, sondern welche Alternativen es gibt. Ich habe ihr gesagt: »Hör zu Hanna, das hat alles keinen Zweck mehr, du hörst bei der Polizei ganz einfach auf.« Damals hat Hanna immer den Kopf geschüttelt und gemeint, dann müsse sie in einer Fabrik arbeiten. Ich habe ihr gesagt, dass sie sich beim Arbeitsamt erkundigen und eine andere Ausbildung beginnen solle. »Mama, meinst du, ich will Friseuse werden oder irgend so einen Scheiß?« Ich antwortete, vielleicht mache ihr was mit Computern Spaß. – Hätte ich doch nur etwas von dem anderen Selbstmord gewusst, von dem der Lisa Nöske! Ich hätte ganz anders reagiert, ich war ja so ahnungslos. Nie und nimmer hätte ich das erwartet. Klar, es ging ihr nicht gut, sie hat abgenommen, sie hat sich gehen lassen. Ich habe mir den Kopf zerbrochen, wie ich sie aus dem Tief rausbringe. Dass sie sich umbringt, habe ich nicht im Traum gedacht. Der Brief lag unter Büchern in ihrem Zimmer in Ludwigsburg. Ich habe dort seit ihrem Tod nichts verändert. Ich werde das Zimmer immer in diesem Zustand lassen. Nicht dass ich ihren Tod zelebriere, wir versuchen so normal wie möglich zu leben. Es hängt auch nicht in jedem Raum unserer Wohnung ein Bild von ihr, gar mit Trauerflor. Dann müsste ja Gernot denken, er spiele als Sohn überhaupt keine Rolle mehr für mich. Er hat es schwer genug. Ihre Kleidung habe ich an das Ludwigsburger Frauenhaus gegeben. Das hat weh getan – wieder ein Stück von ihr, das endgültig weg ist. Der Brief lag so, dass man ihn nicht sofort finden konnte. Sie schrieb ihn dienstags, erschossen hat sie sich am Freitag. War es ein Hilferuf? Sollte ich den Brief entdecken und sie von dem Schritt abbringen? Wenn ich das nur wüsste, es macht mich ganz verrückt. Aber ich sage mir, dass es so nicht sein kann, dazu war der Brief zu gut versteckt. Ich wische doch nicht jeden Tag Staub und bewege die Bücher im Regal, das wusste sie auch ganz genau. Doch quält es mich, dass ich es nicht an diesem Mittwoch oder Donnerstag getan habe, sie ist ja am Donnerstagabend wieder nach Berlin gefahren.

Auf dem Kongress in Berlin kannte Elisabeth Büttner niemanden persönlich. Die *Kritischen Polizisten und Polizistinnen* und der Verein *Pro Police* hatten eingeladen, über Mobbing in der Polizei zu reden, unter anderen auch Hannas Mutter, als Angehörige eines Opfers. Im Tagungssaal hatten sich schon eine Handvoll Journalisten versammelt, überall war gedämpftes Plaudern zu hören, Kamerastative klapperten, eine Videokamera wurde aufgebaut. Elisabeth Büttner suchte sich einen Platz in der zweiten Reihe. Den Medien war sie keine Unbekannte mehr, denn sie hatte den Kampf gegen die Berliner Polizei aufgenommen. In einem Fernsehinterview hatte sie gegen den Polizeipräsidenten und seine Mobbing-Kommission gewettert. Und sie hatte Hannas Abschiedsbrief an die Presse gegeben: das BERLINER ECHO und die BERLINER ALLGEMEINE (B.A.) druckten den vollen Wortlaut ab.

Eine junge Frau setzte sich neben Elisabeth Büttner. »Hallo, ich bin Renate.« Frau Büttner musterte sie von der Seite, sie war in Hannas Alter und blond wie sie. Frau Büttner fragte: »Sind Sie auch bei der Polizei?« Renate nickte. »In Bremerhaven.« Sie könnte meine Tochter sein, dachte Hannas Mutter.

Warum nur geht so ein junges Mädchen zur Polizei? fragte sie sich. Es gibt doch so viele schöne, friedliche Berufe. Solche, bei denen nicht ständig alles auf Konflikt hinausläuft. Aber Hanna wollte unbedingt diesen Beruf und keinen anderen. Sie war ja schon immer eine Gerechtigkeitsfanatikerin. Sie war immer sehr genau, sogar zu Hause beim Doppelkopf, wenn Streit aufkam und der Hund Benny wie verrückt bellte, bis sich wieder alle vertrugen. Elisabeth Büttner sah Hanna in Gedanken mit dem Hund im Haus herumtoben, erinnerte sich an Weihnachten oder an Ostern, an Geburtstage, an die Kommunion – man hätte die Zeit anhalten müssen, nun lag sie da drüben auf dem Friedhof, keine dreihundert Meter vom Elternhaus entfernt.

Hanna wollte niemals einen Vorteil für sich, auch nicht in der Schule, ereiferte sich aber über jede Bevorzugung, die sie einem Lehrer anlasten konnte. Deswegen war sie auch die meiste Zeit Klassensprecherin, obwohl sie nie zu den guten Schülerinnen gehörte. Sie konnte Ungerechtigkeit nicht ertragen. Schon als Kind hatte sie sich zu behaupten gewusst und ihre Ziele verfolgt; was sie sich in den Kopf setzte, führte sie durch.

Von klein auf war Hanna eine gute Schwimmerin und sehr mutig dazu. Mit zehn Jahren war sie vom 5-Meter-Brett gesprungen, hatte alle Schwimmprüfungen bestanden, schließlich auch das Rettungsschwimmen. Wenn die Familie in Urlaub fuhr, war sie aus dem Wasser gar nicht rauszukriegen. In der 4 x 100-Meter-Staffel belegte sie den zweiten Platz. Dann ging sie in den Ludwigsburger Tauchclub und lernte Gerätetauchen, das wurde ihr liebstes Hobby. Ihre Mutter hatte oft zu ihr gesagt: »Du lebst lieber unter dem Wasser als irgendwo sonst.« Und Hanna hatte geantwortet: »In meinem früheren Leben war ich ein Fisch.«

In den letzten Jahren hatte sie oft Tauchurlaub gemacht: Hurghada in Ägypten am Roten Meer, Malediven oder Mombasa. Ihr sehnlichster Wunsch, den Manta-Rochen in der Südsee zu sehen, wurde nicht mehr erfüllt. Sie besuchte in Stuttgart Kurse in Unterwasserfotografie und brachte wunderbare Fotos mit. Manchmal fürchtete sich die Mutter, wenn sie auf Dias ihre Tochter von Haien umringt erkannte. Hanna zeigte ihr dann lachend das Zeichen der Taucher, den aus Daumen und Zeigefinger gebildeten Ring, was bedeutete, dass alles in Ordnung war. Nur einmal hatte sie die Panik gekriegt, da hing sie an einem Wrackteil fest, und ihre Tauchkameraden haben es nicht gleich gemerkt. Sie durfte nicht gleich aufsteigen, sondern musste wegen des Druckausgleichs auf halber Tiefe Station machen, danach war sie ziemlich erschöpft. Sie war sehr stolz auf das Taucheremblem hinten auf ihrem blauen BMW.

Sie war überhaupt eine unternehmungslustige Frau. Bevor sie zur Polizei ging, kämpfte sie Jiu-Jitsu und errang erst den orangefarbenen und dann den gelben Gürtel. Bei der Polizei hat sie dazu keine Zeit mehr gehabt. War ihre Mutter manchmal besorgt, wie es ihr in Berlin ginge, welche Gefahren auf sie lauerten, meinte sie: »Mama, ich kann doch Jiu-Jitsu und außerdem Polizeigriffe.« Das hatte die Mutter tatsächlich beruhigt. In den letzten drei Jahren entdeckte sie die Lust am Motorradfahren. Sie fuhr mit ihrer 650er Honda in den Schwarzwald oder an den Bodensee. Mal hatte sie einen Freund und dann wieder nicht, sie wollte sich nicht so früh binden, oder es war noch nicht die große Liebe. In diesen Dingen hatte sie ihrer Mutter nicht alles verraten.

Trotzdem war das Verhältnis zur Mutter vertrauensvoll, aber nicht ohne Spannungen. Hanna war rechthaberisch und oft dicköpfig. Wegen Kleinigkeiten kam es zum Streit, der leicht in Gebrüll ausartete. Sie konnte ausrasten, wenn die Mutter ihre notorische Unpünktlichkeit beanstandete oder ihr in Geldausgaben reinreden wollte.

Im Grunde wollte sie sich von niemanden etwas sagen lassen und hatte Probleme damit, jemanden als Autorität anzuerkennen.

Schon als sie dreizehn war, sprach Hanna davon, Polizistin zu werden. Sie war noch Polizeischülerin, da ging sie mit einer Kollegin im Supermarkt einkaufen. Die Kassiererin gab ihr versehentlich zehn Mark zu viel raus, Hanna merkte es und reichte ihr das Geld zurück. Als sie außer Hörweite von der Kasse waren, meinte die Kollegin, das Geld hätte Hanna ruhig behalten können, die Supermarktkette sei doch reich genug. Sie war noch immer empört, als sie ihrer Mutter den Vorfall erzählte. »Mama, ich weiß gar nicht, was die bei der Polizei will, wenn sie so denkt.«

Den Einstellungstest bei der Polizei bestand sie mit »gut«. Von 507 Bewerberinnen und Bewerbern hatten 487 die Prüfung geschafft, sie landete auf Rang 186. Die Rechtsfächer lagen ihr besonders, während sie Polizeidienstkunde hasste. Natürlich war sie in Sport eine der Besten. Mit Hannas Dozenten für Kriminalistik und Kriminologie gab es Probleme, denn er war als Frauenheld bekannt. Er bestellte Hanna zu sich, unterhielt sich zunächst mit ihr über Sexualdelikte und befragte sie dann nach ihrem eigenen Sexualleben. Hanna wich den Fragen zunächst aus. Als er aber zudringlich wurde, verließ sie empört das Zimmer. Daraufhin verbreitete er das Gerücht, Hanna sei lesbisch. Hanna meldete sich öfter donnerstags krank, an dem Tag, an dem sie drei Unterrichtsstunden bei ihm hatte, sie konnte ihn nicht mehr ausstehen. So kam es zu »Fehlzeiten« in der Ausbildung, die der Polizeipräsident heute gerne anführt, wenn er beweisen will, dass Hanna von Anfang an eine Querulantin gewesen sei. Sie war aber nicht schwierig, sondern ganz einfach hübsch, und ein Chauvinist machte ihr das Leben schwer. Dieser Ausbilder, der sich für unwiderstehlich hielt, war übrigens das Problem vieler Polizeischülerinnen.

Tatsächlich musste sich Hanna nach Ablauf der Probezeit wegen dieser Fehlzeiten dem Polizeiarzt vorstellen, der keine Bedenken hinsichtlich ihrer Weiterbeschäftigung hatte. Elisabeth Büttner hatte ihr damals öfter gesagt: »Kind, du musst dich geschickter verhalten, zeig dem Kerl deine Verachtung, aber geh' in den Unterricht.« Sie aber blieb stur, weil sie stinksauer auf ihn war. Ihre Gradlinigkeit hatte die Mutter andererseits bewundert, aber ihr war schon klar, dass sie damit noch öfter anecken würde. Vielleicht hätte sie Hanna doch mehr zur Anpassung raten sollen, heute warf sie sich das vor. Sie hatte darauf vertraut, dass sie sich durchsetzte. Nie hatte sie erwartet, dass man sie so fertig machen und in die Verzweiflung treiben würde. Ja, sie hatte es als Mutter noch nicht einmal gemerkt.

Es schien, als liefe nach Hannas Ausbildung zunächst alles gut. Am langen Wochenende kam sie regelmäßig nach Ludwigsburg, zwischendurch telefonierten sie öfter. Einmal war Hanna sehr bedrückt, es wurde nach einem vermissten Kind gefahndet, das möglicherweise einem Verbrechen zum Opfer gefallen war. Da sie sich für den Taucheinsatz interessierte, stand Hanna unmittelbar daneben, als ein Taucher der Bereitschaftspolizei die Leiche des Mädchens aus dem Hafen Lichterfelde zog. Es lag wohl ein Sexualmord vor, denn sie sagte: »Mama, wenn ich in dem Moment den Kerl vor mir gehabt hätte, ich hätte ihn erschossen.« Das hat sie noch lange beschäftigt, denn später arbeitete sie für *amnesty international*, die ja als Menschenrechtsorganisation ablehnt, einen Verbrecher mit dem Tod zu bestrafen. Das akzeptierte sie auch, hatte aber trotzdem solche Gefühle, einen Sexualmörder über den Haufen schießen zu können. Sie diskutierte das bei *amnesty*, man sagte ihr: »Wenn du für die Todesstrafe bist, kannst du bei uns nicht Mitglied sein.« Sie beteuerte, dass sie selbstverständlich gegen die Todesstrafe sei, dass sie es schrecklich finde, was in den USA gemacht wird. Die Leute haben sie beruhigt und gemeint, in ihrer Wut hätte sie solche Gedanken gehabt, aber bis zur tatsächlichen Ausführung sei ein langer Weg, dazu wäre sie nicht wirklich fähig gewesen. Heute war Hannas Mutter nicht mehr so sicher.

Einmal musste Hanna am Castor-Einsatz teilnehmen. Ihre Mutter machte sich große Sorgen, dass sie Strahlung abbekam, sie hatte eine Strecke sichern müssen, wo der Transport auf dem Zug vorbeifuhr. Hanna war verunsichert, die Menschen demonstrierten, sie stand mitten in einer Polizeikette. Ein Rentner kam zu ihr und sagte: »Ich bin schon alt, aber Sie haben das Leben noch vor sich, ich stehe wegen euch jungen Leuten hier, damit das aufhört mit der gefährlichen Atomkraft.« Sie hat ihn angeschaut und die Lippen fest aufeinander gepresst, gar nichts gesagt. Dann musste der Bahndamm geräumt werden, die Leute wurden zurückgedrängt, es kam zu einem Drängeln und Schubsen und der alte Mann mittendrin. Mehr passierte nicht, aber er hat ihr furchtbar Leid getan, sie hatte ein schlechtes Gewissen.

Das waren die Themen zwischen Mutter und Tochter, wenn Hanna nach Ludwigsburg kam, wenn sie sich mit einem Kaffee und Donauwellen, ihrem Lieblingskuchen, in die Küche setzten und miteinander sprachen. Dann warf sie ihr Motorrad an und ließ den Wind alle trüben Gedanken wegblasen. Im Großen und Ganzen war sie zufrieden und glaubte noch immer, ihren Traumberuf ergriffen zu haben.

Das sollte sich ändern, als sie zum 19. Polizeirevier in die Dienstschicht A versetzt wurde.

Elisabeth Büttner ließ ihren Blick in dem Saal schweifen, der sich rasch zu füllen begann. Bald würde sie ihren Auftritt haben.

2

Polizeiobermeister Heiko Kaiser kam aus dem Nachtdienst in der Dienstschicht A. Er warf seine Uniform über die Couch, duschte kalt und versuchte die Müdigkeit abzuschütteln. Er hatte noch etwa eine Stunde Zeit, aber wenn er sich hinlegen würde, könnte ihn vielleicht der Schlaf überkommen. Er schwankte, ob er die Kaffeemaschine in Betrieb setzen sollte, und warf einen erschöpften Blick über Berge von Abwasch. Der Dienst widerte ihn an und auch diese Wohnung im tristen Pankow, die nach kaltem Rauch roch. Der Dreißigjährige war blass, hatte Ringe unter den Augen. Unwirsch ergriff er seine Jacke und verließ fast fluchtartig das Mietshaus in der Damerowstraße. Am Kiosk holte er sich das BERLINER ECHO, nahm einen Kaffee und überflog im Stehen die Schlagzeile: »Berliner Polizeidirektor fordert 50 000 DM Schadensersatz, weil ihn ein V-Mann des Verfassungsschutzes fälschlicherweise der Scientology-Mitgliedschaft beschuldigte.« Der Autor war am Kürzel zu entziffern: *max*.

Dann machte sich auch Heiko Kaiser auf den Weg zum Kongress. An der nächsten Ecke zog er sich wie automatisch eine Schachtel Zigaretten. Im Dienst hatte er bereits ein Päckchen geraucht; sein Kollege Arnold rauchte auch wie ein Schlot, da konnte man manchmal im Streifenwagen die Hand nicht vor den Augen sehen. In letzter Zeit wunderte er sich oft über sich selbst. Verkehrsunfälle aufzunehmen tat er am liebsten, wer hätte das gedacht. Früher fand er den VU langweilig, den Schreibkram, die Formulare. Arnold machte die Skizzen, das konnte er gut. So ein VU war meist eine klare Sache, da kommt man hin, die Leute stehen mit einem traurigen Gesicht vor dem Stück Schrott, das mal ihr liebstes Spielzeug war. Wenn die Frau mit dem Handy ihren Mann anruft, ist klar, wonach er zuerst fragt. Das und das ist kaputt, bringt sie weinerlich heraus – dann eine lange Pause und schließlich, ob ihr was weh tue. Zum Schluss sagt er wohl: »Hauptsache, dir ist nichts passiert«, der Heuchler. Selbst wenn sich die Unfallgegner streiten, kriegt man sie schnell ruhig, indem man sie trennt, und wenn jeder erst mal seine Geschichte vom Unfallhergang erzählt hat, ist die Luft raus. Es sind ja Normalbürger. Keine Penner, keine Dealer und vor allem keine Ausländer. Und Arnold oder Skinny rasten nicht aus und Niebergall brüllt nicht in den Funk: »Hauen Sie ihm eins auf die Nuss und kommen Sie dringend zurück zum Revier, hier ist für Sie eine Schachtel abgegeben worden.« Die »Schachtel« bedeutet, dass jemand einen Kasten Bier spendiert hat. Manchmal sagte Niebergall außerdem: »Fahren Sie über den I-Punkt.« Das bedeutet beim Italiener vorbeizufahren und Pizza mitzubringen, die Giovanni für das Revier zum halben Preis verkauft. Niebergall wahrte absurder Weise die Funkdisziplin und benutzte die Sie-Form, aber gleichzeitig forderte er zu Körperverletzung, zum Alkoholgenuss im Dienst und zur Korruption auf. Das war reine Dummheit, weil er wissen musste, dass der Funksprechverkehr grundsätzlich aufgezeichnet wird. Genau solche Funkdurchsagen belasteten ihn in dem Ermittlungsverfahren, und Heiko und seine Kollegen hatten alle Mühe, ihn durch ihre Zeugenaussagen reinzuwaschen.

Nachdem der VU erledigt war, schlugen Fritz Arnold und er sich am Schlosspark Niederschönhausen für den Rest der zweistündigen Streife in die Büsche, Fritz war schon nach der zweiten Zigarette eingeschlafen. Heiko konnte in letzter Zeit im Dienst nicht mehr schlafen.

Als Kind dachte er immer: Polizei – das sind die Starken, die Mutigen, die kennen keine Angst, so wie sein Vater – der war auch Polizist, damals in Lüneburg. Er brachte ihm kleine Streifenfahrzeuge und einen Polizeihubschrauber als Spielzeug mit, als er etwas älter war auch eine Polizeimütze und eine Polizeikelle. In seinem Kinderzimmer baute er ein Blaulicht in sein Hochbett ein, Heiko war mit der Polizei aufgewachsen. Als er in der zweiten Schulklasse war, gab es ein Fest in Lüneburg, es spielte das Polizeiorchester, und mit großem Getöse landete ein richtiger Polizeihubschrauber auf dem Marktplatz. Sein Vater sprach mit den Piloten, plötzlich nahm er ihn ganz überraschend an die Hand, stieg mit ihm hinten in den Hubschrauber ein, er musste sich anschnallen und einen Helm aufsetzen, in dem er die Stimmen der Piloten und den Polizeifunk hörte. Dann stieg der Helikopter ganz langsam senkrecht in die Luft. Staub wirbelte auf, die Leute hielten alles fest, was wegfliegen konnte, und die rot verklinkerten Häuser sahen wie Spielzeug aus seiner Lego-Kiste aus, es war wie ein Traum. Er war so stolz, das alles seinen Schulfreunden erzählen zu können. Nie hatte er das seinem Vater vergessen, auch wenn er sich später oft mit ihm stritt. Sein Vater war übrigens dagegen, dass er zur Polizei ging. Am Anfang mache es Spaß, hatte er ihm erklärt, aber wenn man älter werde, hätte man irgendwann die Nase voll, sich nur mit den dunklen Seiten des Lebens rumzuschlagen. Er wollte, dass sein Sohn irgendetwas studierte, am besten Jura. Er sollte Staatsanwalt oder Richter werden, weil Polizisten Hochachtung vor diesen Leuten haben.

Natürlich waren dann, als Heiko sich für die Polizei entschied, die wenigen Planstellen für Hubschrauberpiloten längst besetzt, er hatte keine Chance. Es gab eine zweite Gelegenheit zum Mitfliegen, das war bei der Bereitschaftspolizei im Rahmen einer großen Übung. War ganz schön schwer, seinen Neid auf die Piloten im Zaum zu halten, die nicht viel älter waren als er. Sie wollten ihm unbedingt Angst einjagen, flogen auf tausend Meter Höhe und stellten den Motor ab. Man musste dann innerhalb von drei Sekunden auf Autorotation umschalten, sonst stürzte die Maschine vom Himmel. Er dachte sich, dass sie diese Notübung schon so oft trainiert haben, es würde schon nichts passieren. Dann schossen sie mit gesenkter Schnauze und erhobenem Schwanz zur Erde, nur wenige Meter über Weidezäune, und wirbelten den Bauern das aufgehäufte Heu wieder auseinander. Sie hatten Flausen im Kopf, vielleicht um ihre große Verantwortung zu ertragen. Einer der beiden bezahlte es mit dem Leben, das war etwa ein Jahr später. Er spielte auf dem Rhein »Wellenküssen«. Der Trick bestand darin, mit hoher Geschwindigkeit so dicht über das Wasser zu gleiten, dass die Kufen des Hubschraubers von den Wellenspitzen nass werden. Die Maschine berührte das Wasser etwas zu tief und versank mit zwei Piloten und einem Mechaniker. Seitdem war Heiko damit versöhnt, nicht bei der Hubschrauberstaffel gelandet zu sein, und bei diesem Gedanken fühlte er sich leicht schuldig.

Vor fünf Jahren war er noch stolz auf die Uniform. Sie zog die Blicke an, auch die der Mädchen. Er war dann nicht mehr Heiko Kaiser, sondern spielte einen lässigen Typen, wie er sie aus amerikanischen Filmen kannte. Mit Vorliebe trug er die Krawatte gelockert und den obersten Hemdknopf offen, er fand sich cool, seine Kollegen hielten ihn für unordentlich. Die Mütze zog er tief in die Stirn. Seine Waffe liebte er, sie machte ihn stark und unbesiegbar. Er besorgte sich für einen Kasten Bier bei dem Kollegen des

Ordnungsamtes einen Waffenerwerbsschein und kaufte eine kleine Pistole Beretta Kaliber 6.35. Eigentlich durfte er sie nur zu Hause aufbewahren, aber er hatte sie außer Dienst immer in der Tasche, einen Grund dafür gab es nicht. Wenn er in die Tasche griff und den kalten Stahl berührte, fühlte er sich ganz einfach gut. So oder so hatte er noch nicht begriffen, dass die Polizei etwas anderes war als ein Spiel.

Nicht etwa, dass er ein Polizei-Rambo gewesen wäre. Gewalt und Streit ging er schon immer aus dem Wege. Er hatte auf einem ganz anderen Gebiet Erfolg, er galt eine Zeit lang als der Polizeimeister, der in Berlin die meisten geklauten Autos auffindet. Das lag einerseits an seinem Zahlengedächtnis, er konnte sich gut Kennzeichen merken. Doch benutzte er einen Trick, den er niemandem verriet: Er schrieb sich aus der Tagesmeldung raus, wo ein Auto geklaut worden war und suchte dort die nähere Umgebung ab. Denn oft ließen die Täter ein Fahrzeug, dessen Tank sie leer gefahren haben, in dem Bereich zurück, in dem sie sich ein neues holen. Weil er diesen Ruf hatte, sprach ihn vor zwei Jahren bei einer Personalversammlung der Revierleiter Rumpf an, ob er nicht in seine Mannschaft kommen wolle, er könne ihn außer der Reihe zum Obermeister machen. Er habe in der A-Schicht nur gute Leute, das sei sozusagen seine Elite, die das Revier nach außen besonders erfolgreich erscheinen ließ.

Als Heiko Kaiser zum 19. Polizeirevier in die A-Schicht kam, war Hans Niebergall bereits der Schichtführer. Die Natur hatte ihn nicht gerade mit Schönheit bedacht, er wurde von den anderen »der Affe« genannt, denn er hatte einen gedrungenen Körperbau und war stark behaart. Besonders im Sommer quollen ihm die Haare am Hals aus dem kurzärmeligen Uniformhemd, die Arme bedeckte ein dunkler Pelz. Zudem hatte er schlechte Zähne. Sein Aussehen kompensierte Niebergall mit aufgesetzter Freundlichkeit. Im Kollegenkreis gab er sich kumpelhaft und war überwiegend beliebt, solange er gut drauf war. Seine Launenhaftigkeit ließ das Klima oft umschlagen, dann herrschte Spannung in der Gruppe. Niebergall genoss die Wertschätzung des Revierführers Rumpf, weil er dem Chef keine Schwierigkeiten machte und alles widerstandslos umsetzte, was dieser anordnete.

Wie eigentlich bei jeder Polizeieinheit die Regel, musste Heiko als Neuling einen Kasten Bier ausgeben. Es war ein ruhiger Nachtdienst gewesen, überwiegend waren sie im Revier geblieben, wenn auch das Diensttagebuch auf der Wache etwas ganz anderes auswies. Sie feierten also im Aufenthaltsraum Heikos Einstand, und Rolf Koller, der »Förster vom Silberwald«, war auch mit dabei. Er ist Kontaktbereichsbeamter des 19. Reviers, genannt KOB. Eigentlich merkwürdig, denn er schob doch als KOB gewöhnlich nur Tagesdienst und gehörte nicht zur Schicht. Heiko übersetze KOB immer mit »Kollege ohne Bedeutung«. Aber das betraf nur seine dienstliche Tätigkeit, nicht seinen Einfluss. Denn Koller hatte schon immer einen guten Draht zum Revierführer, er war so etwas wie eine graue Eminenz. Die wichtigsten Entscheidungen wurden auf seinem Boot getroffen, wenn er seine Chefs zum Segeltörn einlud. Im Revier nannte man ihn den »Förster vom Silberwald«, weil er mit seinem grau-schwarzen Bart und seinem vornehmen Getue wie ein Revierförster im Fernsehen aussah, ein gänzlich edler Mensch, der stets auf Seiten der Guten stand.

Heiko erzählte, was er bisher bei der Polizei getrieben hatte: Fachhochschule, Polizeischule, Bereitschaftspolizei, Abordnung zur SOKO Straßenkriminalität, sechs Monate

Bahnhofswache Zoo, zuletzt 21. Revier Moritzstraße. Warum er vom 21. zum 19. wechselte? Auf diese Frage war er nicht vorbereitet, denn dass ihn der Alte abgeworben hatte und befördern wollte, konnte er denen nicht auf die Nase binden, das hätte vielleicht böses Blut gegeben. Aber das trat nicht ein, jedenfalls nicht in der A, gestänkert hatten andere Schichten. »Also, ich wollte mir mal neuen Wind um die Nase wehen lassen«, sagte Heiko etwas großspurig.

Nach der dritten Flasche Bier nahm ihn Niebergall beiseite, er müsse ihn erst mal »einnorden«. »Das A steht am Anfang des Alphabets«, sagte er, »es ist der erste Buchstabe. Wir sind die A-Schicht und auch die Ersten. Wir haben die Nase vorn und sind immer ein bisschen besser als die anderen, verstehst du?« Heiko war das Gespräch etwas peinlich, sie standen zwar in einer Ecke des Aufenthaltsraumes, Niebergall sprach aber so laut, dass eigentlich alle mithören konnten. »Ich will damit nicht sagen, dass wir die Größten sind, aber wir haben mehr Erfolge.« Er nahm einen großen Schluck aus der Flasche und fuhr fort: »Aus der Schicht wird nichts rausgetragen, was immer auch passiert, verstehst du?« Heiko nickte und antwortete: »Ist doch klar«, gleichzeitig merkte er, wie Koller lange Ohren bekam. »Das gilt auch gegenüber dem Chef. Wer gegen die Schweigepflicht verstößt, dem geht es dreckig, hast du verstanden?!« Seine Worte hatten jetzt einen drohenden Unterton, er merkte, dass Koller mithörte und wandte sich ihm zu: »Ist doch wahr, oder was meinst du, Rolf?« Der »Förster vom Silberwald« lachte daraufhin dröhnend. »Ihr da oben in der Teppichetage braucht nicht alles zu wissen«, brüllte Niebergall, woraufhin sich Koller an seinem Bier verschluckte. Plötzlich wurde es ganz still im Aufenthaltsraum.

Jetzt fiel Heiko wieder ein, warum der Kontaktbereichsbeamte Koller den Nachtdienst schob. Er war hinter einem syrischen Kellner her, der eine Deutsche geheiratet hatte, Koller hielt das für eine Scheinehe und wollte dem Ausländer die Aufenthaltserlaubnis kaputt machen. Als der Syrer nachts seine Arbeit beendete, überprüfte Koller, wohin er fuhr, wo das Auto parkte, in welchem Zimmer der Wohnung das Licht an und aus ging. Am nächsten Morgen um sechs Uhr klingelte er bei der Frau und verlangte, das Badezimmer zu besichtigen. Was dabei rausgekommen ist, wusste Heiko nicht.

So eine Dienstschicht war wie ein in sich geschlossener Regelkreis. Du gehst in den Dienst, bist einer von zehn Leuten und austauschbar. Manchmal ist wegen Abordnungen, Lehrgang, Urlaub oder Kranksein nur die Hälfte wirklich anwesend. Jeder leistet dieselbe Arbeit mit denselben Mitteln, die Tätigkeit ist bis ins Einzelne durch Gesetze und Dienstvorschriften, vor allem durch Formulare und EDV-Programme festgelegt. Der Output sind Festgenommene, sichergestellte Gegenstände und Anzeigen. Es wiederholt sich Tag und Nacht: randalierende, betrunkene Person auf dem Gehweg, Einlieferung zur Ausnüchterung ins Gewahrsam, Entlassung am nächsten Morgen. Keine Veränderung und kein Fortschritt. Im nächsten Dienst wieder eine randalierende, betrunkene Person auf dem Gehweg, vielleicht sogar dieselbe. Der einzige Unterschied besteht allenfalls darin, ob sie dir in den Wagen kotzt oder nicht. Manche lassen das einfach so laufen, andere versuchen, den Regelkreis zu durchbrechen – die Dienstschicht A zum Beispiel. Es gibt viele Wege, den Polizeialltag durch besondere Leistungen aufzuwerten. Intelligenz und Kreativität zum Beispiel, solchen Beamten ist Langeweile ein Grauen. Oder der Hang Abenteuer zu erleben und Risiken einzugehen. Vielleicht auch Streitlust, Spaß am Kräftemessen. Am häufigsten wohl spielt Erfolgsdenken eine Rolle. Um andere Schichten auszustechen, sich selbst dabei gut zu fühlen, bei den Chefs Ansehen zu genießen, gute Beurteilungen zu erhalten und schnell befördert zu werden. Denken und Handeln von Beamten – vor allem bei der Polizei – drehen sich häufig um Beförderungen. Beim Mittagessen in der Kantine zum Beispiel wird garantiert an drei von fünf Tischen in irgendeinem Zusammenhang darüber gesprochen.

Niebergall hatte immer zwei Sprüche drauf: ›Die Polizei kann alles! Die Polizei hat immer Recht!‹ Das war sein Credo, und er erwartete, dass jeder Auftrag erledigt wurde, selbst wenn die rechtliche Begründung dafür an den Haaren herbeigezogen worden war. Dazu musste man natürlich das Gesetz kennen und Fantasie besitzen. Meistens war Heiko mit Arnold oder Skinny Streife gefahren, Frauen gab es ursprünglich noch nicht in der Schicht, das konnte Niebergall lange Zeit verhindern. Am Anfang gefiel Heiko die bedingungslose Hilfsbereitschaft, dass man sich absolut aufeinander verlassen konnte. Daraus erwuchs Vertrauen und zuweilen auch Freundschaft, jedenfalls im Dienst. Privat hatte er so gut wie nichts mit den beiden zu tun.

Skinny hatte mal einen Glatzkopf, jetzt trug er einen sehr kurzen Haarschnitt und einen goldenen Ohrsticker. Er war eitel, Hose und Hemden immer frisch gebügelt. Seinen Finger schmückte ein Herrendiamantring, auch besaß er ein goldenes Dupont-Feuerzeug und eine Armbanduhr, die wie eine Rolex aussah. Er machte Krafttraining und die Uniformjacke verdeckte seine Muskeln, da hatte sich schon mancher in ihm getäuscht. Manchmal sah er wie ein Zuhälter aus. Seine Freundin betrieb ein Fitness-Center, die beiden fuhren zusammen auf Messen und organisierten auch Clubreisen. Skinny war oft gereizt und schnell beleidigt, nicht gegenüber Kollegen, aber gegenüber Leuten, die intern »das polizeiliche Gegenüber« genannt werden. Man konnte ihn auch als Schläger bezeichnen.

Im Gegensatz zu Skinny besaß Fritz Arnold eine füllige Figur, sah mit seinem Bauchansatz etwas schwammig aus, sein Kopf war groß und sein Gesicht rund, die Haare pomadig. Er wirkte nicht unsympathisch, eher gemütlich und hätte auch als Versicherungsvertreter durchgehen können. Er verstand schnell, reagierte aber erstaunlich langsam. Die Arbeit hatte er nicht gerade erfunden und drückte sich, wo er konnte. Und er stänkerte gerne. Er war verheiratet und hatte zwei kleine Kinder, die ihn nervten, weil er nach dem Nachtdienst nicht schlafen konnte. Fritz hatte immer Frauengeschichten, manchmal mehrere gleichzeitig. Er war nicht gerade wählerisch und schien nach seinem eigenen Wahlspruch zu leben: ‹Auf jedem Schiff, das schwimmt und segelt, ist einer, der die Putzfrau vögelt.‹ Skinny war ein Typ, der sofort angriff, aber mit offenem Visier. Arnold redete viel und tat freundlich, konnte aber hinterhältig sein. Die beiden hatten schnell entdeckt, dass Heiko gut für die Schreibarbeiten zu gebrauchen war. So ergab sich die Arbeitsteilung, dass Heiko sich im Einsatz im Hintergrund hielt, aber den Schreibkram erledigte, das galt auch heute noch. Oft hatte er die dienstlichen Äußerungen der beiden verfasst, man schrieb ja ohnehin voneinander ab und verglich, damit keine Widersprüche entstehen. Jedenfalls musste er sich immer die rechtlichen Begründungen einfallen lassen, wenn die beiden Bockmist gebaut hatten.

Die anderen Kollegen waren Durchschnittstypen und Mitläufer. Wobei allen zu jeder Zeit klar war: Die Welt außerhalb des Reviers und des Streifenwagens ist polizeifeindlich, was Heiko auch heute noch so sieht. Du bist immer angespannt, erwartest einen Angriff, eine Beleidigung, einen Vorwurf oder eine Anzeige, und du kannst dich nur auf dich verlassen und auf den Kollegen neben dir und den Schichtführer – auf keinen Fall auf den Revierleiter oder sonstige Vorgesetzte, schon gar nicht auf den Polizeipräsidenten oder auf Politiker. Es gibt wenige Berufe, in denen man fast nie Dank oder Anerkennung erfährt, und stattdessen auch noch unbeliebt ist.

Heiko musste zugeben: Wenn da nicht die Kameradschaft der Kumpels gewesen wäre, hätte man das kaum durchstehen können.

Als Greenhorn bei der Polizei war Heiko Kaiser noch ein ehrlicher Mensch. Er hätte zu jeder Zeit alles beeiden können, was sich vor seinen Augen abspielte. Doch ein Erlebnis belehrte ihn eines Besseren: Nachtdienst in der SOKO Straßenkriminalität, sie hatten einen Dealer festgenommen. Ein kleiner Fisch von der Sorte, die mit dem Verkauf von Drogen das Geld für die eigene Heroinspritze verdienen. Heiko war von allen Kollegen beigebracht worden, dass jeder Dealer eine Ratte ist, und genau so wurden diese auch behandelt. Er verschwendete keinen Gedanken daran, dass dieser Mann vielleicht abhängig war und alles tat, um seine krankhafte Sucht zu befriedigen. Heute konnte er das besser einschätzen: Noch immer waren für ihn solche Dealer, die Stoff verkaufen ohne süchtig zu sein, nichts anderes als Ratten. Aber er konnte ganz genau erkennen, ob einer auf Heroin drauf ist, das sind jammervolle, ausgemergelte Figuren. In jener Nacht jedenfalls rief ihm sein älterer Kollege zu: »Du Heiko, schau mal kurz weg!« Er tat es und hörte es daraufhin mehrmals klatschen. Er wusste sofort, dass sein Kollege dem Festgenommenen ins Gesicht schlug, tatsächlich blutete ihm die Nase. Heiko war erst verblüfft und dann sauer. Als sie den Dealer auf der Kripo-Wache abgegeben hatten, stellte er den Kollegen zur Rede: »Wieso hast du ihn geschlagen, ich finde das Scheiße.«

Der Kollege daraufhin: »Geschlagen? Hast du das etwa gesehen?«

Heiko hatte verstanden.

Es gab viele Situationen in den vergangenen fünf Jahren, in denen er einfach nichts gesehen hatte und das auch immer begründen konnte. Entweder hatte er im entscheidenden Augenblick gerade den Raum verlassen oder kam später oder hatte inzwischen einen anderen Auftrag oder war durch ein Ereignis abgelenkt. Nie hat ihn ein Staatsanwalt oder ein Richter in der Verhandlung gefragt, ob er denn nichts gehört, gerochen oder gefühlt hätte. Sie wollten immer nur wissen, was er gesehen habe. Er konnte sagen: »Ich habe nicht gesehen, dass Polizeiobermeister Schneider den Türken Tufan Zeki geschlagen hat.« Heiko saß am Steuer, während Skinny auf dem Rücksitz diesen Türken vermöbelte, das war nach einer Kurden-Demo. Heiko sagte in der Verhandlung aus: »Ich habe gefahren und musste mich auf den starken Verkehr konzentrieren, es liefen Leute auf der Fahrbahn 'rum, ich hatte zudem schlechte Sicht, weil es dunkel war und regnete, ich wurde von Scheinwerfern anderer Autos geblendet.« All das stimmte. Niemand wollte von ihm wissen, dass der Türke vor Schmerz aufbrüllte, dass Heiko bei dem Gerangel hinter ihm die Mütze vom Kopf gehauen wurde und dass es fürchterlich zu stinken begann, weil der Türke vor Angst in die Hose machte. Der ungeschriebene Lehrsatz lautete: Gebrauche keine Lüge (Vorsicht Meineid!), sondern eine Ausrede. Diese Anordnung hatte ihm nie jemand wörtlich gegeben. Es ergab sich einfach so, es wurde vorgelebt.

Sie waren aber keine Schlägertruppe, die jede Nacht unterwegs war und sich am laufenden Meter der Körperverletzung im Amt schuldig machte. Es gab Fälle in bestimmten Situationen, nicht nur ausnahmsweise. Sie waren auch keine Heiligen. Wenn sie eine Frau ins Gewahrsam einlieferten und die Kollegin sie pflichtgemäß durchsuchte, standen die Jungens schon mal vor dem Türspion Schlange, weil sich die Frau ausziehen musste. An so einer Peepshow hatte sich Heiko allerdings nicht beteiligt. Einmal hatten sie nachts Festnahmen in einem Puff, er sicherte im Treppenhaus. Auf der Treppe saß eine junge Prostituierte im Nachthemd, sie lachte ihn an, zog das Nachthemd zurück und machte die Beine breit. Er wendete sich ab, und das Mädchen kicherte.

In der A-Schicht beim 19. Revier versuchte Heiko immer wieder, Skinny zu bremsen. Das geschah freundschaftlich, man konnte ihn ganz gut ablenken, wenn man blitzschnell eine gute Idee hatte. Inzwischen lehnte es Skinny ab, mit Heiko noch Streife zu fahren, und auch Fritz Arnold war sehr reserviert geworden. Mittlerweile weigerte sich Heiko, wenn Niebergall die Devise ausgab: »Wenn einer mit einer Waffe angetroffen wird, kriegt er erst einmal eine Tracht Prügel!« Das war die Selbstjustiz des Schichtführers, es entsprach dessen Gerechtigkeitsempfinden. Für ihn stand die Waffe nur dem Polizisten zu, das ist wie ein Sakrileg. Die Pistole war für den Schichtführer sozusagen nach dem Penis das wichtigste Männlichkeitsattribut. Frauen nahm Niebergall sowieso nicht für voll und war dagegen, dass man ihnen eine Waffe in die Hand gab. Und wer sich anmaßte, dieses Waffentabu zu brechen, beleidigte Niebergall, ging ihm sozusagen ans Geschlecht. Also gehörte er bestraft.

Heikos Erfahrung war, dass weder Staatsanwalt noch Richter es so genau wissen wollten. Verfahren gegen Polizeibeamte wurden in der Regel eingestellt, denn sie hatten alle mit übereinstimmenden dienstlichen Äußerungen den Anzeiger zum Lügner gestempelt. Der Spieß wurde einfach umgedreht; man erstellte Anzeige wegen Widerstandes gegen die Staatsanwaltschaft und begründete so die Verletzungen des Geschlagenen. Heiko hatte nie ein gutes Gefühl dabei, das war für ihn doppelt ungerecht, und bis auf wenige Ausnahmen hatte er sich geweigert, die Anzeigen in den PC zu tippen. Er hatte auch schon mal die Handfesseln zu stark zugezogen, weil ihn so ein Kerl aggressiv machte. Ein-, zweimal war ihm die Hand ausgerutscht, das war eine »Erwiderung der Beleidigung auf der Stelle«. Heute konnte er kaum damit leben, wenn eine Anzeige geschrieben wurde, weil sich der Betroffene angeblich der Festnahme widersetzte, »so dass der Widerstand mit einfacher körperlicher Gewalt gebrochen werden musste«. Zufällig fiel er dabei hin oder stieß sich beim Einsteigen in den Streifenwagen den Kopf. Dass sich diese Zufälle häufen, schien dem Gericht nicht aufzufallen.

Auf dem Parkplatz vor dem Tagungsgebäude traf Heiko den Vorsitzenden der Berliner Polizeigewerkschaft, in der auch Heiko organisiert war. Dass dieser eine Veranstaltung der *Kritischen Polizisten* besuchte, überraschte Heiko, denn die Gewerkschaft hielt sich sonst zurück. Gemeinsam betraten sie den großen Saal.

3

Bereits vier Polizistinnen hatten sich als Folge von Mobbing und sexueller Belästigung in den letzten Jahren das Leben genommen. Deshalb war es ein Anliegen des Kongresses, Fälle wie den von Hanna Büttner zu analysieren, um Strukturen zu erkennen und Abwehrstrategien zu entwickeln. Opfer, wie die Polizistin Renate aus Bremerhaven, suchten Rat, Angehörige berichteten von ihren leidvollen Erfahrungen und Sachverständige boten Hilfe an.

Zu ihnen gehörte auch Sabrina Neudeck, die Platz genommen hatte. Mit ihrer Größe von einsachtzig, schulterlangem, leicht gewelltem Haar und nicht gerade dezentem Make-up war die Mitvierzigerin eine auffällige Erscheinung. Ihre langen Beine und schlanke Figur waren ein echter Blickfang; wer ihr auf der Straße begegnete, hielt sie gewiss nicht für eine Kriminalbeamtin.

Niemand konnte vermuten, dass hinter dieser Frau eine unglaubliche Geschichte steckte, die auch mit Hanna im Zusammenhang stand.

Sabrina beschrieb einen Fall von Mobbing, ohne dass das Publikum ahnte, dass es ihr eigener war. Am Ende wurde die Polizistin nämlich zu ihrem Vorgesetzten zitiert, der ihr die Dienstwaffe abnehmen wollte mit der Behauptung, sie sei selbstmordgefährdet. Sabrina hatte genau dies erwartet und zog das Attest eines Facharztes für Psychiatrie aus der Tasche, der sie für völlig normal erklärte. Als Sabrina ihrem Chef den Beweis für ihre seelische Gesundheit auf den Tisch legte, brüllte er: »Aus fürsorgerischen Gründen werden Sie jetzt trotzdem dem Polizeiarzt vorgeführt, der über Ihre Unterbringung entscheidet!« Der Polizeiarzt schickte sie nach kurzer Untersuchung wieder an ihren Schreibtisch zurück. Sabrina hierzu: »Morgens zum Dienst – nachmittags in der ›Klapsmühle‹, niemand erfährt etwas, der Beamte ist weg und bald danach auch nicht mehr dienstfähig.«

Als Sabrina unter den Zuhörern Rolf Koller entdeckte, war sie überrascht und unangenehm berührt. Sie wollte ihn nicht unbedingt wiedersehen, schon gar nicht auf diesem Kongress. Was wollte er? Kam er ihretwegen? Sie merkte, dass ihr seine Anwesenheit schlechte Laune bereitete. Koller kannte ihre Geschichte sehr genau, und Sabrina war klar, dass er jedes ihrer Worte genau verfolgen würde. Sie konnte aber nicht einschätzen, wer noch alles Bescheid wusste. Ihr Fall war vielen Berliner Kollegen bekannt, wenn auch nicht in den Einzelheiten. Sie hatte noch nie öffentlich darüber geredet, immer wieder überwog die Angst, befürchtete sie Missverständnisse und neue Schwierigkeiten. Doch selbst unter Journalisten sprach sich ihre Geschichte herum. Max vom BERLINER ECHO wusste Bescheid, auch einige von der Boulevardpresse, doch selbst die hielten bisher dicht, wohl um sie zu schützen. Die Medien schienen sich sensibler als ihre Behörde zu verhalten.

Heute bereute es Sabrina, sich Rolf Koller anvertraut zu haben. Das war mehr als zwei Jahre her. Sie waren in den »Schwan« am Müggelsee Essen gegangen, es hatte Coquilles Saint Jacques gegeben. Dann lud er sie auf sein Boot ein, sie tranken Sekt, es war ein schöner Sommerabend und irgendwie passte alles zusammen. Sie ließen die Beine über den Bootsrand baumeln, er offenbarte freimütig, woran seine geschiedene Ehe gescheitert war, und dann begann sie von sich zu erzählen.

Sie war 1954 als Horst Neudeck auf die Welt gekommen, und es hatte Anzeichen für ein weibliches Geschlecht gegeben, aber Horst wurde von den Eltern freudig als Junge begrüßt. Das Wunschkind war sehr zart und kränkelte, eine Operation zogen die Eltern gar nicht erst in Erwägung, die »Unstimmigkeit« wurde peinlich verschwiegen. Besonders die Mutter wollte unbedingt einen Jungen, über das Geschlecht entschied nur sie; Horst empfand dies später wie eine Vergewaltigung. Das deutsche Personenstandsrecht zwingt dazu, sich unmittelbar nach der Geburt festzulegen, und die Eltern waren überfordert. Nun hatten sie einen Jungen, und dabei musste es auch bleiben, denn was hätten sonst die Leute denken sollen. Bereits mit vier Jahren entdeckte er, wie gern er Mädchenkleidung trug. Waren die Eltern abends im Theater, holte er sich aus dem Schrank die Kleider der Mutter, einmal schlief er damit ein und wurde ertappt. Es setzte Prügel. Er verzehrte sich danach, sich zu »verkleiden«. Andererseits entwickelte er eine Abneigung gegen Jungenkleidung und konnte manchmal nur mit dem Rohrstock in sie hineingeprügelt werden. Ein schwieriges Kind also, vielleicht ein »warmer Bruder«, wie die Großmutter mutmaßte. Zu allem Übel hatte er am 17.5. Geburtstag, was als Geburtstag aller Schwulen bezeichnet wurde in Ahnlehnung an den damaligen § 175, der Homosexualität uneingeschränkt unter Strafe stellte.

Mit Beginn der Schulzeit kaufte sich Horst heimlich vom Taschengeld Mädchenkleidung, wurde immer mal ertappt und ausgeschimpft, verachtet oder mit Liebesentzug bestraft. Es wurde ihm beigebracht, dass sein Verhalten pervers und abartig sei und man sich für ihn schämen müsse. Weil er es nicht besser wusste, schämte er sich. Als Gegenmittel verordnete die Mutter Abhärtung durch Sport. Horst versuchte seine Neigung zu unterdrücken, brauchte aber immer wieder die Regeneration, um seinen rebellierenden Körper zu beruhigen. Eines Tages entdeckte die Mutter sein Kleiderdepot und machte ihm in Gegenwart eines Schulkameraden eine fürchterliche Szene. Am nächsten Tag wurde er in der Schule mit dem Chor: »Mädchen! Mädchen!« empfangen. In den Pausen machten die anderen Jagd auf die »schwule Sau«, und er wurde verspottet: »Na Süße, wo hast du denn dein Fötzchen?!«

Als in der Pubertät Stimmbruch und Bartwuchs ausblieben, verordnete der Hausarzt männliche Hormone, er wurde mit Androgenen regelrecht gefüttert, die man ihm gegenüber als Vitamintabletten ausgab. Die Eltern meinten es gut, Stimmbruch und Bartwuchs setzten tatsächlich ein, aber auch die Nebenwirkungen. Außer einer starken Akne begann mit sechzehn Jahren Haarausfall, mit achtzehn Jahren hatte er eine Vollglatze und wurde auf vierzig geschätzt.

Horst suchte den Kontakt zu Mädchen, wollte sich selbst beweisen, dass er ein Mann war und empfand Freundschaften als durchaus angenehm. Aber er zeigte kein Interesse auf sexuellem Gebiet, so dass die Beziehungen über kurz oder lang scheiterten. Er wusste selbst nicht, wer oder was er war. Nur eine Tante brachte Verständnis für seine Lage auf.

Nach dem Abitur strebte Horst seinen Traumberuf an, er wollte Pilot bei der Lufthansa werden. Unter einer Vielzahl von Bewerbern erreichte er nicht nur einen der höchsten Intelligenzquotienten, sondern das insgesamt beste Ergebnis. Doch dann kam die ärztliche Untersuchung und prompt eine Ablehnung.

Schließlich ging Horst 1976 zur Polizei. Inzwischen zweiundzwanzig Jahre alt, fühlte er sich als Frau, den Körper empfand er wie ein Gefängnis. Er wollte mit Menschen zu tun haben, sich sozial engagieren und nicht am Schreibtisch sitzen müssen. Er wollte Unrecht verhindern und den Schwächeren schützen. Außerdem schien ihm der Beruf spannend und interessant, von Anfang an zog es ihn zur Kriminalpolizei, auf keinen Fall wollte er eine Uniform tragen. Beim Einstellungstest warf der Polizeiarzt nur einen flüchtigen Blick auf sein Geschlechtsteil; Probleme tauchten nicht auf.

Horsts Drang, sich wie eine Frau zu geben und als solche zu leben, war keineswegs geschwunden, sondern hatte sich manifestiert. Doch wollte er sich im neuen Beruf bewähren, und so verbarg er mit aller Gewalt seine Regungen und versuchte sie in Arbeit zu ersticken. Seine Kolleginnen und Kollegen lernten Horst als hilfsbereiten und motivierten Mitarbeiter kennen, der bereitwillig Überstunden machte. Ein etwas verrückter Kerl, der gerne Extratouren ritt, aber einer, auf den man sich verlassen konnte – und vor allem ein guter Sachbearbeiter. Der Preis war hoch, denn Horst versuchte gegen inneren Widerstand über zwei Jahrzehnte ein Supermann zu sein. Er ging in der Arbeit auf, machte sie zu seinem Lebensziel und Lebensinhalt. Er unterdrückte seine femininen Gefühle auf brutalste Weise. Da die Zeit kaum noch zum Ausschlafen reichte, blieb keine Gelegenheit mehr für »Unfug«. Das hielt er auch lange durch. Wurde er dennoch schwach, schämte er sich vor sich selbst, dass er nicht standhaft geblieben war, denn für ihn gab es nur noch die männliche Rolle. Er verkapselte seine Seele, wurde latent aggressiv und war von ständiger Unruhe gepackt. Hinzu kam die Angst sich zu verraten. Er hielt sich selbst für abartig und pervers – eine Katastrophe, wenn man ihn, den Kriminalkommissar, für einen Transvestiten gehalten hätte.

Nach Jahren wurde klar, dass er seine ureigensten Gefühle nicht auf Dauer unterdrücken konnte. Zeitweise fuhr er zwei Autos, das eine als Mann, das andere als Frau. Den Opel benutzte er zwischen seiner Wohnung und der Dienststelle. Er kam als Mann nach Hause, zog sich um und verließ als Frau die Wohnung, um mit dem VW wegzufahren. Nervenaufreibend die Heimlichkeit, das Risiko, die Winkelzüge, die doppelte Existenz. Entwürdigend, nicht sein zu können, was man eigentlich war. Permanent litt er unter Kopfschmerzen, und oft war ihm morgens so übel, dass er sich übergeben musste. Er meldete sich krank, schlüpfte in Frauenkleider, und schnell ging es ihm wieder gut, fühlte er sich als Mensch. Er empfand Hass auf Männerkleidung, Hass auf seine Umwelt und Hass auf sich selbst. Er hatte sich täglich verstellt, versteckt und verbogen. Schließlich unternahm er einen Selbstmordversuch, denn ein Weiterleben war einfach nicht möglich.

Die Sonne war inzwischen untergegangen, Rolf hatte eine Petroleumlampe entzündet, und als Sabrina fröstelte, legte er eine Decke um ihre Schultern. Sie lehnte sich leicht an ihn und hatte das Bedürfnis weiterzuerzählen.

Horst hatte begonnen sich mit der einschlägigen Fachliteratur zu beschäftigen, lernte zu seiner Erleichterung, dass er nicht so etwas wie ein Transvestit war, wie er immer befürchtet hatte, sondern vermutlich unter einer körperlichen und seelischen Erkrankung litt, die sich Transsexualität nennt. Er unterzog sich in einer Berliner Klinik einer Therapie. Drei Gutachter stellten das Vorliegen von Transsexualität eindeutig fest und erklärten ihm, dass er mit der Psyche einer Frau in einem männlichen Körper geboren wurde – eine Spielart der Natur, eine Genverschiebung, ausgelöst möglicherweise durch Hormonstörungen der Mutter während der Schwangerschaft, zum Beispiel durch Stress. Dazu kam die Erziehung: Der Vater war weich und ohne Durchsetzungswillen, so dass Mutter und Großmutter das Sagen hatten, und beide wollten unter allen Umständen aus ihm einen Jungen machen. Mit diesem Wissen fühlte er sich besser, denn er war nicht mehr der »Triebtäter«, sondern eine Frau, die in der falschen Rolle zu leben gezwungen war. Doch gab es einen Ausweg: Er entschloss sich zur geschlechtsanpassenden Operation. Vorsichtig wollte er mit seinem Chef darüber reden, wie dieser eine »Geschlechtsänderung« beurteile, doch reagierte der Vorgesetzte schroff: »Mann, Sie haben ja eine Brust, damit können wir sie nicht auf das Publikum loslassen.« Er deutete an, er könne ja eine Frau werden, wenn der Busen weiter wachse. Die Antwort war eindeutig: »Dann fliegen Sie hochkant bei uns raus!« Er fühlte sich in einer Sackgasse und entschloss sich zur Brustamputation, die große psychische Probleme auslöste und eine falsche Entscheidung war.

Etwas später half ihm ein anderes Ereignis, wieder Halt zu finden. Mit einem Kollegen traf Horst zufällig am Ort eines Verkehrsunfalles ein. Das Fahrzeug brannte, der Fahrer war hinter seinem Steuer eingeklemmt. Während der Kollege das Feuer bekämpfte, schlug Horst die Heckscheibe ein, kroch zu dem Verletzten und reanimierte ihn durch Mund-zu-Mund-Beatmung, bis nach einer ihm endlos erscheinenden Zeit die Rettungsfahrzeuge kamen und Helfer das Dach aufschnitten. Für diese Aktion erhielt er eine Belobigung des Bezirksbürgermeisters von Zehlendorf – Balsam für sein angeschlagenes Ego. Danach machte er eine Ausbildung als Rettungssanitäter. Fortan fuhr er in seiner Freizeit im Notarztwagen der Feuerwehr mit und begann Ende 1989 mit Hilfe der Feuerwehr ein Medizinstudium. Das war ihm zeitlich möglich, weil er schon immer den

Schichtdienst auf der Kriminalwache einem Schreibtischjob vorzog. Bald wurde Horst von der Feuerwehrzentrale für notärztliche Aufgaben eingesetzt, worauf die Polizeibehörde eingangs sogar stolz reagierte, bis schließlich Bedenken aufkamen, weil er auch Medikamente verabreichte, obwohl das Studium nicht abgeschlossen war. Er rüstete seinen Privat-Pkw zum behördlich anerkannten Rettungswagen um und führte zahlreiche Reanimationen durch. In seiner Therapie wurde ihm klar, dass er hier eine Tätigkeit suchte und fand, die ihm sonst versagt blieb: anderen Menschen zu helfen und Anerkennung zu finden.

Es war 1992, als er sich endgültig zu einem Dasein als Frau mit allen Konsequenzen entschloss. Polizeipräsident Strunk sagte ihm seine Unterstützung zu. Erst als später Schwierigkeiten auftraten, die wohl der Behördenleiter wie auch er gleichermaßen unterschätzt hatten, ließ er ihn fallen. Doch zunächst wussten neben Dr. Strunk nur noch zwei Vorgesetzte von der bevorstehenden Operation in London, zu der sich Horst entschlossen hatte. Im Einvernehmen mit seinem höchsten Chef meldete er sich für längere Zeit krank, weil er angeblich an Hodenkrebs litt und reiste mit einer Kostenübernahmezusage seiner Krankenkasse im November 1992 zum London-Bridge-Hospital.

Die Operation dauerte fünf Stunden und verlief ohne Komplikationen. Man hielt sie noch zwei Tage im Tiefschlaf, dann wachte Sabrina fast ohne Schmerzen auf und hatte das überglückliche Gefühl, endlich eine Frau zu sein. Die Verbitterung, achtunddreißig Jahre umsonst gelebt zu haben, verdrängte sie – noch. Die Heilung verlief gut, sie konnte bereits nach neun Tagen entlassen werden, ihr Gepäck selbst tragen und nach Hause fliegen.

Wieder hatte Sabrina lange geredet, sie schaute Rolf in

dem fahlen Licht der Petroleumlampe zweifelnd an, doch er schien von ihrem Schicksal beeindruckt zu sein, ja sogar fasziniert. Sie erzählte ihm nun das Ende ihres Lebens als Mann. Weitere Operationen wurden in den kommenden Monaten erforderlich, um die Geschlechtsanpassung zu vollenden. Anfang 1993 unterzog sich Sabrina einer Operation zur Aufbau der Brust, dann folgten zwei Operationen an Kehlkopf und Stimmbändern. Die Epilation (die elektrische Verödung der Barthaarwurzeln durch eingeführte Nadeln) zog sich über drei Jahre hin und war teilweise sehr schmerzhaft. Schließlich wurde bei einer Computer-Tomografie zufällig entdeckt, dass sie sogar weibliche Organe besaß, was ihr Frausein endgültig besiegelte. Ein halbes Jahr nach der Londoner Operation nahm sie ihren Dienst wieder auf.

Sie ging als Kriminalhauptkommissar Horst und kehrte als Kriminalhauptkommissarin Sabrina zurück und glaubte, von den ehemaligen Kolleginnen und Kollegen mit offenen Armen empfangen zu werden. Schließlich musste doch jeder Mitleid empfinden, sie in der großen Polizeifamilie auffangen und als Frau anerkennen. Das war ein Irrtum, denn dies hätte viel Toleranz erfordert. Damit tun sich die meisten Polizistinnen und Polizisten, die Sicherheit und Ordnung verinnerlicht haben, sehr schwer; in ihrem Weltbild kommt der Wechsel des Geschlechts nicht vor. Doch unbewusst trug auch Sabrina selbst zu den abweisenden Reaktionen der Kollegen bei: Transsexuelle haben ein anderes Frauenbild im Gegensatz zu modernen, emanzipierten Frauen. Fast alle Transsexuellen unterstreichen das Frausein umso mehr, weil sie es früher nicht durften, nicht konnten. Sie betonen ihre Weiblichkeit durch modische Kleidung und Make-up. Nach Jahrzehnten, in denen sie in Männerkleidung gezwungen wurde, hatte Sabrina absolut kein Verständnis für Frauen, die freiwillig in »männlicher Verkleidung« in Hosen und ohne Make-up schlampig herumliefen, die sich hässlich machten, als wenn sie nur durch Unattraktivität in der Männerwelt bestehen konnten. »In ausgelatschten Turnschuhen statt in hübschen Pumps herumzulaufen kann ich nicht verstehen. Ich will doch hübsch und attraktiv sein, um als Frau erkannt und anerkannt zu werden«, sagte Sabrina jedem, der es hören wollte.

Rolf Koller hatte Sabrina die ganze Zeit aufmerksam zugehört, nun nahm er sie zärtlich in den Arm, führte sie in die Kajüte, und sie liebten sich. Beide hatten sich erst an diesem Tag durch eine Kontaktanzeige, die Sabrina in einer Berliner Zeitung aufgegeben hatte, kennen gelernt. Dass sie zufällig Polizeikollegen waren, schien ein Wink des Schicksals zu sein. Da ihr das Herz auf der Zunge lag, erzählte sie einem guten Bekannten von der »wunderbaren Freundschaft« – und erfuhr, dass Rolf Koller sich abfällig über sie geäußert hatte. Sie wollte mit ihm reden, doch er blockte alles ab. Zuerst war sie traurig und enttäuscht. Sie konnte nicht verstehen, warum er nicht zu einem Gespräch bereit war, blieb es doch damit ihrer Fantasie überlassen, Gründe bei sich selbst zu suchen. Sie konnte die selbstquälenden Gedanken zwar verdrängen – ihr Verletztsein schlug aber um in Wut.

4

Ärger stand Rolf Koller im Gesicht geschrieben, als ihn sein ehemaliger Chef, Revierleiter Egon Rumpf, in aller Frühe anrief. Da Rumpf ziemlich laut sprach, hielt Koller den Hörer vom Ohr entfernt. Er wagte ihm nicht zu sagen, dass heute für ihn ein dienstfreier Samstag war, auch nicht, dass er keine Lust hatte, sondern viel lieber zu seinem Boot auf dem Großen Müggelsee fahren wollte. Es war ein schöner Herbsttag, eine der letzten Gelegenheiten zu segeln in diesem Jahr, bald würde er die »Eva-Maria« zum Überwintern einmotten müssen.

»Ja, ich verstehe das schon, Herr Polizeirat, aber warum ausgerechnet ich? Ich will mit der Sache Hanna B. nichts mehr zu tun haben, wie wir alle vom Revier 19 in Blankenburg.«

»Kann ich nachvollziehen, Kollege, aber wir können von den *Kritischen Polizisten* keine objektive Behandlung des Themas erwarten, da ist es wichtig zu wissen, was gesprochen wird.« Koller blähte unbewusst die Backen auf und ließ dann zwischen den fast geschlossenen Lippen unhörbar Luft entweichen, wie immer, wenn er sich unter Druck gesetzt fühlte. »Aber was soll das Thema Mobbing mit dem Fall Hanna B. und unserem Revier zu tun haben?« Rumpf fuhr ihm sofort über den Mund: »Sie wissen genauso gut wie ich, dass die Behauptung nicht aus der Welt zu schaffen ist, vor allem durch bestimmte Medien, dass Hanna B. durch Mobbing in den Tod getrieben worden sei.« Koller hatte immer noch einen Funken Hoffnung, zum Müggelsee zu kommen. »Das ist doch Quatsch! Das wissen Sie genau so gut wie ich, und solche Berichte laufen sich von alleine tot.« Jetzt gab Rumpf dem Gespräch eine persönliche Note, da wurde es schwierig für Koller. »Herr Kollege, natürlich wissen wir beide das besser, trotzdem ist die Wirkung in der Öffentlichkeit fatal, gerade deshalb müssen wir gegensteuern. Ich habe doch bewusst persönliche Konsequenzen gezogen und mich zu einem anderen Revier versetzen lassen, damit die Luft aus der Sache raus ist. Aber verstehen Sie doch, mir ist nicht gleichgültig, wie man über mich auf diesem Kongress redet. Ich brauche einen Zeugen, um mich wehren zu können, meine Leidensfähigkeit ist nicht unbegrenzt. Ich bin froh, dass die Staatsanwaltschaft endlich das Strafverfahren gegen mich eingestellt hat und meiner Beförderung nichts mehr im Wege steht. Also meine herzliche Bitte, gehen Sie hin, Kollege Koller.« Der Widerstand Kollers wurde schwächer. »Ich fühle mich in diesen Kreisen ausgesprochen unwohl, Herr Polizeirat.« Rumpf merkte, dass er gewonnen hatte. »Sie sind ein gestandener Polizist des gehobenen Dienstes, einer von der guten Sorte auf dem Revier, sagen Sie den Nestbeschmutzern Ihre Meinung, wenn es nötig ist. Kommen Sie doch auf dem Weg bei mir vorbei, ich gebe Ihnen als Argumentationshilfe die Einstellungsverfügung der Staatsanwaltschaft mit. Übrigens vergaß ich zu erwähnen: Auch der Polizeipräsident hat sein Interesse an Ihrer Teilnahme signalisiert, er erwartet Ihr Engagement und einen Bericht.« Koller bezweifelte, dass Rumpf die Wahrheit sagte, aber eigentlich hatte er jetzt keine freie Entscheidung mehr, sondern einen dienstlichen Auftrag. Leider würde nun die Begegnung mit Sabrina Neudeck unausweichlich sein.

Heiko Kaiser auf dem Kongress zu treffen – damit hatte Koller nicht gerechnet. Obwohl sie beide einen Blickkontakt vermieden, spürten sie deutlich die Spannung im Raum. Heiko hatte sofort den Gedanken, der »Förster vom Silberwald« sei als Aufpasser vom 19. Revier geschickt worden, um zu erfahren, wer zu den »Sympathisanten« der Hanna Büttner zählte. Für Koller wiederum musste Kaiser einer der Unruhestifter im Revier sein, der mit den *Kritischen Polizisten* unter einer Decke steckte. Tatsächlich fühlte sich Heiko wie ertappt, und eine Wut stieg in ihm auf. Für ihn war klar, dass Rolf Koller nicht aus Mitgefühl erschienen war. Währenddessen überdachte Koller, ob es wirklich gut war, Kaiser in der Dienstschicht A einzusetzen, der erfolgreichsten des Reviers, da konnte man keinen Ruhestörer gebrauchen.

Außerdem provozierte ihn die Anwesenheit von Sabrina auf dem Podium. Koller ließ seinen Blick schweifen, ob nicht noch weitere unangenehme Überraschungen zu erwarten waren. Seinen Sitzplatz wählte er so, dass er den Rücken frei hatte, also ganz an der Seite und ziemlich weit hinten. Dabei erspähte er in der zweiten Reihe einen alten Bekannten: Martin Maxeiner, Lokalredakteur des BERLINER ECHO und unter seinem Kürzel *max* wegen seiner kritischen Berichterstattung für die Berliner Polizei ein rotes Tuch. Koller wurde immer nervöser.

Kurz nach dem Selbstmord von Hanna war Max entschlossen, sich einmal das 19. Polizeirevier in Blankenburg, wo Hanna gearbeitet hatte, genau anzuschauen. Um dort hin zu gelangen, musste man von der Berliner Straße an »Conny's Container« vorbei in die nächste Straße rechts einbiegen. Gegenüber das Café zur Post, links bedrohlich hohe, grauschmutzige Mauern, dann ein Fabrikgelände. Leere

Fenster, verrottete Gebäude, eine ehemalige Zigarettenfabrik, wo bis zur Wende die Marke »Club« hergestellt wurde, damals hatte ein Unternehmer aus Lübeck das Grundstück gekauft. Offensichtlich handelte es sich um eines der unzähligen Abschreibungsobjekte in der ehemaligen DDR. Gegenüber ein evangelischer Kindergarten. Schließlich das Polizeirevier, ein schmuckloser Plattenbau, so freudlos wie die Umgebung. Davor ein großer Parkplatz und Busbahnhof, Linie 54 nach Hellersdorf und 227 nach Jungfernheide. Die Einfahrt zum Polizeihof versperrte ein stabiles Tor. Im Hof »gilt die StVO«, wie ein Schild ausweist. Als Max das Tor erreichte, fuhr gerade ein Streifenfahrzeug zum Einsatz, auf dem Beifahrersitz saß eine Polizistin mit einem auffällig ernsten Blick. Es war Angelika Wolter, genannt Geli, was Max nicht wissen konnte. Ein großer Spiegel am Gebäudeeingang ließ jedes unauffällige Näherkommen unmöglich erscheinen. Max wollte das Revier betreten, fand aber die Türe verschlossen. Es war gegen 11.30 Uhr. Da schnarrte auch schon die Gegensprechanlage: »Ja bitte?« Das Gerät hing an der Hauswand, Max fand das etwas unheimlich, denn er konnte nicht sehen, wer ihn ansprach.

»Ich habe eine außergewöhnliche Frage, darf ich mal die Toilette benutzen?«

Nicht unfreundlich tönte es zurück: »Dann kommen Sie mal außergewöhnlich rein.«

Ein Uniformierter, vermutlich der Wachhabende, empfing ihn und geleitete ihn durch den langen Flur. Flure in Polizeigebäuden sind selten hell und freundlich, dieser machte auf ihn einen besonders düsteren Eindruck. Aber vielleicht bildete er sich das nur ein, weil er an Hanna denken musste. Rechts und links Büros. Ein Beamter begegnete ihnen, er war groß und hager. Dann standen sie vor der WC-Tür. Der Wachhabende sagte: »Falls Ihnen fremdartige Tiere begegnen, ungefähr schäferhundgroß, das sind unsere Kakerlaken.«

Innen an der Tür ein Schild: »Befehl Nr. 1: Die Klobürste ist zu benutzen und danach mit klarem Wasser nachzuspülen.« Max sah keine Kakerlaken, er wartete eine Weile, zog dann pro forma das Wasser, wartete nochmals, als wüsche er sich die Hände und verließ das WC wieder. Zu seiner Überraschung empfing ihn der Uniformierte direkt vor der Tür, er war noch oder schon wieder da. Für einen kurzen Moment dachte Max, man habe ihn als Eindringling identifiziert, doch der Polizist nickte nur und ging vorneweg Richtung Ausgang. Max spähte in den gegenüberliegenden Aufenthaltsraum, sah dort einen Fernseher und eine alte Couchgarnitur. Auf dem Weg bemerkte er links eine Kaffeeküche und rechts einen kahlen, fast unmöblierten Büroraum. Er blickte auf den Rücken eines Polizisten, der vor einem Computer saß. Max wunderte sich etwas, denn der Bildschirm war ausgeschaltet, der Beamte schien dort zu sitzen und gar nichts zu tun. In diesem Moment drehte er den Kopf, es war Heiko Kaiser. Max fühlte sich ertappt und suchte blitzschnell nach irgendeiner Erklärung oder Ausrede. Doch Heiko gab durch kein Wimperzucken zu verstehen, ihn zu kennen, und Max ging schnell weiter. Max bedankte sich, und der Wachhabende, es war Hans Niebergall, sagte freundlich: »Tschüs.« Obwohl er es sich nicht erklären konnte, war Max komisch berührt, vermutlich weil irgendetwas nicht bestätigt wurde, was er eigentlich erwartet hatte.

Die Banden vietnamesischer Zigarettenhändler waren ein heißes Thema für Max; er recherchierte schon seit geraumer Zeit, ohne richtig fündig zu werden. Die Gangs waren hierarchisch organisiert und, wie Max alsbald feststellen konnte, ein Teil der Organisierten Kriminalität. Dafür sprachen eine Reihe von Fememorden unter Bandenmitgliedern. So hatte ein Killerkommando in einem Wohnheim in Marzahn fünf Vietnamesen erschossen, an einem Bahndamm in Lichtenberg wurden drei weitere Leichen gefunden. Diese Vietnamesen arbeiteten zu einem großen Teil früher in der DDR, die etwa 60 000 von ihnen aus dem sozialistischen Bruderstaat als Vertragsarbeiter in das Land geholt hatte. Nach der Wende wurden sie überwiegend arbeitslos und halten sich seither teils geduldet, teils illegal in Berlin auf. Max interessierte sich aus zwei Gründen für das Thema. Er stellte zum einen fest, dass selbst straffällig gewordene Vietnamesen nicht abgeschoben wurden, weil neuerdings die deutsche Industrie in Vietnam einen lukrativen Markt entdeckt hat. Diese Geschäftsbeziehungen konnten durch Abschiebungen, die politische Querelen auslösen, gestört werden. Max interessierten vor allem die politischen Hintergründe. Noch brisanter war, dass vietnamesische Zigarettenhändler angeblich von der Polizei misshandelt wurden, ein Verdacht, dem auch die Menschenrechtsorganisation *amnesty international* nachging. Max nahm dann mit den *ai*-Leuten Verbindung auf und lernte im *ai*-Büro eine Polizistin kennen: Hanna Büttner. Ungefähr drei Monate, bevor sie sich das Leben nahm. Er unterhielt sich nur kurz mit ihr, sie ahnte, dass die Vorwürfe stimmten und wollte selbst Erkundigungen einziehen. Obwohl er sie nicht kannte, glaubte er zu bemerken, dass es ihr nicht gut ging, sie schien Sorgen zu haben. Routinemäßig notierte er sich ihre private Telefonnummer, konzentrierte sich aber mehr auf Harry, der bei *ai* die Vietnamesensache betreute. »Alle Vietnamesen haben Angst, sowohl vor den eigenen Landsleuten wie auch vor der Rache der Berliner Polizei und vor der Ausländerbehörde«, meinte

Harry, »schon gar nicht sind Vietnamesen bereit, Anzeigen bei der Justiz zu erstatten. Selbst uns wollen sie nichts erzählen, aber an der Sache ist was dran.«

Damals ging er davon aus, dass Hanna als Polizistin ganz einfach was wissen musste. Er rief sie an, sie schlug den Treffpunkt im *ai*-Büro in der Pacelli-Allee vor, es war ihre zweite Begegnung. Er hatte das Gefühl, dass sie Heiko Kaiser nicht ohne Grund mitbrachte. Kaiser jedoch fühlte sich sichtbar unwohl, verhielt sich wie jemand, der hier nicht gesehen werden wollte. Gebannt starrte er jedes Mal auf die Tür, wenn jemand den Raum betrat, und es war ein ständiges Kommen und Gehen. Hanna erklärte, dass die Vietnamesen-Aktionen bereits gelaufen waren, als sie zum 19. Polizeirevier kam. Und dass darüber nicht gesprochen werde, schon gar nicht in ihrem Beisein, sie suche selbst noch nach Auskunftspersonen. Heiko Kaiser zuckte nur mit den Schultern. Dann schützte er einen dringenden Termin vor und verdrückte sich.

Hanna hatte ein offenes, klares Gesicht. Für Max war sie damals ein Petra-Kelly-Typ, so wie er sich die Kelly mit fünfundzwanzig Jahren vorstellte, mit ihren blonden Haaren, blauen aufmerksamen Augen, unter denen immer ein Schatten von Müdigkeit lag, verursacht durch Überarbeitung oder Sorgen, sich alle Ungerechtigkeit dieser Welt aufzuladen. Er fragte Hanna, wie sie eigentlich zu *ai* gekommen sei. Sie gehöre erst seit wenigen Wochen zur *ai*-Gruppe, sagte sie, und halte sich bedeckt, da sie ohnehin in dienstlichen Schwierigkeiten stecke. Das war nicht zu übersehen, denn sie kam ihm nervös vor, suchte ständig etwas, ihren Kugelschreiber, das Adressbuch, die Autoschlüssel und kramte ungeduldig in ihrem Rucksack. »Der eigentliche Grund ist die Lumpenaffäre.«

»Lumpenaffäre?«

»Es geht um einen Kollegen, der Dienst im Polizeigewahrsam verrichtete, in dem Abschiebehäftlinge untergebracht sind, überwiegend waren es Rumänen. Aus angeblichen Sicherheitsgründen müssen diese Ausländer ihre Kleidung ablegen und ausrangierte, zur Vernichtung bestimmte Trainingsanzüge der Polizei tragen, durchlöchert, zerrissen und mit herausgetrennten Reißverschlüssen, kannst du dir das vorstellen? Da in unserem Grundgesetz etwas von Würde steht, versuchte der Kollege diese Kleidungsvorschrift zu ändern. Er lief voll gegen die Wand, denn die Sache hatte Methode: Wer in erbärmlichen Lumpen vor dem Haftrichter auftritt, hat das Spiel schon aufgrund seines Äußeren verloren. Außerdem scheint unsere Behördenleitung der Ansicht zu sein, es handele sich um Lumpenpack, das man ruhig in Lumpen kleiden könne.«

Max war wie elektrisiert, denn er witterte eine exklusive Story, wie gemacht für das BERLINER ECHO. »Und weiter?«

Ohne es zu merken, war sie in ein vertrautes Du verfallen: »Stell dir vor, diesen Kollegen hat man fertiggemacht. Er beschwerte sich gegen den Rassismus von oben und Sadismus von unten. Daraufhin wurde er versetzt, mit Ermittlungsverfahren überzogen und zum Querulanten abgestempelt. Wegen «neurotischer Störungen» schickte ihn sein Chef zum Polizeiarzt, dreimal in einem Jahr musste er sich wegen «krankhafter Veränderung seiner Persönlichkeit» beim Sozialmedizinischen Dienst der Polizei untersuchen lassen. Von einer Disziplinarstrafe wurde nur abgesehen, weil seine Pensionierung bevorstand.« Hanna war wütend, ihre Augen blitzten. »Wenn dieser Kollege neurotisch ist, dann bin ich es ebenfalls!«

»Und deswegen arbeitest du jetzt bei *amnesty*?«

»Ich denke, es ist die richtige Adresse, wenn Menschenrechte mit den Füßen getreten werden.«

Er fragte sie dann, ob er die Geschichte schreiben dürfe. Sie trafen sich am nächsten Tag mit Jürgen Urban, dem betroffenen Kollegen. Er war einverstanden, und der Artikel erregte einiges Aufsehen. Zumindest musste sich der Innenausschuss des Abgeordnetenhauses mit der Sache befassen. Urban wurde trotzdem nicht rehabilitiert, stattdessen den Gewahrsamsbeamten vom Innensenator bescheinigt, »nicht falsch gehandelt zu haben«. Die Sinn-Frage, grübelte Max, durfte man sich als Journalist nicht stellen: War das alles? Was bewirkst du eigentlich mit deiner Arbeit?

Von Beginn an beschäftige Max die Frage: Warum nahm Heiko Kaiser an diesem Kongress teil? Er war mit Hanna Büttner in einer Dienstgruppe gewesen, das war klar. Sie war seit einem halben Jahr tot, was wusste Kaiser eigentlich über die ganze Geschichte und war er in sie verstrickt? Damals im *ai*-Büro hatte Max nicht den Eindruck, dass Kaiser mit Hanna auf einer Wellenlänge liegt. Warum war er trotzdem mitgekommen? Hanna zuliebe? Wieso wirkte er so verschreckt? Und dann die Begegnung im 19. Polizeirevier, wollte er Max bei seinem »Undercover-Einsatz« nicht verraten? Oder wollte er ihn nicht kennen, weil er das hätte erklären müssen? Heiko sah krank aus, es ging ihm nicht gut, sollte er ihn ansprechen? Max nahm sich vor, es auf eine passende Gelegenheit ankommen zu lassen.

Max überlegte, in den nächsten Wochen einen Artikel über die *Kritischen Polizisten* zu schreiben, die es ja schon seit 1986 gab. Damals erhielten sie den Gustav-Heinemann-Preis, das hatte ihnen großen Auftrieb gegeben. Kritisch eingestellt sind bestimmt weit mehr Polizistinnen und Polizisten, als die Bundesarbeitsgemeinschaft Mitglieder besitzt, man müsste einmal recherchieren, warum sie sich nicht organisieren. Aber die Gründe liegen auf der Hand, weil dann die Karriere gefährdet ist. Kein Wunder, denn die *Kritischen* listen in jeder Ausgabe von UNBEQUEM unter der Überschrift »Schwarze Schafe« auf, welche Kolleginnen und Kollegen aus rassistischen oder anderen Motiven Mitbürger misshandelt haben.

Heiko Kaiser stellte aus den Augenwinkeln heraus fest, dass Rolf Koller noch immer auf seinem Platz saß. Koller hatte sich jetzt zurückgelehnt und die Augen halb geschlossen, sein Notizbuch war zugeklappt. Scheinbar hatte der Spitzel momentan nichts Internes weiter zu melden.

Kaiser saß genau in der Blickrichtung von Max, dem auffiel, dass Kaiser seltsamerweise keinen Finger rührte, selbst wenn fast alle applaudierten. Bevor Hanna zur Dienstschicht A versetzt wurde, kamen Gerüchte über die Misshandlung von Vietnamesen auf, auch im Gebiet von Blankenburg. Kaiser musste davon gewusst haben. Max fragte sich, wie er ihn dazu bewegen könnte, sich mit ihm zu unterhalten, denn Heiko war für ihn ein potenziell wichtiger Informant. Indessen schien Kaiser gehen zu wollen, er packte seine Sachen zusammen; alsdann stand er auf und verließ den Saal. Ganz spontan hatte Max das Bedürfnis, ihm zu folgen, hielt sich aber doch zurück. Stattdessen hatte er die Idee, sich mit Renate zu einem Interview zu verabreden.

Während Max den Abgang von Heiko Kaiser beobachtete, war Elisabeth Büttner an das Mikrofon im Mittelgang getreten. Die kleine, energisch wirkende Frau hatte nicht die geringsten Hemmungen, vor vielen Menschen zu reden. Sie klagte die Dienstschicht A im 19. Polizeirevier an und forderte eine Bestrafung der Täter, die Hanna gequält und in den Tod getrieben hätten. Bisher sei außer der Strafversetzung des Revierleiters nichts passiert, sie werde keine Ruhe geben und das nicht hinnehmen.

Rolf Koller wusste nicht, wie er sich verhalten sollte. Eigentlich fühlte er sich verpflichtet, Partei für Rumpf zu ergreifen, denn der Revierchef hatte ihm versichert, selbst seine Versetzung beantragt zu haben. Andererseits verspürte er keine Lust, sich mit der leidgeplagten Mutter zu streiten. Er entschied nichts zu sagen, zumal ihm dieser Punkt auch nicht so wichtig erschien. Als sich jedoch Hannas Mutter dagegen verwahrte, vom Polizeipressesprecher als Lügnerin hingestellt zu werden, die angeblich Hannas Abschiedsbrief gefälscht hätte, griff Koller zu seinem Handy und rief die Polizeipressestelle an. Dann ging er zum Mikrofon und bat um das Wort: »Ich habe soeben mit dem Pressesprecher telefoniert und möchte Ihnen sagen, dass dieser zu keiner Zeit behauptete, bei dem Abschiedsbrief in der Sache Hanna B. könne es sich um eine Fälschung handeln. Es war vielmehr so, dass ihn ein Journalist fragte, ob denn der Brief echt sei. Daraufhin habe er geantwortet: ›Natürlich werden wir ihn uns ansehen.‹ Das war eigentlich alles und ich denke, man sollte diese Nuancen beachten und nicht dem Pressesprecher einfach etwas unterstellen, was nicht stimmt.«

»Vielen Dank für Ihren Beitrag«, sagte der Diskussionsleiter, »dürften wir auch Ihren Namen erfahren?

»Ich heiße Rolf Koller.«

»Ich nehme an, Sie sind Kollege und im dienstlichen Auftrag hier, Herr Koller?«

»Ich bin Polizeioberkommissar und privat gekommen.« Sabrina blickte ihn an, jetzt waren die Fronten klar.

5

Vor der Tür steckte sich Heiko Kaiser eine Zigarette an. Er hätte es eigentlich wissen müssen, dass ihm dieser Kongress nichts brachte, im Gegenteil, er machte ihn wütend. Wenn es richtig war, dass die Mobber nach dem Motto handelten: »Mit der Person, die wir los sind, sind wir auch die Probleme los«, dann würde es nicht mehr lange dauern, bis sie auch ihn in die Zange nahmen, denn so langsam schossen sich Niebergall und Skinny auf ihn ein, bald würden Arnold und die anderen folgen. Und wenn jeder zehnte Suizid auf Mobbing zurückzuführen war, dann musste er verdammt vorsichtig sein, damit es nicht auch ihn erwischte, genauso wie Hanna. Den kooperativen Führungsstil gab es doch nur in der Theorie, in Lehrgängen der Polizeischule. Niebergall wusste nicht einmal, wie man kooperativen Führungsstil buchstabiert. Entweder brüllte er einen Befehl oder er sagte schulterklopfend: »Kollege, mach mal«, je nach Laune. Er war ja meistens Kumpel. Und konnte sehr umgänglich sein, wenn er den Affen machte, dann bogen sich alle vor lachen. Er ging dann in die Hocke, hüpfte wie ein Gorilla durch die Wache, trommelte auf seine Brust und grunzte oder ließ urige Schreie los. Das machte ihn bei der Mannschaft beliebt. Da lag auch das Problem, denn wenn man anfing zu kritisieren, das wusste Heiko, stand man plötzlich ganz alleine da, so war es Hanna ergangen. Und er hatte sie nicht verteidigt, nahm sie nicht in Schutz, ließ alles geschehen. Er schlug nicht mit der Faust auf den Tisch, schrie niemanden an. Nur heimlich hielt er zu ihr, im Streifenwagen oder im Gespräch im Café zur Post. Sie bat ihn um Rat, er war ein bisschen verliebt, wollte es aber mit keinem verderben.

Plötzlich hatte Heiko Kaiser das Gefühl, dass etwas passieren musste, dass er es nicht aushielt, hier vor der Tür zu stehen und an der Zigarette zu ziehen. Er warf sie fort und rannte los. Nach einem kurzen Sprint ging er in einen Dauerlauf über. Joggen war schon immer seine Methode, psychischen Druck abzulassen. Er lief durch mehrere Straßenzüge, umrundete einen kleinen Park und kehrte nach etwa zwanzig Minuten zurück auf den Parkplatz. Keuchend stand er dann vor seinem Golf, schloss auf und setzte sich hinter das Steuer. Nein, er würde nicht mehr zurück in den Saal gehen, er hörte ja nur seine eigene Schande. Er wusste das doch alles! Er hatte es erlebt! Sie hatten Hanna fertig gemacht, und er würde der Nächste sein!

Wenn er in letzter Zeit zum Nachtdienst fuhr und seinen Golf auf dem Hof des Reviers parkte, neigte er den Sitz nach hinten wie jetzt, lehnte sich zurück und stieg für mehrere Minuten nicht aus, brachte es einfach nicht über sich. Er wollte nicht mehr diese Wache betreten, er hasste die Kollegen, fand es unerträglich, mit ihnen Streife zu fahren. Es war ja nicht nur die Sache mit Hanna. Er konnte keine asiatischen Menschen mehr sehen und schien sie überall zu treffen, in Straßen, in der U-Bahn, im Supermarkt. Noch nie hatte er so viele Asiaten gesehen wie zur Zeit. Sie verfolgen ihn nachts im Traum. Er konnte sie nicht an ihrem Äußeren unterscheiden, und er glaubte denen zu begegnen, mit denen er schon einmal zu tun hatte. Er selbst hatte sie nicht gequält, aber er hatte mitgemacht, war dabei gewesen, hatte es nicht verhindert, schon gar nicht seine Kollegen angezeigt. Also konnte man ihn rankriegen wegen Strafvereitelung im Amt.

Seine Unlust wurde noch dadurch gesteigert, dass sich Heiko nicht beim nächsten Castor-Transport verheizen lassen wollte. Sie wurden ja jetzt gründlich geschult, denn der künftige Einsatz würde so sicher kommen wie das Amen in der Kirche. Ihre Ausbilder plapperten kritiklos nach, was ihnen die Polizeiführung vorkaute, Heiko glaubte ihnen inzwischen kein Wort mehr. Zum Beispiel, dass man bei vierzehn Tagen Urlaub in den Alpen mehr Strahlung abbekäme als bei fünf Jahren Arbeit in einem Kernkraftwerk. Er fand solche Vergleiche lächerlich. Oder dass der Castor vielleicht ein bisschen strahle, aber schon im Abstand von einem halben Meter sei die Strahlung nicht mehr zu merken. Es gab so viele Beispiele dafür, wie immer erst dementiert wurde, obwohl ein Strahlenschaden entstanden war. Und die Polizei sollte mal wieder den Kopf hinhalten, denn in La Hague standen bereits hundertundzehn Transportbehälter bereit. Der Umweltminister brauchte nur zu beschönigen, er habe einen Auflagenkatalog erarbeitet, schon gab sich die Gewerkschaft der Polizei zufrieden. Bald werden wieder 30 000 Kolleginnen und Kollegen eingesetzt, stehen in Ahaus oder Gorleben Hausfrauen, Bauern und Rentnern gegenüber.

Heiko wollte das nicht noch einmal erleben, er musste beim letzten Mal die Berliner Einsatzhundertschaft verstärken, die sich als Knüppelgarde hervortat, so dass sich der Polizeipräsident von Münster in Berlin beschwerte. Heiko stand daneben, als sein Kollege wutentbrannt einem Traktor die Reifen zerstach. Mit seinem Schutzschild drängte er den Kollegen und nicht etwa Störer ab, um ihn daran zu hindern, beim nächsten Traktor genauso zu verfahren. »Super«, dachte Heiko damals sarkastisch und erinnerte sich an den Werbeslogan: »Die Polizei ist ein Beruf, aus dem man etwas machen kann«.

Nun trat Heiko Kaiser ein Erlebnis vor Augen, das ihm zeigte, dass sich etwas grundlegend verändert hatte. Vor etwa zwei Jahren lud ihn Jeroen, ein niederländischer Kollege, den er auf einem Seminar kennen gelernt hatte, für ein Wochenende nach Amsterdam ein. Jeroen zeigte Heiko die Stadt nach Polizistenart: weniger Kunst und Kultur, sondern eher das Nachtleben. Heiko lernte die Stadt mit den Augen eines Polizisten kennen, wo welche Schießerei war, wie die Razzia im »Dance Palace« in eine Massenschlägerei ausartete und welche Gangs welche Bereiche des Glücksspiels, der Prostitution und der Geldwäsche besetzt hielten. Natürlich führte ihn Jeroen in das Rotlichtviertel, wo sich Dirnen wie Schaufensterpuppen in Glaskästen anboten, zum Schluss landeten sie in einer Striptease-Bar. Die Mädchen kannten Jeroen, denn die Bar gehörte zu seinem Revierbezirk.

Am nächsten Morgen frühstückten sie gemeinsam in Heikos Hotel, anschließend ging Jeroen mit ihm in einen Coffeeshop und bestellte zwei Joints.

»Mit mir nicht, ich bin Polizist!« wies ihn Heiko fast brüsk zurück.

Jeroen lachte: »Hey, was regst du dich auf, Heiko, ich bin auch Polizist, wie du weißt.«

»Aber ich habe noch nie Haschisch geraucht!«

»Dann wird es Zeit, dass du es einmal versuchst.«

Heiko war sich unschlüssig, welches der beste Weg war, Drogen zu bekämpfen. Seine Kollegen von der Schutzpolizei vertraten mehr die harte Linie, während die Kripo eher zur Entkriminalisierung neigte. Als jetzt Jeroen die üblichen Argumente anführte, die Haschisch mit Alkohol verglichen, winkte Heiko ab: »Okay, gib dir keine Mühe, diese Rechtfertigungen kenne ich alle. Und sie stimmen sogar, das will ich gar nicht bestreiten. Aber als Polizist tut man es trotzdem nicht.«

Der Kellner, ein Indonesier, brachte zwei Joints, servierte sie ganz offen auf einem kleinen Teller. Heiko, der Joints nur im beschlagnahmten Zustand kannte, hätte in den Erdboden versinken können und blickte sich um, wer hinter ihnen saß.

»Wenn du zum Eigenverbrauch in Deutschland Haschisch kaufst, ist es doch auch nicht strafbar, oder?« fragte Jeroen.

»Richtig, wenn es sich um eine geringe Menge handelt.«

Jeroen blickte verständnislos. »Aber dann verstehe ich deine Aufregung nicht.«

»Hör zu, das kann jeder Bürger tun, nicht aber ich als Polizist. Ich habe die Aufgabe, Rauschgift zu bekämpfen. Der Kellner hier sieht aus wie ein Dealer bei uns. Ich werde einen Teufel tun, von so einem Kerl ganz offen Haschisch zu kaufen, das geht mir gegen den Strich, ich will damit nichts zu tun haben.«

Jeroen lächelte. Er hielt ein brennendes Streichholz an den Joint, zog am anderen Ende und blies den Rauch in Heikos Richtung. »Jeder, der Lust hat, raucht bei uns Haschisch, mein Chef auch. Ich verstehe dich nicht, es ist für dich nicht strafbar und du hast trotzdem Schuldgefühle.«

»Weil ich so erzogen bin, wir jagen doch hinter jedem Krümel Haschisch her und überlassen es der Justiz zu entscheiden, ob sich der Festgenommene strafbar gemacht hat oder nicht.«

Jeroen zündete ein weiteres Streichholz an. »Probier doch mal, die Qualität ist sehr gut.«

Heiko wehrte ab. »Ein Haschisch rauchender Polizist, das ist für mich unmöglich, es wäre zumindest ein Dienstvergehen.«

»Du bist hier nicht im Dienst, sondern auf Wochenendurlaub.«

Heiko schwankte, er war eigentlich doch neugierig.

»Okay, aber nicht hier.«

Sie gingen zu Jeroen nach Hause, und im Rückblick erschien ihnen die Tage in Amsterdam wie ein Flug auf einer Wolke.

Zurück auf dem Boden Berlins, stellte er sich die Schlagzeile in der Boulevardpresse vor: »Berliner Polizist raucht in Amsterdam Haschisch.« Doch vielmehr bestürzte ihn, dass er überhaupt zu diesem »Fehltritt« fähig war. Er war sich sicher, dass ihn Niebergall, Skinny und Fritz aus der Schicht verstoßen würden, wenn sie davon erführen, denn er hatte ein Tabu verletzt. Er riskierte nicht, sich erneut Haschisch zu beschaffen, aber so wie eine Liebesbeziehung durch das erste Fremdgehen Schaden nimmt, war etwas zerrissen, und Heikos Einstellung zum Beruf hatte sich gewandelt. Er hatte die Polizei betrogen, und es war nicht mehr wie früher.

Heiko saß noch immer in seinem Golf auf dem Parkplatz vor dem Tagungsgebäude. Jedenfalls würde er jetzt nach Hause fahren, dieser Kongress wühlte ihn auf. Heiko startete das Auto und fuhr vom Parkplatz genau in dem Moment ab, als Max aus der Tür trat.

6

So hatte sich das Sabrina nicht vorgestellt. Nach der Operation schwelgte sie in Euphorie, sie genoss die Zeit der Rekonvaleszenz und empfand es fast als ein Wunder, wie schnell sich ihr Körper erholte. Es war ihre glücklichste Zeit, sie erlebte sich endlich als normal und erwartete genau diese Normalität von ihrem weiteren Leben. Sie besaß eine neue Geburtsurkunde; ihr Führerschein und ihr Personalausweis dokumentierten ihr Frausein; eine Kommission des Innensenators hatte den Richtlinien entsprechend alles geprüft und abgesegnet. Und natürlich wollte sie sich und allen anderen beweisen, dass sie wie eine Frau aussah. Achtunddreißig Jahre lang hatte sie in Hosen gesteckt, ab sofort würde sie nie wieder welche anziehen. Auch keine Schuhe mit flachen Absätzen. Wenn sie jährlich beim Berlin-Marathon im DRK-Zelt Dienst verrichtete, war sie die Einzige, die nicht weiße Turnschuhe, sondern weiße Pumps trug.

Sie fieberte dem ersten Tag entgegen, sich ihren bisherigen Kolleginnen und Kollegen vorzustellen, und sie glaubte, sie müsste dies vorbereiten, zumal bereits Gerüchte im Umlauf waren und sie einige obszöne Anrufe erhielt. In einem Brief stellte sie ihre persönliche Entwicklung dar, schilderte ungeschützt ihre psychischen Probleme und die Gründe für die geschlechtsanpassende Operation, sparte auch Einzelheiten des Eingriffs nicht aus und malte ihr jetziges Befinden in bunten Farben. Es war ein Fehler, das Papier aus der Hand zu geben. Es wurde kopiert, machte den Umlauf, ihr »Fall« verbreitete sich wie ein Lauffeuer und war in aller Munde. Vielleicht wäre das in jedem anderen Beruf ähnlich verlaufen, außer allenfalls im Showbusiness oder im Künstlermilieu. Die Sensation war jedenfalls komplett: Aus einem Hauptkommissar wurde über Nacht eine Hauptkommissarin, das hatte es bei der Kripo noch nicht gegeben. Die meisten waren darauf nicht vorbereitet, die Legende ihrer Krebserkrankung und die ursprüngliche Geheimhaltung waren riskant gewesen. Es hätte trotzdem alles gut gehen können, wenn ihre Vorgesetzten umsichtig reagiert, sich schützend vor sie gestellt und die Übergangsphase wohlwollend begleitet hätten. Doch es kam anders. Einer der drei ursprünglich in den Plan eingeweihten Herren machte sich inzwischen mit Partywitzen über sie lustig. Die unmittelbaren Vorgesetzten taten das, was schon immer ihre mangelnde Zivilcourage unter Beweis stellte: Sie richteten sich nach der Mehrheit der Mitarbeiter und gingen allen Schwierigkeiten aus dem Weg. Diese Haltung zeigte jetzt auch der Polizeipräsident, und so votierte ebenfalls der Personalrat.

Kein Wunder, dass Sabrina in den Köpfen der meisten Kolleginnen und Kollegen immer ein Mann blieb. Als solchen hatten sie Horst gekannt und manche fünfzehn Jahre lang mit ihm zusammengearbeitet. Sie konnten oder wollten ihre Gefühle nicht umpolen und empfanden Sabrinas Text als exhibitionistisch. Eine Kollegin schrieb: »Sabrina Neudeck scheint in ihrem Bedürfnis nach Vergessen nicht zu berücksichtigen, dass sie die Erinnerung vieler Kollegen an ihr eigenes früheres – von ausgewaschenen Jeans und T-Shirts, von Zigarren und Hunderten von Curry-Würsten geprägtes – Outfit nicht auslöschen kann. Und das hat nichts mit Dummheit, Verständnislosigkeit, mangelnder Hilfsbereitschaft oder Unwillen zu tun.«

Sabrina setzte dieser Kritik entgegen, sie habe den Text

nur deshalb geschrieben, um falschen Gerüchten zu begegnen. Sie wollte kundtun, dass es ein Akt der Notwehr gewesen war. Sie empfand es als pure Polemik, wenn man im Zusammenhang mit ihrer Operation kolportierte, eines Tages ermögliche die Chirurgie, Schwarze in Weiße, Gorillas in Menschen und Goldfische in Delfine umzuwandeln. Sabrinas Kritiker wiederum wehrten sich dagegen, ins Unrecht gesetzt zu werden oder als verklemmt zu gelten, wenn sie auf die Geschlechtsänderung mit Befremden, Abneigung oder sogar Ekel reagierten. Sabrina hoffte, solchen Reaktionen mit ihrer Schrift entgegenzuwirken und wollte an das Mitgefühl appellieren. Die Kolleginnen und Kollegen zogen die Suizidversuche in Zweifel, denn sie kannten Horst als »verrückten Hund«, mitunter als nervig, als »Arbeitstier vor dem Herrn«, der im dienstlichen Bereich überwiegend geschätzt und geachtet wurde. Er war ganz und gar niemand, der am Leben zu verzweifeln schien. Sabrina versuchte zu erklären, wie schwer es ihr fiel, den Mann bis zum Exzess zu schauspielern aus Angst, jemand könne etwas merken. Deswegen habe sie bisweilen sogar einen machohaften Typen gemimt. Als brutal und verletzend empfand sie, dass man sie als »Wesen« bezeichnete, also nicht Fisch oder Fleisch, nicht Mann oder Frau, vielleicht sogar nicht Mensch oder Tier, und es hieß sogar, »früher hätte man so jemanden in den Ofen gesteckt«.

Viele redeten hinter ihrem Rücken, versagten ihr jedenfalls ihre Sympathie. Mehr noch: Es gab einen breiten Widerstand dagegen, dass Sabrina an ihren alten Arbeitsplatz zurückkehren konnte. Der Polizeipräsident versetzte sie in einen anderen Direktionsbereich. Beamtenrechtlich wurde die Maßnahme damit begründet, dass sie den Arbeitsfrieden störe. Man erteilte ihr sogar in der alten Direktion Hausverbot, eine brüskierende, verletzende und überflüssige Maßnahme, die den gefühllosen Umgang mit einer Frau unterstreicht, die der Hilfe bedurft hätte und stattdessen diskriminiert wurde.

Als das Mobbing begann, hatte man sie in einen Bereich versetzt, wo sie nicht mehr mit Führungsaufgaben betraut wurde, sondern unter ihrem Niveau als Sachbearbeiterin arbeiten musste. Dort war man natürlich »vorgewarnt«. Ihr sogenannter Teamführer rangierte drei Dienstgrade unter ihr und gehörte als Polizeihauptmeister nicht einmal dem gehobenen Dienst an. Das wäre nicht schlimm gewesen, hätte sich nicht seine fachliche wie intellektuelle Unterlegenheit auf die kriminalistische Alltagsarbeit ausgewirkt. Ihr wurde erklärt, dass sie ihren Dienstgrad vergessen könne, genauso wie ihre Erfolge, ihre Erfahrung und ihre zwanzig Dienstjahre, sie habe bei Null anzufangen und sich zu bewähren. Ein Vorgesetzter rief sie an und forderte sie unverblümt auf, sie solle doch einmal mit ihm ins Bett gehen, um zu beweisen, dass sie eine Frau sei. Diese Unverschämtheit, die sie auf Band mitgeschnitten hatte, stürzte sie in tiefe Depression, ihr Körper reagierte mit einer mehrwöchigen Krankheit. Sie musste sich die Aufzeichnung geradezu zwanghaft immer wieder anhören, so als wolle sie sich selbst zerstören. Die Anfeindungen dauerten an. Sie teilte das Zimmer mit einem Kollegen, der rauchte und stark nach Schweiß roch. Sie riss das Fenster auf, er schloss es wieder. Herrschten draußen Minustemperaturen, zerrte er das Fenster auf. Als sie voller Wut seinen überquellenden Aschenbecher aus dem Fenster warf, sich allerdings vorher davon überzeugte, dass niemand getroffen werden konnte, zeigte er sie wegen eines »gefährlichen Eingriffs in den Straßenverkehr« an. Dem Teamführer passte nicht, wie sie sich anzog und schminkte, er bezeichnete ihr Äußeres als »nuttig«. Das fanden auch andere Kollegen und beschwerten sich schriftlich. Wenn sie den Aufenthaltsraum betrat, gingen die anderen raus. Einer ihrer Chefs sagte zu ihr: »Spann ein und schreib deine Kündigung!« Das Verhalten ihrer Kolleginnen und Kollegen sollte offensichtlich beweisen, dass sie nicht integrierbar sei. Man wollte sie zerbrechen und aus dem Dienst entfernen. Der Höhepunkt war, ihr die Dienstwaffe abnehmen und sie als paranoid in die Karl-Bonhoeffer-Nervenklinik einliefern zu wollen.

In der Hoffnung, dass man in ihrer alten Dienststelle vielleicht doch mehr Verständnis aufbringen würde, beantragte Sabrina ihre Rückversetzung. Dort wurde sofort gegen sie Stimmung gemacht und insgesamt 260 ablehnende Unterschriften gesammelt, obwohl sie nur zwanzig von diesen Beamtinnen und Beamten persönlich kannten. Vorgesetzte übten bei der Unterschriftenaktion Druck aus, und einige drohten, sich versetzen zu lassen. Ein Referatsleiter ließ keinen Zweifel an seiner Ablehnung: »Frau Neudeck ist ein Transvestit, den man noch nicht geschafft hat rauszuschmeißen.« Die Behördenleitung bezeichnete den Versetzungswunsch als »völlig indiskutabel« und lehnte ihn wegen »mangelnder Akzeptanz« ab.

Gleichzeitig verschlechterte sich ihre dienstliche Beurteilung, die alle zwei Jahre erstellt werden muss, rapide. Zuvor waren Sabrinas persönliche Eigenschaften und fachliche Leistungen mit gut und sehr gut bewertet worden. Man lobte sie als sehr kollegial, grundehrlich, stets hilfsbereit und fachlich hochqualifiziert. Nun galt sie als überaus kritisch und uneinsichtig. Die Teamarbeit mit ihr habe gelitten, dadurch sei sie zum Sicherheitsproblem für andere Mitarbeiter geworden. Verschiedene Kolleginnen und Kolleginnen äußerten sich schriftlich und behaupteten, sie habe fachliche Fehler begangen. Sabrina habe sie darüber hinaus belogen, spiele Kollegen gegeneinander aus, Differenzen seien unüberbrückbar und Vertrauen nicht mehr gegeben. Es baute sich eine Front gegen sie auf. Einige Unterstellungen konnte sie direkt widerlegen. So schrieb zum Beispiel der Schichtleiter, sie habe ihn weitgehend ignoriert und sich nie im sogenannten Lagedienst blicken lassen. Sabrina präsentierte die Liste, wonach sie regelmäßig zum Dienstbeginn bei dem Lagedienst gegen Unterschrift das Funkgerät empfangen hatte. Doch sie spürte ihre Kraft zum Widerstand schwinden. Man lehnte es geschlossen ab, sie innerhalb der Schicht in ein Team aufzunehmen. Niemand wollte mehr mit ihr zusammenarbeiten, mit ihr Streife fahren, einen Tatort untersuchen. Wieder wurde sie krank. Sie fühlte sich damals als Freiwild. Massive Herzrhythmusstörungen traten auf und ein Immunzusammenbruch. Es ging ihr schlecht, vor allem seelisch. Immer wieder befielen sie schwarze Gedanken, sie wollte nur noch Ruhe und Frieden haben. Sie bereitete vor, sich mit einem Infusionsgerät eine Überdosis Insulin in die Vene zu träufeln. Zwischendurch flackerte ihr Überlebenswillen wieder auf, sie suchte Rat bei ihrem Arzt oder sprach mit Jutta Schmidt, der Frauenbeauftragten, die zwar freundlich war, aber auch nicht weiter wusste.

Dort traf Sabrina auf Hanna Büttner. Sabrina war etwas spät dran, Hanna blieb wohl deshalb ein paar Minuten länger und saß bei Frau Schmidt, beide tranken Tee. In der Erinnerung erschien ihr Hanna als sehr blass, was durch ihr blondes Haar noch unterstrichen wurde. Sabrina begrüßte erst Frau Schmidt und dann Hanna, wobei Jutta Schmidt doppeldeutig meinte, beide könnten sich die Hand reichen. Hanna zögerte kurz, Sabrina gewann den Eindruck, sie wartete auf die Einladung, noch zu bleiben und zu dritt weiter zu reden. Heute ärgerte sich Sabrina, dass es nicht so kam. Dann ging Hanna mit einem kurzen Gruß.

Zwei Wochen später erschien Sabrina wieder zum Dienst, obwohl neben dem Bett an einer Stehlampe noch immer der »Tropf« hing und sie ständig an ihr Vorhaben erinnerte. Sie schob ihren Tod vom einen zum anderen Tag auf, er war ein lieb gewonnener Begleiter und guter Freund geworden, weil sie durch ihn den Ausweg sah. Langsam gewann sie ihr Gleichgewicht wieder. Nächste Woche vielleicht, wenn sie nach dem Nachtdienst die zwei freien Tage um zwei weitere durch Abfeiern von Überstunden verlängerte, dann würde sie die Ruhe finden, den Schmetterling in ihre Armvene zu stechen, den Verschluss aufzudrehen und ganz langsam für immer hinwegzudämmern. Wenn sie manchmal unter ihrem Namen an Stelle des Dienstgrades die Bezeichnung cand.med. schrieb, war dies pure Angabe, über die sich ihre Kollegen – teils aus Neid, teils aus Bewunderung – lustig machten. Aber jetzt war sie für ihre medizinischen Kenntnisse dankbar.

7

Rechtsanwalt Siegfried, einer der Referenten des Kongresses, kam zum Ende seines Vortrages auf einen letzten Punkt zu sprechen: »Wenn es ans Portemonee geht, meine Damen und Herren, sind Beamte besonders empfindlich, da kann man sie packen. Nehmen Sie die Herrschaften in Regress, das spricht sich herum, da wird ihnen das Mobbing am schnellsten vergehen! Und nicht kleckern, sondern klotzen, bitte schön.« Siegfried sprach ohne ein Konzept, ihn hielt es auch nicht auf der Bühne, vielmehr war er während des Redens herabgestiegen und hatte sich in den Mittelgang gestellt, er liebt die Nähe seines Publikums, ging fast auf Tuchfühlung. Und er war sich mit einer bewusst burschikosen Sprache seiner Wirkung sicher. »Ich schreibe immer direkt an den obersten Dienstherrn, an den Senator des Innern. Ich setze Fristen! Und ich fordere ihn verbindlich zur Auskunft auf, ob er die Sauereien der Herren Niebergall, Arnold und Schneider als dienstliches Verhalten im Rahmen der Amtshaftung ansieht oder ob er das Fehlverhalten als Exzess beurteilt, den die Täter gelegentlich des Dienstes verübten. Es geht konkret um die Frage, ob die Mobber persönlich in Anspruch genommen werden oder der Dienstherr im Rahmen der Amtshaftung für den Schaden aufkommen will. So oder so ist die Antwort für den Senator peinlich. Ich kündige auch an, dass der Schaden für den Schichtführer beachtlich sein wird, von den Krankenkassenkosten über Ermittlungskosten bis zu den Anwaltskosten – Schmerzensgeld nicht zu vergessen! Also damit erst einmal genug, weitere Einzelheiten besprechen wir nach der Mittagspause im kleineren Kreis.«

Während Renate die Speisekarte studierte, stellte sich Max vor, wie das Leben mit einer Polizistin aussehen würde. – Sie hatten sich in eine ruhige Ecke gesetzt und kamen gleich zur Sache, denn die Zeit war knapp bemessen.

»Ich versah in Bremerhaven Schichtdienst, und mein Mobber heißt Anton, wird aber Toni gerufen. Er ist der Schichtführer, war also mein direkter Vorgesetzter. Mit seiner Frauenverachtung steckte er nach und nach die ganze Gruppe an, und ich musste es ausbaden. Einer seiner ständigen Sprüche lautete: ›Alle Frauen sind Schlampen – außer meiner Mutter und meiner eigenen‹ oder ›Frauen sind nur zum Vögeln da.‹ Renate merkte, dass sie sofort feuchte Hände bekam, wenn sie von Toni sprach. «Er sagt außerdem immer ›verfotz dich‹!»

»Verfotz dich?« fragte Max.

»Nicht nur zu mir, das sagt er zu allen. Es heißt für ihn so viel wie ›hau ab‹ oder ›mach dich jetzt auf den Weg‹, wenn er einen Auftrag erteilte. Garantiert merkt er das gar nicht mehr, es gehört zu seiner für ihn ganz normalen Alltagssprache. Mein Stiefvater, als er noch lebte, nannte meine Mutter immer ›Schisser«, erinnert sich Renate, »er sprach es oft ganz zärtlich aus, wie einen Kosenamen. Ich fand es schrecklich, vermutlich hielt er meine Mutter für eine Frau, die oft Schiss hat, vor allem vor ihm. Da er viele Komplexe besaß, fühlte er sich dann besonders stark und überlegen.«

»Vielleicht empfand er sich auch als Beschützer?« warf Max ein.

»Kann sein. Jedenfalls finde ich Toni zum Kotzen. Er

greift sich obendrein alle fünf Minuten an sein Geschlechtsteil, ohne es zu merken.«

Renate hatte ihre dunkelblonden Haare glatt nach hinten gekämmt und zu einem Lagerfeld-Zopf geflochten. Sie war nicht geschminkt, und ihr Gesicht erinnerte ihn an eine Balletttänzerin. Er versuchte sie sich mit einer Polizeimütze vorzustellen, was ihm schwer fiel. Fast erriet sie seine Gedanken: »Ich habe ja eigentlich keine Probleme mit Männern, ich weiß auch nicht, warum ich nicht mit Toni klarkomme oder er nicht mit mir. Allerdings versuche ich Dienst und Privates zu trennen und lasse mich generell nicht mit einem Kollegen ein, denn das führt nur zu Verwicklungen. Man hat gar keinen Abstand mehr, außerdem werden die anderen eifersüchtig und kriegen zudem jeden Streit mit.«

»Es liegt nahe, dass er mit dir ins Bett wollte«, meinte Max.

»Das ist ein interessanter Punkt«, antwortete Renate, »er hat mich noch nie direkt sexuell angemacht. Ich bin das eigentlich bei Kollegen gewöhnt, sie starren auf meinen Busen oder machen irgendwelche anzüglichen Bemerkungen. Damit kann ich einigermaßen leben, wenn es auch nicht schön ist, mit den Augen ausgezogen zu werden. Bei einer Feier auf der Dienststelle kann es beispielsweise vorkommen, dass mir einer auf den Po haut und sagt: ›Einen Arsch hast du nicht in der Hose und Titten hast du auch keine.‹ Daraufhin grölen und feixen dann alle. Doch Toni beachtet meine Figur überhaupt nicht, auch nicht versteckt, wie ich das bei manchen registriere. Er kann mir übrigens auch nicht in die Augen schauen.«

»Kann es sein, dass du darüber beleidigt bist?«

Renate war etwas verblüfft, die Frage irritierte sie, dann veränderte sich ihr Gesichtsausdruck. Max merkte, dass seine Bemerkung daneben ging: »Ich meinte lediglich, er fühlt sich vielleicht von dir abgelehnt und rächt sich mit Mobbing.« Er spürte, dass das Interview zu kippen drohte, als Renate sagte: »Sabrina hat mir erzählt, du schreibst für das BERLINER ECHO und gehst sensibel mit dem Thema um. Wenn auch du der Meinung bist, dass Frauen letztlich an ihren Schwierigkeiten selber Schuld sind, dann können wir die Unterhaltung vergessen.«

Max beteuerte, er wolle ihr nichts unterstellen.

»Das läuft sonst darauf hinaus, dass du um Verzeihung bitten musst, weil du hübsch und eine Frau bist.«

Max wechselte rasch das Thema. »Ist Toni ehrgeizig?«

»Seine Karriere geht ihm über alles.«

»Und sich mit einer Kollegin einzulassen, die ihm unterstellt ist, könnte für die Karriere schädlich sein?« Max fand an dieser Theorie besseren Gefallen.

»Ja sicher, worauf willst du hinaus?«

»Vielleicht begehrt er dich, kann es sich aber nicht gestatten, weil ihm seine Karriere noch wichtiger ist. Dich täglich zu sehen, lässt den Konflikt in ihm nicht zur Ruhe kommen, das wiederum frustriert ihn ungemein und führt zum Mobbing.«

»Ich weiß nicht, ob das so ist, auf jeden Fall wollte er mich aus der Schicht rausekeln, das ist ihm auch gelungen. Ich wurde strafversetzt, hocke jetzt im Präsidium Bremen in der Zentralkartei, lese Akten und vergebe Tagebuchnummern.«

Max klopfte seine Pfeife auf dem Aschenbecher aus, um sich sogleich eine neu zu stopfen. »Warst du die einzige Frau in der Schicht?«

»Ja, aber es kommt für mich Ersatz, damit musste er auch rechnen. Es ist nicht so, dass er mich rausmobben konnte in dem Bewusstsein, nun auf Dauer Frauen los zu sein. Er ahnt wohl, dass ich seinetwegen krank geworden bin, das macht ihn nervös, ich habe erfahren, dass er jetzt ganz kleine Brötchen backt. Trotzdem schickt mich die Personalabteilung mit ihm zusammen nächste Woche auf einen Fortbildungslehrgang über Castor-Transporte nach Hamburg. Ich melde mich kurz vorher krank.«

Der Kellner brachte zwei Gläser Rotwein. Dann wollte Max wissen, auf welche Art sie gemobbt wurde.

»Ich war das Dummchen, der man nichts zutrauen kann, weil sie eine Frau ist, das war die generelle Linie. Egal, was ich sagte, was ich tat, es war alles falsch. Toni ist streifengeil, er fährt gerne raus, mit Vorliebe teilte er mich als seine Fahrerin ein. Wollte ich eine Überprüfung durchführen, ordnete er an: ›Fahr weiter!‹ Bog ich rechts ab, brüllt er: ›Links!‹ Natürlich mache ich auch Fehler, aber er suchte sie regelrecht und wartete darauf, das machte mich total unsicher. Bei einer Standkontrolle war es seine Aufgabe, mit der Maschinenpistole zu sichern, dabei hielt er einem Mann, dessen Ausweisdaten ich über Funk checkte, den Lauf der Waffe direkt vor die Brust, worauf ich ihn bat, die MP beiseite zu tun. Er schaute mich böse an und nahm beim nächsten Übungsschießen die Maschinenpistole mit. Beim abschließenden Waffenreinigen zwang er mich, die MP zu demontieren, zu reinigen und zusammenzusetzen, obwohl nicht mit ihr geschossen worden war. Seine Begründung: ›Damit du lernst, mit der MP umzugehen.‹ – Es sind die vielen kleinen Gemeinheiten. Wir wollten rausfahren, ich bat darum, noch kurz ein Telefonat mit einer Freundin zu führen. ›Renate, *du* hast Freunde? Glaube ich nicht.‹ Oder ein Kollege rief in meiner Abwesenheit an und bat Toni, mich zu grüßen und mir auszurichten, dass er sich für die Fotos bedanke, die ich geschickt habe. Ich traf nach

Wochen den Kollegen und erfuhr erstmals von dem Telefonat. Auf meinen Vorwurf antwortete Toni: ›Ich habe es nicht für erforderlich gehalten, dir das auszurichten.‹ Im Radio des Streifenwagens sang Tina Turner, sein Kommentar: ›Diese Scheißnegerfotze.« Nach unseren Gepflogenheiten hat der Beifahrer zu tanken, als wir neben der Zapfsäule standen, blieb Toni jedoch einfach so lange wortlos sitzen, bis es mir zu dumm wurde und ich halt den Wagen betankte. So könnte ich endlos weiter berichten. Wenn mich jemand fragte, warum ich so verheulte Augen habe, antwortete ich, es läge an meinem Heuschnupfen; Toni grinste sich dann eins. Einmal habe ich gedacht, ich trete ihm jetzt mit voller Wucht in die Eier, es ist niemand da, der es bezeugen könnte – vielleicht hätte er die Sprache verstanden!»

Diese Worte passten so gar nicht zum Bild der Tänzerin, das sich Max von ihr machte.

Renate erzählte weiter: »Der Gipfel ereignete sich auf dem letzten Betriebsausflug, alle hatten bereits getrunken. Da umarmte mich so ein Typ einfach von hinten und fasste mit der einen Hand in meine Bluse, mit der anderen zwischen meine Beine, zur großen Erheiterung der Umstehenden.«

»Konntest du dich nicht wehren?« fragte Max.

»Das habe ich versucht, aber er hatte mich umklammert. Toni beobachtete das genauso wie der stellvertretende Revierleiter, sie unternahmen nichts, sondern lachten.«

»Und du hast das nicht angezeigt oder dich über die Diskriminierung beschwert?«

»Doch, ich habe mich am nächsten Tag bei dem Revierführer beschwert, alle stritten es ab, und ich stand als Lügnerin da. Du musst dich mal in meine Lage versetzen, wie ausgeliefert und ohnmächtig man sich vorkommt. Und wie das in Wut umschlägt, wenn du dich fragen lassen musst, wie viel du denn auf dem Betriebsausflug getrunken hättest.« Renate war dem Weinen nahe.

»Ich ging mit zehn Klössen im Hals und mit Magenschmerzen in den Dienst. War die Schicht vorbei, fühlte ich mich erleichtert, aber gleichzeitig fertig und musste erst einmal weinen. In einem Monat nahm ich elf Kilo ab. Ich war lustlos, traurig und deprimiert und hatte kein Selbstwertgefühl mehr, wenn ich in den Spiegel schaute, fand ich mich potthässlich.«

Max überlegte, ihr ein Kompliment zu machen.

Inzwischen redete Renate längst weiter: »Toni verstand es sehr geschickt, hinter meinem Rücken über mich zu tratschen und die anderen Kollegen auf seine Seite zu ziehen, bis keiner mehr mit mir rausfahren wollte, offiziell aus Sicherheitsgründen. ›Ich habe einen ausgebildeten Hund, ich fahre alleine‹, sagte einer von ihnen, ihm war also sein Hund lieber. So hat man mich zum Sicherheitsrisiko erklärt, das ist die beste Methode für den Abschuss, ich war nicht mehr «schichtdienstfähig», wie es so schön heißt. Dabei konnte nicht ein einziger Fall angeführt werden, in dem ich männliche Kollegen im Einsatz nicht unterstützt oder sogar gefährdet hätte. Trotzdem wurde behauptet, ich sei ein Angsthase, der auf die Toilette geht, wenn es brenzlig wird.« Renate unterstrich ihre Worte mit einer heftigen Handbewegung.

»Gleichzeitig hatte ich aber selbst das Gefühl, nicht mehr in den Dienst gehen zu können«, fuhr sie fort, » ganz zwangsläufig wird man krank. Und sehr schnell wirken sich die Schwierigkeiten auf das Privatleben aus. Das bedrückt einen, man heult sich beim Freund aus und zieht ihn ebenfalls runter. Der reagiert genervt, macht das eine Weile mit, dann ist die Beziehung kaputt. Jetzt kapsel ich mich total ab. Ich schlafe mit den Problemen ein und wache damit auf. Jedes Mal wenn das Telefon klingelt, erschrecke ich und habe Angst abzuheben. Einmal saß ich morgens im Bett und fragte mich: ›Sag mal, spinnst du jetzt, bist du durchgedreht?‹« Erneut tippte sie sich an die Stirn. »›Bildest du dir das alles ein? Oder haben die alle sogar recht?‹«

Als sie krankgeschrieben war, kamen die Schweigeanrufe, auch mitten in der Nacht. »Das waren meine lieben Kollegen, die denken, ich sitze zu Hause und mache mir ein faules Leben. Schlimm sind die Alpträume. Drei Nächte hintereinander habe ich sogar von Toni geträumt. Im ersten Traum saßen wir irgendwo am Straßenrand und zankten uns. Die nächste Nacht bin ich mit ihm Streife gefahren, wir kamen uns etwas näher. Und im dritten Traum lag ich mit ihm im Bett. Scheiße – ich weiß auch nicht, was das soll.«

Der Kellner, der Sprache nach ein Ausländer, servierte für Renate den Salat, Max hatte nichts bestellt, er verspürte keinen Hunger, solange er Pfeife rauchte. Der Kellner stellte einen leeren Teller vor ihn und sagte mit einem Lächeln: »Für den Fall, Dame will teilen mit Ihnen.« Max bedankte sich und schüttelte freundlich den Kopf. »Und mein Chef«, fuhr Renate nach einer Weile fort, » kam zu dem Ergebnis, ich sei dem Beruf nervlich nicht gewachsen, der Personalrat beurteilte es ähnlich und sprach sich dafür aus, dass ich nur Tagesdienst versehen soll.

Dann kriegst du die schriftliche Aufforderung, dich zur nervenärztliche Begutachtung in die Psychiatrie zu begeben. ›Ja toll‹, denkst du, ›vielleicht bist du wirklich bekloppt.‹ Der Facharzt schrieb nach der Untersuchung, dass ich völlig in Ordnung sei. Mein oberster Chef meinte, das Gutachten interessiere ihn nicht, für die Schichtdienstfähigkeit würden eingeschränkte Kriterien gelten. Ich wurde ja durch eine mündliche Verfügung umgesetzt und habe bis heute nichts Schriftliches in der Hand, ich bin mal auf die Begründung gespannt. Jedenfalls habe ich Widerspruch dagegen eingelegt und gehe auch vor das Verwaltungsgericht. Sabrina wird mich dabei unterstützen. Ich kann mir einfach nicht vorstellen, dass letztlich Toni gewinnt, denn nicht ich, sondern der gehört in die Zentralkartei und sollte Kärtchen nach Tagebuchnummern sortieren.» Renate stocherte lustlos in ihrem Salat herum und gab dem Hund des Restaurants von dem gegrillten Hähnchenfleisch zu fressen. Der Kellner beobachtete es aus der Ferne.

»Darf ich weiter rauchen?« fragte Max. Renate nickt. »Kein Problem.«

»Bist du bei den *Kritischen*?« wollte er wissen.

Sie schüttelte den Kopf und schob den Teller mit Resten des Salates beiseite. »Vorerst gehe ich nicht zu den *Kritischen*, das ist mir zu stressig. Ich brauche meine Kraft fürs Überleben in dem Beruf.«

Das verstand Max.

»Außerdem helfen sie mir, auch wenn ich kein Mitglied bin.« Sie schaute auf die Uhr. »Ich glaube, wir müssen zurück.«

Als sie gegangen waren, blieb auf dem Tisch der von Sabrina kopierte »Fragebogen zu 45 Mobbing-Handlungen« liegen, den Renate vergaß. Der Kellner räumte das Geschirr zusammen und zerknüllte das Papier, war aber dann doch neugierig, strich es wieder glatt und las. Mit einem misstrauischen Seitenblick zur Theke setzte er sich an den Tisch und begann, mit seinem Kugelschreiber hinter einzelnen Aussagen einen Haken zu machen: Ständige Kritik an der Arbeit – über die Nationalität lustig machen – entwürdigende Ausdrücke nachrufen – Anwendung leichter Gewalt, um einen Denkzettel zu verpassen – in diesem Moment tauchte der Wirt hinter der Theke auf und rief gedämpft: »Zoran!« Der Kellner faltete das Papier zusammen und steckte es in seine Brieftasche. Dann stellte er das restliche Geschirr auf ein Tablett und wischte mit einem Lappen über die Tischplatte.

8

Als Hanna und Geli zum ersten Mal das 19. Polizeirevier betraten und sich zum Dienst meldeten, schien die Sonne in die Wache. Ein warmer Sommertag. Schichtleiter Niebergall war ein bisschen verlegen, als er sie den Kollegen vorstellte. Zwar bemühte er sich um einen freundlichen Ton, obwohl die Frauen gegen seinen Widerstand in die Schicht versetzt worden waren, doch konnte er sein Unbehagen nicht ganz verbergen. Die Männer taxierten Angelika Wolter und Hanna Büttner. Heiko Kaiser fand beide ganz hübsch, aber nicht unbedingt sein Typ.

Niebergall bestimmte Fritz Arnold zu ihrem Praxisausbilder. So machte er den Bock zum Gärtner. Fritz forderte die Kolleginnen auf, ihm in sein Büro zu folgen.

»Setzt euch, ihr beiden Hübschen«, sagte er und knöpfte sich gleichzeitig das Uniformhemd bis zum Nabel auf. So lief er öfter rum, besonders wenn sein Bauch braungebrannt war. »Find ich cool, endlich mal wieder Frischfleisch in der Truppe.«

Hanna lächelte verlegen. Erst nachher war sie schockiert. Aber sie war auch unsicher, ob sie vielleicht zu empfindlich reagierte, und so bat sie Heiko um Rat. »Fritz ist eben so«, hatte er geantwortet, »wir kennen ihn nicht anders, der spricht mit jeder Frau so.«

Fritz zeigte den beiden die Dienststelle, teilte ihnen ihren Spind und ihr Schließfach zu, begleitete sie in den Hof und zu den Garagen und fuhr mit ihnen die Reviergrenzen in Blankenburg ab. Selbst Geli, die nicht auf den Mund gefallen war, schwieg, als er sie beim Verabschieden aufforderte: »Das nächste Mal ziehst du einen tieferen Ausschnitt an, kleine Knollenmaus.«

Als Praxisausbilder hatte Fritz die Aufgabe, vorzugsweise mit einer von beiden Streife zu fahren. Beim erstbesten Annäherungsversuch – er griff ihr an den Oberschenkel, während sie hinter dem Steuer saß – schlug ihm Geli ziemlich fest auf die Hand, daraufhin sagte er mehr oder wenig verlegen: »Zier dich nicht so, dich leg ich noch flach«, wurde aber vorerst nicht mehr tätlich. Zu Heiko sagte er: »Die knack ich noch.« Mit Hanna hatte er sofort Streit. Sie bat ihn, er soll sie nicht »Streifenmaus« nennen, auch nicht »Wachmaus« oder »Schießmaus«. Er hielt ihr vor, sie solle sich mal nicht so haben, sie seien nicht bei der Heilsarmee, und drehte sogleich den Spieß um und behauptete, sie könne nicht Auto fahren. Hanna fuhr am Anfang ein bisschen vorsichtig und vielleicht zu langsam, weil sie glaubte, mit einem Polizeiauto immer Vorbild sein zu müssen. Heiko erklärte ihr: »Es kann ja niemand beurteilen, wenn wir schneller als 50 km/h im Stadtgebiet fahren, wir könnten doch einen dringenden Auftrag haben.« Dann fing Hanna allerdings sofort zu diskutieren an: »Wenn das so wäre, würden wir ja zumindest das Blaulicht einschalten.« Dass sie so überkorrekt war, ging Heiko auf die Nerven. Einmal waren sie ziemlich weit draußen in der Spiekermannstraße und erst kurz vor Feierabend mit der Aufnahme eines Unfalles fertig. Heiko setzte sich ans Steuer, schaltete Blaulicht und Martinshorn an und brauste heim »in den Stall«, wie er es immer bezeichnete. Sie war entsetzt und wollte ihm einen Vortrag halten, dass das keine Einsatzfahrt sei. »Ja glaubst du, ich habe Lust, jetzt in der Rushhour zwanzig Minuten zu spät zu kommen, ich habe für heute die Schnauze voll!«

Es waren kaum zwei Wochen vergangen, als Hanna mit Fritz in einen richtigen Streit geriet. Hanna regte schon eine ganze Weile auf, dass er jeder Frau hinterherschaute und immer wieder, auch zu ihr, sagte: »Mann, kiek mal, geil!« Sie antwortete: »Ich bin kein Mann«, was er offenbar nicht verstand. Dann überquerte ein zwölfjähriges Mädchen auf dem Fußgängerweg vor dem Streifenwagen die Straße. »Mann, kiek mal, die in zehn Jahren!« Da wurde es Hanna zu dumm, und sie verbat sich seine Sprüche. Er beschwerte sich bei Niebergall und verlangte, mit ihr nicht mehr zur Streife eingeteilt zu werden. »Sie hat ein Problem mit Männern.«

Sie saßen zu viert mit einem Kasten Bier auf der Wache: Niebergall, Fritz, Skinny und Heiko. Niebergall machte ein bekümmertes Gesicht, welches ausdrücken sollte, er habe es ja schon immer gewusst. Heiko sagte nichts. Skinny meinte, früher sei alles besser gewesen. Fritz nickte und bemerkte: »Da haben wir gesoffen, gerülpst und die Weiber abgeschleppt.« Niebergall erzählte dann eine Episode von früher auf der Wache am Bahnhof Zoo. »Wenn damals Tina, eine Prostituierte, vorbei ging, haben wir sie reingerufen. ›Tina, lass mal deinen Bär brummen.« Daraufhin hob sie ihren Rock zur Gaudi der Polizisten.

Niebergall griff in die Schublade, holte die Skatkarten hervor und begann sie zu mischen. Heiko verdrückte sich dann in den Aufenthaltsraum, denn er hasste Karten spielen.

Niebergall teilte damals Geli und Fritz öfter zusammen ein und Heiko mit Hanna, der es anfangs komisch fand, mit einer Frau zu fahren. Irgendwie fühlte er sich nicht so locker, und außerdem roch es anders. Für ihn rochen Polizisten wie Polizisten – nach Uniform, ein bisschen nach Männerschweiß, Rauch, Leder, nach dem Öl der Waffe, er konnte es nicht so genau beschreiben. Aber er war damit vertraut, im Streifenwagen, auf der Wache. Nun gewöhnte er sich sogar ab, im Streifenwagen zu rauchen, um nicht den leisen Parfümduft zu vertreiben. Nachts, zwischen drei und fünf Uhr, war gewöhnlich nichts los, man drehte den Funk leise, stellte den Streifenwagen in eine dunkle Ecke und schlief eine Runde. Doch mit Hanna im Auto fand das Heiko unmöglich. Einmal verblüffte ihn Geli, als sie sagte: »Ich habe mit dem Fritz gepennt.« Das hätte Heiko nicht von ihr erwartet und war auch enttäuscht. Doch dann lachte sie: »Wir haben ein Nickerchen gemacht.«

»Also nicht ein Fickerchen«, sagte er schäkernd und trotzdem erleichtert. Mit Hanna hätte er nie so geredet, er hatte mehr Respekt vor ihr, während Geli wie ein Kumpel war.

Heiko wollte Hanna von seinen Qualitäten als Polizist überzeugen und griff wieder in seine Trickkiste – sie suchten gestohlene Autos. Oder er brachte ihr bei, wie man nachts ohne Scheinwerfer an ein Objekt heranfährt, um das Überraschungsmoment auszunutzen. Er gab ihr taktische Ratschläge bei Durchsuchungen, dass man den Verdächtigen im Auge behalten muss, weil er sich durch Nervosität verrät, wenn man in die Nähe eines Verstecks kommt. Hanna nahm das alles wissbegierig auf und löcherte ihn mit Fragen. In der Pause im Aufenthaltsraum spielten sie ›Schiffe versenken‹. Dann hatte sie die Idee, die magnetische Platte des Spiels mit einem Stadtplan zu bekleben und mit Schiffen zu markieren, wo sich jeweils ein Autodiebstahl ereignet hatte. So bastelten sie sich ihren eigenen Streifenplan. Eigentlich lief es ganz gut in der ersten Zeit, und Hanna wurde Heiko nach und nach sympathisch. Er freute sich manchmal sogar auf den Dienst, das kannte er gar nicht mehr an sich. Ob er Hanna liebte oder nicht, darüber dachte Heiko damals nicht nach. Sie war eine interessante Kollegin, mit der er gerne Streife fuhr. Mit Hanna hätte sich alles anders entwickelt, da war er sicher. Damals hatte er noch Pläne, vielleicht hätte sie sich doch noch entschieden, mit ihm die Motorradtour auf Sizilien zu machen, vorher hätte er auch das Tauchen zu Ende gelernt, was sie so perfekt beherrschte. Und weg von der Polizei – vielleicht zusammen mit Hanna, sie war ja auch mit dem Beruf nicht glücklich. Er hätte einen anderen Job gesucht, zunächst nur nebenbei, vielleicht doch bei dieser Bewachungsfirma, die waren immerhin sehr interessiert an ihm. Noch mehr Geld gab es bei der Begleitung von Geldtransporten, das Geschäft boomte. Oder Autos von BMW oder Mercedes ins Ausland überführen? Irgendetwas mit Autos, als ehemaliger Polizist hatte man gute Chancen, vielleicht auch als Fernfahrer.

Hannas Schwierigkeiten fingen mit einer Durchsuchung an. Sie erzählte ihrer Mutter an einem langen Wochenende zu Hause, dass sie sich schrecklich aufgeregt habe. Es ging um eine Anzeige wegen Diebstahls, im Keller eines Hauses waren mehrere Flaschen Wein gestohlen worden, im Verdacht stand der Nachbar. Der Wachleiter ordnete eine Durchsuchung an, und Hanna wollte unbedingt den Geschädigten als Zeugen mitnehmen. Niebergall untersagte das, Hanna berief sich aber auf eine Bestimmung in der Strafprozessordnung, wonach ausdrücklich ein Nachbar oder Hausgenosse hinzugezogen werden könne. So ging das eine Weile zwischen beiden hin und her, bis es Niebergall zu dumm wurde und er brüllte, sie würden nie einen Nachbarn oder Hausgenossen mitnehmen, auch nicht einen Gemeindevertreter, was an anderer Stelle vorgeschrieben war. Hanna erwiderte scharf: »Dann handeln wir gegen das Gesetz!« Niebergall dröhnte, sie solle sich die Strafprozessordnung sonst wohin stecken.

Nach Heikos Einschätzung war Hanna durchaus streitsüchtig, und sie behielt gern recht, das störte ihn. Sie ließ nie locker, fing immer wieder an sich aufzuregen, zum Beispiel über Fritz Arnold. Geli war ganz anders, die ließ sich auch einmal auf den Hintern klopfen oder setzte sich Niebergall auf den Schoß, nur so aus Jux. Damit wickelte sie ihn um den Finger. Aus Spaß hatte sie jemand mit der Acht an die Heizung gefesselt, und Niebergall machte den Affen, hüpfte um sie herum, da war Stimmung auf der Wache. Aber dass Geli keinen Kollegen in ihr Bett ließ, imponierte Heiko. Wenn er schon schüchtern war, sollte sie auch kein anderer haben. Gleichzeitig mochte er Hanna, aber sie zu erobern schien ihm noch schwieriger, die hielt alle auf Distanz, war unnahbar. Doch Geli gehörte inzwischen in das andere Lager und war bereits gegen Heiko aufgehetzt. In einer der letzten Nachtdienste legte sie zusammen mit Skinny eine der berüchtigten Widerstandsanzeigen vor. Heiko konnte sich immer wieder neu darüber aufregen, dass niemanden aufzufallen schien, wenn Skinny am laufenden Band Widerstand provozierte. Demnächst wurden wieder Beurteilungen fällig, mit gemischten Gefühlen sah Heiko dem Termin entgegen, weil sich Niebergall an ihm rächen würde. Ihm war klar, dass er aus der Clique in der A-Schicht ausbrechen musste, nur wusste er nicht wie. Ob die sich keine Sekunde Gedanken darüber machten, dass das auch für sie gefährlich werden könnte?

Nach der Vietnamesen-Jagd hatte Niebergall das Obdachlosen-Programm erfunden. Der Bahnhof Blankenburg wurde ja ständig umgebaut, sie scheuchten die Stadtstreicher über die Bretterwände wie der Hundeführer seinen Benno über die Eskalierwand. Danach schuf Niebergall das Dealer-Programm mit dem Schwerpunkt Türken. Das war die Zeit, als Hanna zur A-Schicht kam. Es gab ja nicht ununterbrochen tätliche Auseinandersetzungen, wochenlang verrichteten sie ihren Dienst ganz normal. Aber es wurde fast immer gebrüllt. Niebergall war der Oberbrüller, er machte es vor. Seine Erfahrung war, dass man die meisten Menschen durch einen lauten Tonfall einschüchtern konnte, er hielt das für eine präventive Maßnahme. Dass es auf der Wache oft laut zuging, war also normal. Auch Geli verstand sich recht gut aufs Brüllen.

Eines Tages wurden zwei Türken mit ein paar Gramm Marihuana festgenommen. Seit seinem Besuch in Amsterdam hatte sich Heiko in solchen Fällen immer verdrückt. Anstatt sich an der sonst üblichen Hektik zu beteiligen, nahm Hanna einen der Türken in den Nebenraum, setzte sich mit ihm an den Tisch und unterhielt sich ruhig mit ihm. Fritz Arnold drängelte, die beiden Festgenommenen sollten zur K-Wache überstellt werden, er wollte endlich Karten spielen. Aber Hanna ließ sich Zeit und war völlig unbeeindruckt. Der Türke und sie lachten sogar miteinander. Hanna bat dann einen Kollegen, sie mit dem Türken zu begleiten. Sie kehrten an den Ort der Festnahme zurück, der Türke kroch unter ein Gebüsch, holte ein Päckchen mit Marihuana hervor und übergab es Hanna.

Hanna wollte immer mit allen und über alles reden. Das passte den meisten nicht. Heiko hatte manchmal seine Schwierigkeiten mit ihr, weil sie ihren Dienst immer so furchtbar ernst nahm. Aber auch er begann seine Kollegen mit anderen Augen zu sehen.

Zwei, drei Wochen war Ruhe. Hanna Büttner fuhr manchmal mit Heiko Kaiser Streife, aber auch mit anderen Kollegen. Dann ging sie in Urlaub. Sie freute sie sich auf Ägypten und die Korallenriffe im Roten Meer und die zwei Meter großen Riff-Haie, die sich am Schwanz anfassen lassen.

Kaum war sie zurück, kam es knüppeldick. Notruf aus der Achtermannstraße: Mehrere Personen hatten einen Ausländer zusammengeschlagen. Als sie eintrafen, lag der Kurde, ein Asylbewerber, bewusstlos auf der Strasse. Sie fuhren mit mehreren Streifenfahrzeugen die Gegend ab, die Täter waren spurlos verschwunden. Es gab einen Zeugen, der zwei von ihnen vom Sehen her kannte und vermutete, sie würden in der Kneipe »Alt-Berlin« am Amalienpark verkehren. Die Gaststätte war dem Revier als Treffpunkt von Rechtsradikalen bekannt. Der Zeuge erklärte sich sogar bereit, mit dorthin zu fahren, aber Niebergall lehnte das ab. Erst stritt Hanna mit ihm am Funk und dann auf der Wache. Es gebe hundert Kneipen in Blankenburg, meinte der Schichtführer, die man alle überprüfen könnte, das sei sinnlos. Außerdem reiche eine Vermutung nicht aus, es fehle die Rechtsgrundlage. Als Fritz Arnold sagte: »Du hast es doch sonst immer mit der Rechtsstaatlichkeit, Zaubermaus«, rastete sie aus. »Wären die Täter Ausländer gewesen wären, hättet ihr sofort zehn Kneipen links gemacht.« Niebergall hat dann nur noch gebrüllt. Heiko war auch der Meinung, sie hätten die Gaststätte überprüfen sollen, aber er sagte es nicht. Ohne dass Heiko oder jemand anderes es wusste, wartete Hanna am nächsten Morgen nach dem Schichtwechsel, bis Revierführer Rumpf zum Dienst erschien. Wie Hanna Heiko erzählte, hörte er sich ihre Vorwürfe ruhig an, dann dozierte er: »Bei Ermessensfragen kann man es oft so oder so machen, und keine Entscheidung ist richtig oder falsch.« Wahrscheinlich hat er auch Niebergall im nächsten Tagesdienst zu sich zitiert, passiert ist jedenfalls nichts. Hanna jedoch hatte, stur wie sie sein konnte, ein Tabu gebrochen, indem sie sich beim Chef beschwerte …

Hannas Selbstmord war ein so schwerwiegender Fall, dass er auf dem Kongress rasch im Mittelpunkt stand. Als sie über Hannas Probleme in der Dienstschicht A sprachen, kam es zu einem Wortwechsel zwischen Rolf Koller und Hannas Mutter, die gesagt hatte:

»Die Hübschen und die Intelligenten sind es, die gemobbt werden, die Parole heißt nämlich Anpassung, oder sie kriegt zu hören: ›Was willst du Küken denn, halte den Mund!‹ Die Kollegen beleidigten meine Hanna mit: ›Trampel aus dem Schwabenland‹ oder ›Spätzlefresserin‹.«

Koller wollte keineswegs bestreiten, dass Hanna gemobbt wurde, er hielt aber Hannas Mutter entgegen, dass daran nicht die ganze Schicht beteiligt war, sondern doch wohl in erster Linie der Schichtführer und zwei weitere Kollegen. Andererseits hätte sich Hanna das Leben selbst schwer gemacht.

Hannas Mutter empfand das als einen Angriff, obwohl es Koller so nicht gemeint hatte. »Ich will Ihnen mal was sagen, Herr Koller, wenn das Mädchen einen Gerechtigkeitssinn zeigte, dann deshalb, weil man sie ungerecht behandelte. Hinzu kommen die Schikanen. Als sie ein paar Tag krank war, lieferte ein Pizza-Dienst in ihre Wohnung acht Pizzen, die sie überhaupt nicht bestellt hatte, der Auftraggeber am Telefon war männlich!«

Koller schwieg dazu, denn ihm war klar, dass dies eine Gemeinheit der Dienstschicht A gewesen sein musste, auch wenn es keinen Beweis gab. Mutter Büttner fuhr fort: »Hanna konnte in der Schicht sagen, was sie wollte, es wurde immer als falsch hingestellt. Mit dem Computer wusste sie viel besser Bescheid als manch anderer. Wenn sie einen Hinweis gab, wie man zum Beispiel ein bestimmtes Programm öffnete, befolgte der Kollege erst ihren Rat, nachdem sie den Raum verlassen hatte. Und dann die unflätigen Bemerkungen, die sie sich anhören musste. Beim Dienstsport sagte Herr Fritz Arnold zu ihr: «Dein gutes Fußballspiel, das hast du vom Ficken gelernt.» Sie musste ständig Tiefschläge einstecken, nach und nach verlor sie ihre Fröhlichkeit und wurde immer deprimierter.«

Das war aber erst das Präludium. Hanna legte im Aufenthaltsraum des 19. Reviers, ohne dass es vom Innendienstleiter genehmigt worden war, mehrere Broschüren von *amnesty international* aus. Darin konnte man nachlesen, dass in 132 Staaten gefoltert und misshandelt wird, dass 45 Staaten Menschen ohne Gerichtsverhandlung hinrichten und dass in soundso vielen Staaten Menschen einfach verschwinden und nie wieder auftauchen. Die Heftchen flogen auf dem Tisch rum, zwei lagen auf dem Fußboden, und nach einigen Tagen waren sie alle verschwunden. Rumpf ließ Hanna zu sich kommen.

Während sie mit Heiko Streife fuhr, berichtete sie ihm von dem Gespräch, eigentlich hat sie Heiko viel erzählt, nur nicht mehr in den letzten Wochen. Da wurde sie immer verschlossener, und schon gar nicht konnte er ihr anmerken, dass sie an Selbstmord dachte. Jedenfalls fragte sie der Revierführer: »Wollen Sie die Welt verbessern?« Er stellte gar nicht erst die Frage, ob die *ai*-Infos von ihr stammten, das war ihm sowieso klar. Hanna hatte den Eindruck, sie hätte sich anschließend über die Menschenrechtsproblematik mit Rumpf sehr gut unterhalten. Ihren Vorschlag, das Thema im Dienstunterricht zu behandeln, wollte er sich überlegen. Nur zur Frage der Vietnamesen wich er aus, betonte aber, dass er die schwierigen Lebensbedingungen mit Mitleid verfolge. Die DDR habe sie ins Land geholt, da waren sie als Arbeitskräfte akzeptiert, und jetzt würden sie wie Wohlstandsmüll behandelt. Hanna war ganz euphorisch, denn er als Polizeirat hätte es ja gar nicht nötig, meinte sie, sich so intensiv mit der kleinen Polizeimeisterin zu beschäftigen. Er habe ihr angeboten, immer zu einem Gespräch zur Verfügung zu stehen, denn sie sei eine Beamtin, die ein besonderes Gespür hätte, die intelligent sei, gut formulieren könne und sensibel reagiere. Nach Heikos Meinung hatte sie Rumpf eingewickelt, wahrscheinlich sei sie ihm auch sympathisch gewesen. Vielleicht hat Rumpf bestimmten Fantasien ihren Lauf gelassen, denn Heiko glaubte zu beobachten, wie Rumpf ihre Figur mit den Augen regelrecht abtastete. Sie ging in der Kantine den Nachtisch holen, und er verrenkte sich fast den Kopf, um hinterher zu glotzen. Heiko dachte, Polizeirat müsste man sein. Ob Hanna registrierte, dass Rumpf sie verehrte – was keineswegs erwiesen war – muss man bezweifeln. Zumindest glaubte sie, Einfluss auf den Chef ausüben zu können. Wenn schon nicht die Welt, wollte sie doch die Polizei verbessern. Heiko war das alles suspekt, aber aus Angst, es könnte ihr Verhältnis belasten, warnte er sie nicht.

Hanna schien plötzlich einen Draht zum Chef zu haben. Niebergall und die anderen verachtete sie ohnehin, deshalb ging sie, wenn sie eine dienstliche Frage hatte, gleich zu Rumpf. Mittags organisierten sie immer Sammelfahrten in die Kantine, und in der Regel wollte niemand zusammen mit dem Revierleiter in einem Auto sitzen. Nach und nach bürgerte es sich ein, dass Hanna mit ihm fuhr, oft waren Rumpfs Sekretärin und Koller dabei. Rumpf hatte Hanna gerne um sich, da gab es gar keine Zweifel. Heiko fragte sie, was es denn so Neues gäbe und erfuhr, worüber sie sprachen: über das Erlernen einer Fremdsprache, das Tauchen, das Spiel Stuttgarter Kickers gegen Hertha BSC oder wie man eine Ratatouille kocht. Aber sie sprachen auch über die Arbeit im Revier. Hanna tat das ganz unbefangen und glaubte Rumpf aufs Wort, dass er sie für den gehobenen Dienst für fähig halte, was man im Auge behalten solle. Heiko wusste nicht, ob er sich mit der jungen und hübschen Polizistin nur schmückte oder wie ernst es ihm war und ob vielleicht sogar eine gewisse Anziehung eine Rolle spielte.

In der A-Schicht beobachteten alle diese Entwicklung mit größtem Misstrauen. Einerseits, weil Hanna etwas Besseres sein wollte – eine, der der Umgang mit den Kollegen der Schicht zu primitiv war. Geli war überzeugt, dass Hanna sich an den Chef ranschmiss. Heiko glaubte, sie fühlte sich geschmeichelt und verlor den Überblick, was ihr Verhalten für Begleiterscheinungen auslöste. Revierleiter Rumpf hätte als erfahrener Vorgesetzter diese Wirkung erkennen und verhindern müssen. Auf der anderen Seite – und das war noch schlimmer – traute man Hanna zu, dass sie eine Zuträgerin war, die dem Chef die Interna der A erzählte. Sie wurde als Spionin bezeichnet. Das wiederum hatte die Konsequenz, in ihrer Gegenwart nichts zu tun oder zu sagen, was in der Chefetage nicht bekannt werden sollte.

Hanna fühlte sich in der A nicht wohl, vermutlich war ihr Verhältnis zum Chef ein kleiner Ausgleich, auf diesem Niveau den Dienst erträglich zu finden. Und sie hatte das Herz auf der Zunge und war nicht nur unerfahren, sondern vielleicht auch naiv. Man kann auch sagen, sie war zu ehrlich. Jedenfalls erzählte sie Rumpf tatsächlich dies und das, was besser laufen könnte und so ganz nebenbei vom Skatspielen. Sie halte das für total übertrieben, es arte in eine Spielsucht aus, wenn die ganze Nacht Karten gedroschen würde, sich sogar der Streifenplan danach richten müsse und das Dienstbuch Eintragungen von Aktivitäten ausweise, die gar nicht stattgefunden hätten, um das Skatteam nicht zu trennen. Rumpf wollte wissen, wer denn die Skatspieler seien. Hanna antwortete: »Niebergall, Schneider und Arnold als harter Kern und ein paar andere je nach Gelegenheit.« Sie zeigte die Kollegen nicht direkt an, sondern redete drauflos ohne zu wissen, ob und wann Rumpf darauf reagieren würde. Hinzu kam außerdem, dass bei dem Gespräch Koller daneben saß, also Rumpf sich überlegen musste, ob er sich das, was objektiv ein Dienstvergehen war, vor den Augen eines Zeugen bieten ließ oder nicht. Hätte ihm Hanna die Geschichte unter vier Augen erzählt, hätte er vielleicht anders oder gar nicht gehandelt. Dann platzte die Bombe. Rumpf verhielt sich nicht fair, er hätte ja die Information benutzen können, um der Sache durch Kontrollen auf den Grund zu gehen. Natürlich haben die Polizisten zunächst alles abgestritten. Aber dann hat er Hanna als Zeugin zitiert und sie genötigt, eine dienstliche Äußerung zu schreiben. Welche Schwierigkeiten sie zwangsläufig haben werde, war nicht sein Problem, darum hatte er sich nicht gekümmert. Heiko fand das menschlich sehr mies. Rumpf leitete ein Diszi ein, bestimmte einen Untersuchungsführer, alle wurden vernommen, und »die Kacke war am Dampfen«. Obwohl die Sache noch immer nicht abgeschlossen war, war Niebergall bereits seine Ablösung als Schichtführer schriftlich angekündigt worden. Heiko glaubte, dass es sich bei den falschen Eintragungen im Diensttagebuch sogar um eine vorsätzliche Urkundenfälschung handelte, weil das Dienstbuch eine Urkunde ist. Wie immer in solchen Fällen, heulen alle Dienstvorgesetzten auf, wenn mal etwas rauskommt. Dabei ist das nur die Spitze des Eisberges, denn das Dienstbuch gilt sowieso als eine Lügenkladde, nicht nur beim 19. Revier. Es werden immer Streifen und Aktivitäten ausgewiesen, die in Wirklichkeit in der warmen Stube stattfinden, besonders nachts zwischen zwei und sechs, wenn mal tatsächlich alles ruhig ist. Vorschrift ist, dass immer mindestens zwei Streifen fahren, rund um die Uhr. Jeder weiß, dass bei Geburtstagen ein Kasten Bier getrunken wird oder auch zwei. Und dann bleibt die Streife eben drin, ohne dass davon die öffentliche Sicherheit und Ordnung zusammenbricht.

Heiko gab sich keine Rechenschaft, warum er Hanna nicht gewarnt hatte, er reagierte trotzig, wenn sie glaubte, immer zum obersten Chef rennen zu müssen. Es war ihm nicht recht, später gab er zu, eifersüchtig gewesen zu sein. Und da er das Polizeigeschäft schon länger kannte, konnte er absehen, dass das irgendwann schief ging. Er wartete auf den Knall. Dann würde Schluss mit dem Rumpf sein. Irgendein Dämon hatte Heiko vielleicht geflüstert, dass sich Hanna ruhig eine blutige Nase holen solle, dann werde er sie trösten und spielte wieder die Nummer 1. Und er malte sich aus, wie sie mit den Motorrädern nach Sizilien fahren und sich während der Fahrt über Kopfhörer und Mikro unterhalten. Dann nehmen sie im Hotel zwei Einzelzimmer, doch bald sagt sie: »Quatsch, lass uns auf Doppelzimmer umbuchen.« Sie liegen am Strand, er legt den Arm um sie, sie springen ins Wasser, tauchen, geben sich das Taucherzeichen, bilden mit Daumen und Zeigefinger den Ring, und ihre Augen hinter der Taucherbrille strahlen wie zwei Seesterne.

Ab jetzt änderte sich Hannas Stellung in der A-Schicht grundlegend. Hanna war restlos erschöpft. Sie kam nach Ludwigsburg und sagte zu ihrer Mutter: »Jetzt bin ich das Kollegenschwein!« Es war eingetreten, was sie nie wollte, nämlich eine Verräterin sein. Sie weinte und sagte: »Jetzt kann ich mich in Berlin nicht mehr blicken lassen.« Ihre

Mutter versuchte sie zu trösten und nahm an, dass über die Sache wieder Gras wachse. Sie empfahl ihr, den Kollegen zu erklären, dass es eine Dummheit war und sie niemals wirklich eine Anzeige erstattet hätte. Das versuchte sie auch, aber sie hörten ihr entweder nicht zu oder glaubten ihr nicht.

Heiko Kaiser machte sich heftige Vorwürfe, warum er nicht zu ihr gesagt hätte: »Hanna, lauf nicht ständig zum Alten, das bringt dich in Verruf!« Hätte er sie doch gewarnt: »Pass auf, erzähl nicht so viel!« Oder: »Die Jungens reden bereits über dich, mach mal Pause mit dem Rumpf.« Er hat einen Komplex als Polizeiobermeister gegenüber einem Polizeirat, dachte er bekümmert. Wenigstens die Beförderung kann Rumpf vergessen, nichts da mit dem Slogan des Höheren Dienstes »Kommt Zeit, kommt Rat, kommt Oberrat.« Wenn Heiko den Mund auftäte, hinge Rumpf mit drin wegen mangelnder Dienstaufsicht. Warum eigentlich nicht?

An diesem Kartenspielen entschied sich Hannas Schicksal. Heiko wurden die Mechanismen schlagartig klar: Hanna mit ihrem Sendungsbewusstsein stellte die Schicht auf die Probe, ihre hohen Ideale wurden nicht geteilt. Das machte den Kollegen ein schlechtes Gewissen. Sie waren aber nicht bereit, sich zu ändern oder zumindest Hanna gegenüber Toleranz zu zeigen. Sie wollten nicht von einer jungen Polizistin daran erinnert werden, dass es Menschenrechte gab. Polizist – ein Beruf, in dem man eigentlich ständig über der Sache stehen und völlig souverän sein müsste. Man dürfte sich nicht in ein Geschehen reinziehen lassen. Doch genau hier lag das Problem, weil man selten überlegen handelt, wenn man in der Hektik des Einsatzes angebrüllt, beleidigt oder gar angegriffen wird. Da zieht man den Polizeiknüppel und setzt sich durch, was ja nicht ohne

Genugtuung geschieht. Hanna kam Heiko wie ein Engel vor, der glaubte, es gehe bei der Polizei auch anders. Das war ihr Irrtum, aber vielleicht nicht entscheidend. Das nahm man ihr nicht so übel. Die alten Haudegen wie der Schichtführer hatten sich bestimmt vorgenommen, sie noch in ihrem Sinne zu erziehen. Sie war sie ja »nur« eine Frau, also keine direkte Konkurrenz im Kampf um die Positionen im Rudel. Doch dann kam Hannas Verrat. Das bedeutete eine neue Qualität, das hatte Folgen für beide Seiten. Ab jetzt ging es für Hanna ganz steil bergab.

Über eine Stunde lang hatte Heiko gegrübelt, ob er zum Kongress zurückkehren sollte. Dass ihn Hanna in ihrem Abschiedsbrief erwähnte, berührte ihn sehr. Er hatte ihn bereits im BERLINER ECHO gelesen, da war sein Name mit Heiko K. abgekürzt. Er holte den Zeitungsausschnitt. Auf seinem Schreibtisch lagen die Handfessel, die MAG-Lampe, die Schlüssel zum Spind, die Schlüssel zu den Handfesseln und die Brieftasche mit dem sorgfältig gefalteten Artikel. »Hallo Mama.« Wie war ihr zu Mute, als sie das aufschrieb? Seine SIG Sauer Kaliber 9mm hing im Holster an der Garderobe. Ihm ging es ja eigentlich auch schlecht, er bräuchte nur fünf Meter zu gehen und hätte seine Waffe in der Hand, setzte sie an die Schläfe und drückte ab. Aus und vorbei. Jeder Polizist kannte die hundertprozentige Methode: Man nimmt dabei noch einen Schluck Wasser in den Mund, dann explodiert der Kopf. Scheußlich. Er konnte das nicht. Weder sich in den Kopf schießen noch irgendwie anders umbringen – mit Auspuffgas in der Garage oder Tabletten. Er wusste nicht, was passieren musste, bis man so weit war. Dann schrieb sie: »In Charlottenburg musst du mich abmelden, da redest du am besten mit dem Heiko.« Mit ihm hatte niemand geredet, vielleicht ist Hanna bis jetzt nicht abgemeldet worden, wäre doch schön, wenn sie wenigstens in der Einwohnermeldedatei weiterleben würde. Osnabrücker Straße 17, er war nie in ihrer Wohnung. Einmal fuhr er sie nach Charlottenburg und setzte sie dort ab, als ihr BMW in der Werkstatt war. Er wäre gerne mit ihr hoch gegangen, hätte ihr vielleicht dort endlich gesagt, dass er sie mag. Aber sie sagte so entschlossen: »Tschüss!« und eilte in das Haus, dass er gar keine Gelegenheit dazu hatte. Er wartete noch kurz und sah, dass im ersten Stock links das Licht anging, dann fuhr er weg. Er war traurig damals und dachte, sie will nichts von mir.

Wenigstens stand er in ihrem Notizbuch. Warum? Als Kumpel, den man mal braucht? Als Freund, dem man vertraut? Vielleicht hatte sie doch irgendwelche Gefühle für ihn, sie hatte nur den Kopf so voll mit allen Schwierigkeiten. Schließlich riet sie der Mutter: »Wenn du vielleicht irgendwas gegen die A-Schicht unternehmen willst, lass den Heiko aus dem Spiel.« Das bedeutet doch, sie wollte ihn schützen.

Als er sich für das Tauchen zu interessieren begann, nahm sie Heiko eigentlich erstmals richtig wahr. Sie gab ihm Unterlagen über die Ausbildung und die Prüfung im Gerätetauchen. Er hätte ohne sie niemals eine Tauchausbildung begonnen, aber er wollte diese Gemeinsamkeit, vielleicht hätte sie sich dann auf den Tauchurlaub in Sizilien eingelassen. Vielleicht. Sie standen ja ganz am Anfang, es hätte sich noch entwickeln können. Dann diese Kontakte mit *amnesty international*, er sollte unbedingt mitkommen. Jedem anderen hätte er es abgeschlagen. Er fühlte sich in diesem Fall von ihr benutzt, sie wollte unbedingt herauskriegen, was mit den Vietnamesen gelaufen war. Niemals hätte er ihr etwas gesagt, denn dann hätte sie ihn verachtet. Er wollte weder ihr gegenüber etwas riskieren noch mit den anderen brechen. Ein andermal gab sie ihm ein *ai*-Papier, er hätte in den Boden versinken können, durfte sich aber nicht verraten, denn die Sache war beim 19. Revier gelaufen. Sie sagte ihm, dass nach den Feststellungen von *ai* dieser Art Misshandlungen überproportional und beunruhigend hoch seien. Und dass diese Misshandlungen durch die Berliner Polizei einem bestimmten Muster folgen und dass es nicht nur um einige isolierte Vorfälle gehe. Er fand, dass dies alles ziemlicher Quatsch war. Er reagierte patzig, denn er war unsicher und antwortete, *ai* solle sich besser ums Ausland kümmern, da gebe es mehr zu tun. Sie sah ihn fast mitleidig an.

Heiko fragte sich, was Hanna ihrer Mutter über ihn erzählt haben könnte. War es wichtig, das jetzt noch zu erfahren, wo es sowieso zu spät war? Belastete er sich nur unnötig und lud noch ein Problem auf die vielen drauf, die er ohnehin schon hatte? Eigentlich würde es ihn beruhigen, wenn er Hanna gleichgültig war, dann könnte er das Kapitel endlich abschließen. Vielleicht wäre seine Trauer dann nicht mehr so groß. Na schön, hier auf dem Kongress gab es die einmalige Gelegenheit, mit der Mutter zu reden, hinterher würde er sich ärgern, die Chance nicht genutzt zu haben. Nun saß ausgerechnet der Koller im Saal, merkte denn niemand, dass er ein Maulwurf war?

Hannas Mutter sprach in die Richtung, wo inzwischen Heiko Kaiser zur Überraschung von Max wieder Platz genommen hatte. »Der Schichtführer, Hauptkommissar Niebergall, zerriss vor Hannas Augen ihre Beurteilung und bemerkte, er werde eine neue schreiben. Dann sagte er zu Hanna im Beisein von anderen auf der Wache: ›Dir hauen wir die Beine weg!‹ Das war die offene Aufforderung zum Mobbing, mich würde einmal interessieren, ob Sie, Herr Kaiser, dabei anwesend waren?«

Heiko schoss das Blut ins Gesicht. Natürlich war er dabei, soll er das zugeben? In Anwesenheit von dem Koller? »Nein, vielleicht fuhr ich gerade Streife.«

Feigling! dröhnte es in Heikos Kopf, das Blut rauschte, der Puls raste. Warum bin ich zu dieser Tagung zurückgekehrt? Was habe ich zu verlieren? Alles habe ich zu verlieren! Jedenfalls alles in meinem Berufsleben. Das fing ja schon mit Hanna an. Hätte ich mich offen zu ihr bekannt, wäre ich das Mobbing-Opfer an ihrer Seite geworden. Okay, ich sage irgendwann die Wahrheit, aber dann muss meine Zukunft geregelt sein. Erst steige ich aus, dann packe ich aus! Kann man mir das verübeln? Er möchte es laut rufen: Kann mir das jemand verübeln? Doch seine Lippen blieben fest aufeinander gepresst.

»Schade«, sagte Frau Büttner. »Ich habe Hanna geraten, sich das nicht gefallen zu lassen. Aber sie hatte Angst, dass sie noch alles verschlimmert. ›Ich kann doch nicht schon wieder zum Rumpf laufen, Mama‹, klagte sie, ›dann begehe ich erneut einen Verrat!« Die Mutter meinte, darauf käme es jetzt nicht mehr an, sie müsse sich wehren. Aber sie merkte, wie diese Probleme bereits an Hanna zu zehren begannen. Sie schüttelte müde den Kopf und sagte immer wieder, dass sie nicht zurück nach Berlin wolle. Sie schwänzte dann den nächsten Nachtdienst und meldete sich krank.

»Warum ist sie nicht einfach in Ludwigsburg geblieben?« fragte Max.

»Sie konnte doch nicht den Dienst verweigern«, warf Sabrina auf die Frage ein, die nur einer stellen konnte, der nicht Beamter war. »Dann hätte sie ja gerade den Leuten in die Hände gespielt, die sie vernichten wollten.«

Rolf Koller empfand in dieser Äußerung eine Provokation, denn er glaubte, dass einige der Dienstschicht A Hanna verletzen wollten, aber niemand wollte sie vernichten. Keiner hatte wirklich gewollt, was schließlich eingetreten war. Doch Koller schwieg. Er wollte nicht mit Sabrina streiten, weil die alte Geschichte zwischen ihnen stand. Aber er war mittlerweile stocksauer auf Rumpf, der hier nicht selbst Rede und Antwort stand.

»Fahren Sie in die Pestalozzistraße 44, bei Wendtland, vermisstes Kind.« Hanna suchte schnell auf dem Stadtplan die Straße und stellte zwei Minuten später den Streifenwagen vor dem Haus ab. Sie klingelte, eine Frau öffnete und fragte ängstlich: »Kommen Sie doch rein, ist etwas passiert?«

»Sie sind Frau Wendtland?«

»Ja?«

»Ihr Kind ist vermisst?«

»Die Rosi, um Gotteswillen, ich hatte schon so ein ungutes Gefühl, als ich Sie in Uniform sah, sagen Sie schnell...«

»Ich dachte, Sie hätten die Polizei verständigt?«

»Nein, wieso denn?«

»Ich erhielt vor ein paar Minuten über Funk den Auftrag, wo ist denn Ihre Tochter momentan?«

»In der Schule, sie geht in die dritte Klasse.«

Hanna schlug vor, dort anzurufen. Frau Wendtland weinte, und es dauerte eine Weile, bis sie das Telefonbuch fand. Sie blätterte darin ziellos auf der Suche nach der Schule. Hanna ließ sich das Telefonbuch geben und rief im Sekretariat an. Kurz darauf erfolgt der Rückruf: »Rosemarie Wendtland sitzt im Unterricht, hier ist alles in Ordnung.«

Jetzt fing Frau Wendtland erneut an zu weinen, eine Mischung aus Aufregung und Freude. Hanna tröstete sie und entschuldigte sich dann: »Da muss irgendein Missverständnis vorgelegen haben, es tut mir furchtbar Leid.«

Als Hanna auf das Revier zurück kam, war niemand bereit ihr zu erklären, wie es zu dem Auftrag gekommen war, sie erntete nur Schulterzucken. Ganz offensichtlich war es ein fiktiver Einsatz, um sie in Schwierigkeiten zu stürzen. Der Stimme nach hatte Skinny am Funk gesprochen.

Die Schikanen setzten sich indessen fort. Hanna wurde alleine auf Fußstreife geschickt, was gegen die Dienstvorschrift verstieß. Sie wurde zum Verkehrsposten abgestellt, was sie hasste, oder sie musste zwei Stunden im Hof Schnee schippen, inzwischen war es ja Winter geworden. Es sollte der letzte Winter sein, den sie erlebte.

Eines Tages saß Hanna am Tisch in der Wache und füllte das Fahrtenbuch aus. Sie tat so, als würde sie nichts hören, während sich Skinny und Fritz unterhielten, was aber für Hannas Ohren bestimmt war:

»Du brauchst sie doch nur ständig zu kritisieren …«

»… oder nicht reden lassen, immer unterbrechen.«

»Oder du behandelst sie wie Luft.«

»Quatschst aber hinter dem Rücken nur schlecht über sie.«

»Und musst sie natürlich ständig beleidigen.«

»Du sagst nur noch Fotze zu ihr …«

»… oder Streifenmaus, darauf reagiert sie allergisch …«

»… und gibst ihr keine vernünftige Arbeit mehr.«

»Kannst ihr auch noch sagen, sie hätte sowieso nicht alle Tassen im Schrank.«

»Jedenfalls nicht der Reihe nach.«

»Es wäre doch gelacht, ob wir es nicht schaffen, so eine aus der Dienststelle rauszumobben.«

Hanna stand auf und ging, Skinny und Fritz schauten sich vielsagend an.

Elisabeth Büttner kramte in ihrer Handtasche und holte zwei Zettel hervor, die von Hanna geschrieben waren. Sie las die Überschrift und die Aufzählung mehrerer Punkte vor: ›Überleg doch mal, was sie dir antun‹:

1. Als mich der Fritz eine Flachzange nannte und die anderen mitgelacht haben.
2. Die Sache mit dem angeblich vermissten Kind in der Pestalozzistraße.
3. Wie der Dreckschweinemann Fritz über mich lacht, was er macht, man kann es gar nicht schreiben.
4. Wie sie mich alleine auf der Wache eingeteilt haben, weil wahrscheinlich keiner mit mir fahren wollte.
5. Wenn sie alle fragen, ob sie nach dem Feierabend ein Bier trinken gehen, nur mich nicht.
6. Als alle gemeinsam zum Essen gegangen sind.
7. Als der Manfred die 12er alleine rausgefahren ist und mich hier gelassen hat.
8. Der Schock, als sie mir die Verkehrsregelung aufs Auge drückten.
9. Dann der Höhepunkt: »Dich machen wir fertig, dir hauen wir die Beine weg!«

Nach dieser Aufzählung las Hannas Mutter den zweiten Zettel vor:

»Der Heiko hat mir geraten, ich soll mit dem Niebergall reden. Mit ihm habe ich gesprochen, und was ist dabei rausgekommen – gerade das Gegenteil. Ich habe die übelste Schicht erwischt, ich würde sie am liebsten alle auf den Mond schießen. Auf jeden Fall muss ich einen Ausweg aus allem suchen. Fakt ist: Ich habe keine Beweise. Der Heiko kann mir nicht helfen. Vorerst nicht. Wenn ich alles, was sie mir antun, dem Rumpf schreibe, vor allem die Gemeinheiten vom Fritz, dieser Obersau? Aber den Wirbel, der dann entstünde, den würde ich nicht durchstehen. Die Schicht würde vielleicht auseinander gerissen. Oder Niebergall müsste gehen. Ich weiß mir keinen Rat in diesem Augenblick. Der Heiko hilft mir noch am besten. Ich hasse meine Schicht. Und sie hassen mich. Dass es so weit kommt, hätte ich nicht gedacht. Dieses Sauvolk. Es geht mir von Tag zu Tag schlimmer, habe ich das Gefühl. Denen drohen soll ich nicht, auf keinen Fall, meint der Heiko. Ich glaube, ich werde kündigen, das ist das einzige, was mir in diesem Moment einfällt. Danach gehe ich in die Fabrik.«

Hannas Mutter faltete die Blätter zusammen. Mehrere Blicke richteten sich auf Heiko, sein Gesicht war purpurrot, er hatte keine Ahnung, dass er für Hanna so wichtig war, wenn sie ihn in ihren Aufzeichnungen erwähnte. Er wusste, dass er jetzt etwas sagen musste. »Äh, der Affe, also Herr Niebergall, hat die Parole ausgegeben, dass wir mit der Hanna nichts mehr zu tun haben wollen. Je schneller sie weg sei, um so besser.« Er stockte, schielte zu Koller, dessen Stift über das Papier flog. »Dann haben fast alle mitgemacht und sie gemobbt. So wie sie es geschrieben hat. Ich fand das nicht in Ordnung und habe sie beraten. Sie hat mir ein bisschen vertraut, aber auch nicht alles gesagt.« Heiko wollte nichts mehr sagen und musste erst einmal überlegen.

»Aber da ist doch noch mehr vorgefallen«, bohrte Max, »was waren das für Gemeinheiten, die von Fritz Arnold ausgingen?«

Heiko wusste, wenn er das jetzt sagen würde, wäre der Skandal perfekt. Wieder blickte er verstohlen auf Koller. Heiko saß nur noch auf dem vordersten Spalt seines Stuhles und würde am liebsten unter den Tisch kriechen. »Äh, er hat sie Zaubermaus und so genannt, das ärgerte Hanna maßlos, und er wusste es.«

»Mehr nicht?« insistierte Max.

Heiko fühlte sich in die Enge getrieben. »Er hat immer so geschweinigelt, dafür war er ja bekannt.«

»Nennen Sie es ruhig beim Namen, Herr Kaiser«, warf Frau Büttner ein, »Hanna hat sich viele Sorgen gemacht, litt dann unter Schlaflosigkeit. Und wenn sie morgens übernächtigt zum Dienst erschien, fragte sie Fritz Arnold: ›Wie du aussiehst, wo hast du denn die ganze Nacht rumgefickt?‹ Das war doch so, Herr Kaiser, nicht wahr?«

Wenn das mal alles wäre, dachte Heiko. Er antwortete: »Ja, das stimmt.«

»Ich finde es ja gut, wie Sie ihr geholfen haben«, ermutigte ihn Max, »was ist denn sonst noch passiert?«

Heiko antwortete stockend. »Wegen *amnesty international* – das haben ihr einige übel genommen – da wurde sie angegriffen.«

»Und wie?« fragte Max weiter.

»Sie war die Weltverbesserin – aber auf unsere Kosten. – Sie stand im falschen Lager. – Skinny hat zu ihr gesagt, sie solle sich zum Teufel scheren und künftig für *ai* arbeiten, bei der Polizei hätte sie nichts mehr verloren.«

»Und dann haben Sie sie in Schutz genommen?« wollte Max wissen.

»Was *amnesty* angeht, eigentlich nicht.«

Er scheint ehrlich zu sein, dachte Max, aber er sagt nicht alles. Und Heiko verfluchte erneut, warum er nicht zu Hause geblieben war. Wirklich in Schutz genommen bei den anderen? Habe ich das? Er wusste es selbst nicht mehr.

»Jedenfalls danke ich Ihnen, Herr Kaiser, dass Sie meinem Kind zu helfen versucht haben. Hanna hat Sie ja auch in dem Abschiedsbrief erwähnt. Es tröstet mich, dass sie nicht ganz alleine war.«

Heiko Kaiser hatte sich Hannas Notizen genau eingeprägt. Es war richtig, er hatte ihr vorgeschlagen, sich mit Niebergall auszusprechen. Aber der wollte das gar nicht, sondern machte sofort den Brüllaffen. Verständlich, nachdem ein Diszi gegen ihn eröffnet war. – Dann hatte sie geschrieben, dass Heiko ihr *vorerst* nicht helfen könne. Was hatte sie mit vorerst gemeint? Fürs Erste war seine Hilfe noch nicht gefragt, später hat sie sie nicht mehr in Anspruch genommen und ihm damit eine endgültige Gewissensprüfung erspart. Denn irgendwann hätte er sich zu ihr bekennen müssen. Aber im Grunde hatte er sich doch gegen sie entschieden. Offensichtlich hatte sie trotzdem an ihm eine Stütze, wenn sie notierte: »Der Heiko hilft mir am meisten.« Liebte sie ihn? Nein, das glaubte er nicht, dann wäre das Vertrauen größer gewesen. Aber zumindest war er ein guter Kollege, ein Freund. Das ist mehr, als ihm zu ihren Lebzeiten bewusst war. Dass er ein bisschen in sie verliebt war, hat sie wohl nicht gemerkt. Die große, wahre, einzige Liebe kann es ja nicht gewesen sein, sonst wäre er für sie durchs Feuer gegangen. Aber er war auf dem Weg und wusste noch nicht, wo er ankommen würde. Hätte sie doch nicht diesen furchtbaren, endgültigen Schritt getan. Er war kein spontaner Typ, sondern schon immer so zögerlich gewesen. Sein Schulfreund liebte ein Mädchen, das ihn und gleichzeitig einen anderen mochte. Als sie sich eines Tages bei dem anderen aufhielt, ging er hin, trat die Tür ein, nahm sie bei der Hand und zog sie gewaltsam aus der Wohnung des Nebenbuhlers. Das hat ihr so imponiert, dass sie sich sofort für ihn ganz alleine entschied. So wollte auch Heiko immer gerne sein. Aber er war ganz anders, er musste immer erst nachdenken, anstatt Hanna bei der Hand genommen und gerufen zu haben: »Ihr seid alles Scheißtypen, lasst sofort mein Mädchen in Ruhe!«

Manchmal hatte er das Gefühl, dass er sie erst liebte, seit sie tot war. Denn wenn er diese starken Empfindungen schon vorher gehabt hätte, wieso reagierte er nicht? Er dachte: ›Du setzt dich doch für den Menschen ein, den du liebst!‹ Er hatte Mitleid mit ihr, das ganz bestimmt. Und er wollte irgendwann mal wieder eine feste Freundin, und sie sah gut aus. Er war ja nicht gerade ein Schönling, auf den die Frauen flogen. Also musste er polizeitaktisch operieren und über die Taucherei einige Umwege gehen. Im Grunde machte er ihr alles nach und war drauf und dran, sich auch ein Motorrad zu kaufen. Mit ihr eine Beziehung anzufangen, dazu fehlte ihm der Mut. Er war nicht wie der Fritz, der Frauen einfach direkt anmachte und damit sogar Erfolg hatte. Er verstand nicht, wie man als Frau auf den reinfallen konnte. Aber das waren Frauen, die ihn nicht interessierten. Einer wie er, wo sollte er schon eine Frau kennen lernen, wenn nicht im Dienst? Und ein Verhältnis mit einer Kollegin, das hatte viele Vorteile. Man hat dieselben Gedanken, ähnliche Probleme und auch immer ein Gesprächsthema. Wenn über die Sache Gras gewachsen ist, musste er sich mal näher mit der Geli beschäftigen. Vielleicht konnte er sie ja davon überzeugen, auch nicht gut zu finden, wenn die Schläger der Schicht »Knüppel aus dem Sack« spielten und anschließend einen Widerstand daraus zauberten. Einmal schauten sie sich im Aufenthaltsraum ein Video an, es ging um einen Einsatz gegen Hooligans nach einem Hertha-Spiel. »Boah, geil!« brüllten sie, als die Kollegen draufschlugen.

Eines Tages rief Hanna ihre Mutter an und erzählte, dass sie nun doch ein Gespräch mit dem Revierleiter Rumpf hatte. Es ergab sich wohl zufällig wieder einmal in der Kantine. Hanna sagte ihm, es ginge ihr nicht gut und die

Schicht würde sie ärgern, aber sie nannte keine Einzelheiten. Ihre Mutter fand das nicht richtig, doch Hanna meinte, sie könne nichts beweisen, sie stehe alleine da. Und außerdem würde es nichts verbessern, sondern alles noch verschlimmern. Denn auf keinen Fall wolle sie erneut die Rolle der Verräterin spielen, lieber würde sie kündigen. Rumpf fragte sie sogar, ob sie versetzt werden oder ob sie in eine andere Schicht wolle, sie könne sich sogar eine aussuchen. Hanna lehnte das ab. Die Mutter verstand das nicht, aber sie sagte: »Mama, ich kann doch nirgends mehr hin, mein Ruf eilt mir bereits voraus.« Als sie nach Ludwigsburg kam, war Frau Büttner erschrocken. Hanna hatte abgenommen, ihre Haut war schlecht und sie musste eigentlich dringend zum Friseur. Sie schien auf ihr Äußeres offenbar keinen Wert mehr zu legen. Am meisten fürchtete sich Hanna vor dem Nachtdienst. Die Mutter riet ihr, sie sollte doch einfach blau machen, sie meldete sich dann erneut krank, das heißt, der Hausarzt schrieb sie ein paar Tage krank.

Wäre Hanna zum Nachtdienst erschienen, hätte sie eine böse Überraschung erlebt, denn ihre Kollegen hatten ihren Spind geöffnet und umgekippt, ihre Sachen lagen auf dem Boden. Heiko Kaiser räumte alles wieder ein und sagte Hanna nichts.

Die Mutter schlug vor, selbst einmal mit Polizeirat Rumpf zu reden. Hanna reagierte entrüstet: »Mama, wie stehe ich denn da?« Sie trat ihren Dienst wieder an, und die Tortur ging weiter. Die Peiniger der A-Schicht warteten förmlich darauf, dass sie Fehler machte. Einmal verschwand eine Seite aus einem Bericht, den sie gefertigt hatte.

Dann hatte Hanna einen Unfall. Sie besuchte in Ludwigsburg eine Freundin und kam gegen Abend mit ihrem

BMW ins Schleudern, weil die Straße vereist war. Der Kotflügel war kaputt, und der Hausarzt schrieb sie zwei Wochen wegen eines Hals-Wirbel-Syndroms krank, obwohl das ein bisschen übertrieben war. Aber er wusste ja inzwischen von den Problemen und wollte, dass sich Hanna ein wenig erholt. Wieder fertigte Hanna Notizen an und schrieb ihre Gedanken nieder, wohl um sich selbst aufzubauen. »Ein schlechtes Gewissen brauchst du wegen denen nicht zu haben.« Dann stellte sie sich vor, wie die Schicht reagieren würde: »Die hat sich den Hals verrenkt, ha, ha, ha. Wahrscheinlich lachen sie mich voll aus und hoffen, dass mein BMW kaputt ist, die hässliche Geli, der haarige Affe und der haarlose Skinny, nicht zu vergessen der fette Fritz.« Anschließend sprach sie sich Mut zu: »Du musst jetzt Kraft tanken und dein Leben soweit wie möglich genießen, auch wenn es denen nicht passt. Weil du würdest ansonsten da oben zerbrechen. Du machst ja in dem Sinn nicht blau, du hast ja einen VU gehabt.«

Hannas Selbstbewusstsein war allerdings stark angeschlagen, denn sie machte sich Sorgen, jemand von der A könne im Krankenhaus anrufen und erfahren, dass die Röntgenaufnahme keine Verletzung gezeigt habe. Also würde sie als Lügnerin entlarvt, befürchtete sie und überlegte, wie sie ihre Krankheitssymptome beschreiben und wie sie auf den Vorwurf krank zu feiern, obwohl die A in Arbeit erstickte, reagieren sollte. Sie wollte kein schlechtes Gewissen haben und machte sich trotzdem eins.

Revierführer Rumpf reagierte zwar spät, aber immerhin holte er nun Hanna aus der A-Schicht heraus und versetzte sie in die Anzeigenaufnahme und Vorgangsbearbeitung. Das bedeutete eine gewisse Verbesserung ihrer Arbeitsbedingungen. Hatte allerdings die A-Schicht Tagesdienst, kam sie zwangsläufig mit ihren ehemaligen Kollegen in Berührung und musste sogar mit Niebergall als Wachleiter noch enger zusammenarbeiten.

Um Hanna für ihr neues Tätigkeitsfeld zu schulen, sollte sie dann zwei Wochen bei der Kripo hospitieren. Sie kam in das Kommissariat für Wohnungseinbrüche. Hanna sah sich den Dienstbetrieb einige Tage an und brachte dann eine Reihe von Verbesserungsvorschlägen zur Sprache. Der Kommissariatsleiter war schon ein älteres Semester. »Was will das Küken eigentlich, die soll erst einmal lernen.« Er rechnete aber nicht mit der Hartnäckigkeit der Hanna Büttner. Vor allem setzte sie sich dafür ein, dass nicht der Kommissariatsleiter, sondern der Sachbearbeiter oder die Sachbearbeiterin einen Vorgang abschließend unterschreibt, denn diese hätten die Ermittlungen geführt und kennen das Ergebnis am besten, dann sollten sie es auch verantworten. Für eine gleichartige Verfahrensweise plädierte Hanna auch bei der Schutzpolizei, weil es auf der Sachbearbeiterebene eine hohe Motivation bewirke. Der nächsthöhere Dienstvorgesetzte könne sich, so die Meinung von Hanna, auf die Dienstaufsicht in Form von Stichproben beschränken. Das alles war revolutionär und aus ihrem Mund ein bisschen voreilig.

Der Kommissariatsleiter hatte die Nase voll und schickte sie zurück zum 19. Revier, ja er erteilte ihr sogar Hausverbot. Das war natürlich Wasser auf den Mühlen in Blankenburg.

Im 19. Revier sprühte irgendwer in Hannas Spind im Flur der Dienststelle Tränengas. Als sie zum Dienst kam, konnte sie ihre Uniformjacke nicht anziehen und musste nach Hause fahren, eine andere zu holen. Selbst nach der Reinigung war die Wirkung nicht total verschwunden.

Hanna erhielt zu jener Zeit eine Ladung der Sozialbetreuungsstelle. Wie aus vergleichbaren Fällen bekannt war, begann jetzt das Räderwerk hinter den Kulissen zu laufen. Das Hausverbot bei der Kripo war nämlich willkommener Anlass, die Direktionsleitung einzuschalten. Vermutlich hatte Rumpf mit dem Chef der Direktion I gesprochen, um überprüfen zu lassen, ob Hanna überhaupt polizeidiensttauglich war.

Polizeidiensttauglichkeit gilt als eine Zauberformel, denn man kann missliebige Beamtinnen oder Beamte über die körperliche oder die geistige Verfassung am schnellsten abqualifizieren – mit Vorliebe vor dem 27. Lebensjahr, wenn die Lebenszeitanstellung noch nicht vollzogen ist. In diesem Prozess spielt die Sozialbetreuungsstelle der Berliner Polizei eine Rolle, sie ist die erste Stufe, und genau so war die Vorladung, die Hanna erhielt, zu verstehen.

Ein Kollege von *Pro Police* erläuterte den Zuhörern, dass bei der Sozialbetreuungsstelle der Polizei über 600 Fälle im Jahr behandelt werden, oft wegen Alkoholismus. Und so gut wie niemand komme freiwillig dorthin. Aber das Hauptproblem sei die mangelnde Vertraulichkeit. Denn wenn Polizeirat Rumpf bei dem Chef der Sozialbetreuungsstelle anrufe und frage: »Bei euch war doch gestern eine Hanna Büttner von meinem Revier, was ist los mit der, zu welchem Ergebnis seid ihr gekommen?«, dann erhalte er eine detaillierte Auskunft. Deswegen sei das eine unheimlich gefährliche Behörde.

Max schaltete sich ein: »Ich war mal dort im Dienstgebäude Kaiserdamm 1. SUCHT, TRAUMA, PSYCHE, SCHULDEN – WIR HELFEN! steht an der Tür und auch, dass das Mitbringen von Hunden nicht gestattet ist. Jagdscheine und Waffenbesitzkarten gibt es nebenan. Kugellampen verbreiten in der Eingangshalle auch am Tage ein nur düsteres Licht, die Wände sind ziemlich schmuddelig, irgendwie einladend sieht das alles nicht gerade aus. Am Ausgang findet man eine Tafel mit den Worten ›Wen du hier siehst, was du hier hörst, wenn du gehst, bitte lass es hier‹. An dieses Motto scheinen die sich selbst wohl am wenigsten zu halten. Man konnte in den Hinterhof schauen, da versammelten sich gerade in voller Ausrüstung ein SEK. In dem Moment musste ich an Hanna denken, da wurde mir ganz anders und ich bin gegangen.«

Hanna suchte die Sozialbetreuungsstelle auf, sie musste ja der dienstlichen Vorladung folgen. Sie lehnte ein Gespräch dankend ab und ging wieder. Aber dann folgte kurz danach ihre Vorladung zum Amtsarzt. Hanna rief aufgeregt ihre Mutter an und erzählte ihr dann am nächsten Wochenende alle Details, als sie nach Ludwigsburg kam. Der Untersuchung konnte sie sich als Beamtin nicht entziehen, das war klar. Wie sich herausstellte, handelte es sich jedoch nicht um den Amtsarzt, sondern um einen Facharzt für Neurologie und Psychiatrie, der ein Gutachten aufgrund ihrer früheren und sich jetzt wieder häufenden Fehlzeiten erstellen sollte. Hanna sah auf dem Schreibtisch ihre Gesundheitsakte der Polizei liegen und eine weitere Akte der Direktion I, auf der ebenfalls ihr Name stand. Sie sagte daraufhin, dass sie dem Gutachter keine Objektivität zutraue, nachdem er offensichtlich durch die Polizei massiv beeinflusst werde. Der Arzt lachte sie förmlich aus, woraufhin sie ihn wissen ließ, er könne sie zwar untersuchen, aber sie würde unter diesen Umständen keine Fragen beantworten. Er fragte trotzdem, sie schwieg beharrlich. Das machte ihn aggressiv: »Sie sind zur Aussage verpflichtet, ich werde hierüber unverzüglich Ihrem Dienstherrn Meldung erstatten!« Dann änderte er den Tonfall: »Mädel, du wirst sowieso entlassen, wie stellst du dir ein Leben mit Sozialhilfe vor?« Und schließlich: »Sie stellen Ihr Licht unter den Scheffel. Ich sehe, dass Sie sehr krank im Kopf sind, Sie sind schizophren und müssen dringend behandelt werden.« Hanna wies ihn ausdrücklich darauf hin, dass sie das bei der Ultraschalluntersuchung benutzte Kontaktgel selbst entfernen könne, was der Arzt mit den Worten ignorierte: »Wenn ich die Brust beschmiere, habe ich diese auch wieder sauber zu wischen.« Hanna hatte hinterher große Zweifel, ob ihr Verhalten richtig war. Ihre Mutter fand es zwar nicht geschickt, sich mit dem Arzt anzulegen, aber so war Hanna nun mal, sie wollte sich die Arroganz nicht bieten lassen. Und Frau Büttner stimmte zu, dass es gut gewesen sei, wie sie sich gewehrt habe. Denn so merke die Behörde, dass sie nicht mit ihr Schlitten fahren könne. Aber es war eine Unsicherheit entstanden, die zu bohren begann: »Mama, was ist, wenn ich wirklich schizophren bin?«

Hannas Mutter hatte längst erkannt, dass sie ihr Kind systematisch fertig machen wollten. Sie tupfte sich mit einem Taschentuch Schweiß von der Stirn. Was für Vorwürfe soll ich hier in aller Öffentlichkeit erheben? Ich müsste sie beschimpfen. Es sind Schweine und keine Menschen. Sie besitzen keinen Anstand und kein Mitgefühl. Und sie arbeiten sich gegenseitig in die Hand wie ein Verbrechersyndikat, ich hätte das bei der Polizei nicht für möglich gehalten. Hannas Kollegen in der Schicht sind menschenverachtend und die Vorgesetzten mit ihren wissenschaftlichen Hilfstruppen zynisch und zerstörend. Mein Anwalt hat mir geraten: »Wir gehen nur mit Beweisen in die Öffentlichkeit, damit treffen wir sie im Nerv. Wenn wir sie beleidigen, schaden wir uns selbst. Wir brauchen nur glaubhaft zu machen, was wirklich geschehen ist – die Journalisten, die Leser oder die Fernsehzuschauer kommen dann selber drauf.« Das ist unsere Taktik.

Bevor Hanna auf der Strecke bleibt, dachte sie damals, musste sie raus aus der Polizei. Und zwar so, dass sie ihr Gesicht wahren konnte. Es gab ja viele andere interessante Berufe. Mit aller Überzeugungskraft bearbeitete sie die Tochter. Sie vereinbarte einen Termin zur Beratung im Arbeitsamt, aber Hanna wollte zunächst nicht. Sie war eine Kämpferin, die nicht so leicht aufgab.

Frau Büttner sagte: »Schmeiß denen die Uniform vor die Füße, dann bist du die Siegerin!«

»Nein Mama, dann haben die gewonnen.«

Die Mutter dachte, es muss jetzt möglichst schnell etwas passieren, das Kind wird immer magerer, sie verfiel gesundheitlich sehr schnell. Sie hatte massive Schlafstörungen. Sie hatte keinen Appetit und konnte nicht mehr lachen. Sie wurde immer verzweifelter. Hanna schwankte ständig, wie sie sich entscheiden sollte. Wenn sie zu Hause in Ludwigsburg war und an Berlin dachte, hatte sie nur noch Angst. Zum Schluss überwog dann doch der Gedanke, bei der Polizei zu kündigen. Eine trügerische Hoffnung, wie sich herausstellen sollte.

Hanna hatte dann ein Gespräch mit der Frauenbeauftragten Jutta Schmidt. Zufällig begegnete sie dort Sabrina. Hannas Gesicht sah sehr blass aus, und Sabrina erkannte, wie schlecht es ihr ging. Später wünschte sie sich, sie hätten sich gemeinsam unterhalten können, doch sie ging, und Sabrina blieb ahnungslos. Natürlich durfte ihr Frau Schmidt auch nichts sagen. Außerdem hatte Sabrina den Kopf in diesen Tagen nicht frei für andere Menschen, weil sie selbst ziemlich am Ende war.

»War sie auf Befehl bei der Frauenbeauftragten?« fragte Max.

»Das glaube ich nicht, bestimmt kam sie freiwillig«, antwortete Sabrina.

»Wurde ihr nicht irgendwie geholfen?«

»Ich denke, Frau Schmidt war überfordert, wie so oft. Sie ist guten Willens, aber ihre Möglichkeiten sind gering. Sie kann zwischen den Parteien zu vermitteln versuchen, aber dann haben sich ja die weiteren Ereignisse fast überschlagen.« Sabrina machte eine Pause und überlegte. Sie hatte schon oft darüber nachgedacht, ob sie etwas falsch gemacht haben könnte. Aber sie war ja selbst ganz nah dran, sich das Leben zu nehmen.

Hanna war jetzt an dem Punkt angekommen, bei der Polizei zu kündigen, was Elisabeth Büttner sehr zuversichtlich stimmte. Nun hätte alles gut enden können, Hanna brauchte nur den einen Satz zu schreiben: »Ich beantrage hiermit meine Entlassung aus dem Polizeidienst des Landes Berlin«, dann wäre alles in wenigen Tagen erledigt gewesen. Frau Büttner stellte sich vor, sie danach ein bisschen aufzupäppeln, dann hätte Hanna einen Taucherurlaub gemacht und anschließend wäre sie in ein neues Berufsleben gestartet, mit vierundzwanzig Jahren kein Problem. Die Mutter sagte ihr in diesen Tagen, dass man aus jeder Niederlage lernen und einen Nutzen ziehen könne. Und dass sie vielleicht sogar ihre Erfahrung bei der Polizei in einen anderen Beruf einbringen könne.

Aber Hanna neigte schon immer dazu, einfache Dinge zu komplizieren. Da war noch ein Rest Unsicherheit, ob sie auch wirklich richtig entscheidet, jedenfalls wollte sie unbedingt den Kontakt zu Rumpf aufnehmen. Sie rief ihn im Revier an und teilte ihm mit, dass sie kündigen wolle und ob sie ihn sprechen könne. Er sagte, sie soll ihm ihre Gründe zunächst in einem Bericht schreiben, dann könne man sich immer noch unterhalten. Er sagte nicht: »In einem Gespräch sehe ich keinen Sinn, ich glaube, bei der Polizei werden Sie nicht glücklich, also sollten sich unsere Wege trennen. Mir genügt ein kurzes Schreiben, alles weitere hören Sie von der Personalabteilung.« Er wollte sie los werden, dafür sprachen alle eingeleiteten Maßnahmen, und hielt sie zunächst hin.

Hannas Mutter fragte sich, welche Gefühle eine Rolle gespielt haben. Hatte er mit ihr gespielt? Vielleicht war er ein bisschen in sie verliebt oder hat sie zumindest geschätzt. Wäre er gerne mit ihr ins Bett gegangen? Dann wurde ihm aber die Sache zu gefährlich, diese junge Polizeimeisterin war nicht einfach zu nehmen, so eine schlief nicht einfach mit einem Mann und tat hinterher, als sei nichts gewesen. Die war zu kompliziert. Da machte er dann einen Rückzieher und ließ sie fallen. Und Hanna? Anfangs hatte sie ihn ganz bestimmt verehrt, er zeigte viel Verständnis. Er soll als Mann ganz gut aussehen. Außerdem ist er ein Polizeirat, das hat dem Mädchen imponiert. Es wäre nicht verwunderlich, wenn sie sich verliebt hätte, obwohl sie darüber nie zu jemanden sprach. Jedenfalls suchte Hanna nochmals die Auseinandersetzung mit ihrem Chef, wollte – vielleicht ein letztes Mal – ihren Standort klären, vielleicht sogar ihm ihre Meinung sagen, ihm vor der Kündigung ihre Kritik ins Gesicht schleudern. Oder sie erwartete das Gegenteil, dass er sie endlich in den Arm nahm und tröstete. Er kniff, er war für sie nicht zu sprechen, das fand sie bestimmt schäbig. Der gut aussehende Polizeirat brachte nicht den Mut auf, einer Mitarbeiterin klipp und klar seine Meinung zu sagen.

Hanna Büttner besorgte sich aus dem EDV-System der Polizei Rumpfs Privatanschrift. Sie besaß ja eine Berechtigungskarte für den Polizei-Computer, durfte aber nur aus dienstlichen Gründen auf den Bestand der Einwohnermeldedatei zurückgreifen. Hinterher hat man diese unerlaubte Handlung aufgebauscht und die Nichtbeachtung des Datenschutzes zu einem gewichtigen Dienstvergehen hochstilisiert. Gemessen daran, was man Hanna seitens der Polizeibehörde alles antat, war das lächerlich.

Es war am späten Samstagnachmittag, Hanna fuhr in die Sigmaringer Straße und klingelte bei Rumpf. Er betätigte gleichzeitig den Türöffner und die Sprechanlage, was dafür sprach, dass er vielleicht einen ganz anderen Besuch erwartete. Hanna meldete sich mit ihrem Namen, drückte die Tür auf und ging die Treppe hoch.

Als Rumpf Hanna sah, geriet er fast in Panik, stellte sich breitbeinig vor seine geöffnete Wohnungstür, so als wolle er ihr den Zutritt körperlich versperren. Er stotterte, was sie denn wolle, warum sie zu seiner Wohnung komme.

»Ich möchte Sie um ein Gespräch bitten.«

»Aber hier, warum hier, was wollen Sie jetzt denn hier in meiner Wohnung?«

»Ich dachte, Sie hätten vielleicht fünf Minuten Zeit, es ist mir wichtig.«

»Deswegen, also warum ..., wieso kommen Sie am Samstag ...«

»Ich will Sie ja nicht lange stören.«

»Ja, das geht so nicht, Sie können ..., aber warum denn unbedingt jetzt?«

»Schon gut, ich merke, dass Sie nicht dazu bereit sind.«

»Also wirklich, es ist Samstag, auf dem Revier können Sie ...«

Hanna drehte sich um und ging die Treppe wieder runter. Er erschien ihr verwirrt, von der Situation überfordert zu sein, stammelte und gab aber unmissverständlich zu erkennen, dass er sie auf keinen Fall in seine Wohnung ließ.

Hanna überlegte, als sie an der Haustür vorbeiging, ob sie ihm zur Beruhigung BIOCUR-*Johanniskraut-Pillen* da lassen sollte, die sie zufällig mit ihrer Hand in der Manteltasche fühlte. Wollte sie ihm ihre Überlegenheit demonstrieren, wo sie doch im Grunde souverän geblieben war, während er eine recht jämmerliche Figur abgab? Er sollte sich bitte wieder beherrschen – und sie verordnete ihm hierzu ein Beruhigungsmittel. So warf sie einen Streifen der Pillen in seinen Briefkasten. Sie klingelte nochmals, um ihm das, nicht ohne eine Spur Zynismus, mitzuteilen, er meldete sich aber nicht über die Gegensprechanlage.

Hannas Besuch bei Rumpf wurde auf dem Kongress heftig diskutiert. Sabrina meinte, dass für das weitere Verhalten von Rumpf verletzte Männlichkeit spreche. Er wollte sich nicht gefallen lassen, dass ihn die kleine Polizeimeisterin als Waschlappen behandelte und ihm, dem Polizeirat, ein Beruhigungsmittel verordnete.

»Wie wir alle wissen, drehte er es so, dass Hanna ihm mit den Pillen Freitodabsicht signalisieren wollte«, sagte Frau Büttner und holte eine Packung BIOCUR-Johanniskraut-Pillen aus der Handtasche. »Lesen Sie den Beipackzettel, mit diesem pflanzlichen Beruhigungsmittel kann man sich nicht umbringen. Auf der Rückseite des Tablettenstreifens steht zwanzigmal *Trockenextrakt aus Johanniskraut*, das war kein Schlafmittel und auch kein Schmerzmittel, da war kein Irrtum möglich. Außerdem hätte der Polizeirat zur nächsten diensthabenden Apotheke fahren und die Auskunft einholen können, wie harmlos das Mittel ist.«

»Aber er hat subjektiv angenommen, dass sie die Absicht

eines Freitodes mit Tabletten andeuten will«, erwiderte Rolf Koller.

»Das ist doch Unsinn, Herr Koller.« Hannas Mutter übergab ihm die Schachtel mit den Pillen, »schauen Sie doch selbst.«

»Eine Beruhigungsmittel, das selbst in Überdosis ungefährlich ist, erfüllt niemals die Symbolik: Ich begehe Freitod«, meinte Max. »Der Empfänger konnte nur einen einzigen vernünftigen Rückschluss ziehen, nämlich dass *er* sich beruhigen sollte. Und darüber hat er sich geärgert, weil ihm sein blamabler Auftritt bewusst wurde und Hanna die Stärkere blieb. Jetzt besann er sich auf Rache, um sie ein für allemal los zu werden.«

»So ist es.« Hannas Mutter stimmte voll und ganz zu, und Sabrina sagte: »Ich gehe davon aus, dass er sie zerbrechen wollte.«

Rolf Koller fühlte sich zwar in der Rolle unwohl, aber er war ja als Verteidiger von Rumpf geschickt worden, also musste er ihn auch adäquat vertreten. Er fragte: »Frau Büttner, hatte denn Hanna irgendwann von Freitod gesprochen oder zu irgendeiner Zeit, wenn es ihr ganz schlecht ging, die Absicht eines Selbstmordes angedeutet?«

»So wahr ich die Mutter bin, Herr Koller, mein Kind hat nie auch nur die leiseste Bemerkung in diese Richtung gemacht. Weder damals noch später. Bis zum Besuch bei Herrn Rumpf ging es nur um die Frage, ob sie kündigen solle oder nicht.«

Koller fuhr fort: »Ich verstehe ja, wenn Sie nach Erklärungen suchen. Aber ich habe heute morgen noch mit Herrn Rumpf gesprochen. Er ist ganz einfach davon ausgegangen, dass ihm Hanna B. mit den Tabletten im Briefkasten eine Freitodabsicht ankündigte. Ich bitte Sie, ihm das einfach so abzunehmen.«

Koller hatte betont ruhig gesprochen, doch Sabrina hieb mit der flachen Hand auf den Tisch: »Wieso dauerte es geschlagene fünf Stunden, bis etwas passierte? Warum ist nicht gleich jemand zu Hanna gefahren, wenn doch die Sorge des Herrn Rumpf so groß war. Inzwischen hätte sie sich ja längst umbringen können, oder?«

Schließlich hat sie sich ja irgendwann tatsächlich umgebracht, dachte Koller, so falsch kann der Chef doch gar nicht gelegen haben. Er ging nicht auf Sabrina ein, sondern sagte: »Wir kennen bei der Polizei den Begriff der Anscheinsgefahr. Ausschlaggebend ist, dass man Gründe für die Beurteilung einer Lage hatte. Selbst wenn sich hinterher herausstellt, dass gar keine Gefahr bestand, bleibt das Handeln rechtmäßig und ist nicht vorwerfbar. Man kann auch anders herum sagen: Hinterher sind alle klüger.«

»Also Herr Koller, ich finde Ihre Anscheinsgefahr lächerlich.« Frau Büttner schüttelte den Kopf. »Da wird mein Kind in die größten Schwierigkeiten gestürzt, und Sie reden daher, als ob juristische Spitzfindigkeiten darüber hinwegtäuschen könnten, dass Herr Rumpf an diesem Abend mit seinem SEK einen Einsatz gegen Hanna plante, als habe sie eine Bank überfallen oder als sei sie eine Terroristin gewesen. Ich habe inzwischen gelernt, was SEK heißt: Spezialeinsatzkommando. Das sind Scharfschützen und schwerbewaffnete Polizisten mit Panzerwesten und Maschinenpistolen.

Hanna war gegen 20 Uhr bei Rumpf gewesen. Kurze Zeit danach rief Rumpf den Lagedienst der Direktion I an und sprach mit dem diensthabenden Leiter des SEK. Rumpf verlangte einen Einsatz des Spezialkommandos zur Einweisung in ein psychiatrisches Krankenhaus. Als Begründung gab er an, dass ihn eine Kollegin zu Hause aufgesucht habe und vage von Freitodabsichten gesprochen hätte. Außerdem habe sie eine Packung Schlaftabletten zurückgelassen, er wolle vermeiden, dass der Kollegin etwas passiere. Bei einem normalen Einsatz befürchte er eine Kurzschlussreaktion, wenn die Polizei vor dem Haus vorfahre. Der SEK-Leiter erklärte, dass ihm das nicht reiche, und lehnte den Einsatz ab.

Gegen 22 Uhr telefonierte Rumpf erneut mit dem SEK-Leiter. Er hätte nun dezidierte Hinweise, dass Hanna im Besitz einer Schusswaffe ihres Vaters sei, der einmal Jäger war. Außerdem wurden dem SEK-Leiter jetzt folgende Einzelheiten gesagt:

- die Kollegin habe massive Probleme im Dienst und werde geschnitten;
- sie habe einem befreundeten Kollegen gegenüber Selbstmordgedanken geäußert, und zwar mit der Jagdwaffe des Vaters;
- die Dienstwaffe der Hanna Büttner befände sich im 19. Revier.

Nunmehr sah der SEK-Leiter Handlungsbedarf, wie es im Polizeideutsch heißt: wegen Freitodgefahr und erheblicher Eigengefährdung. Der SEK-Leiter rief bei der »Großen Lage« im Polizeipräsidium an und holte sich das Einverständnis des »Polizeidirektors vom Dienst«. Dann schickte er eine Zivilstreife zur Osnabrücker Str. 17, die das Haus erkundete. Die Beamten stellten fest, dass die Wohnungstüre nach Art alter Berliner Mietshäuser ziemlich massiv war. Es wurde ein überraschendes Eindringen geplant, um jede Panikreaktion seitens Hanna zu unterbinden.

Mittlerweile war einige Zeit vergangen, es war bereits nach Mitternacht. Hanna lag längst im Bett und war eingeschlafen. Zehn Polizisten und zwei Beamtinnen wurden vor dem Haus eingewiesen, sie trugen wie üblich ihre Kampfanzüge, waren aber nicht vermummt. Im ersten Stock warfen sich zwei Beamte gleichzeitig und mit ganzer Körperkraft gegen die Tür, bis sie mit einem lauten Schlag und unter Splittern von Holz aufsprang. Wie später festgestellt wurde, war das Türschloss aus seiner Verankerung gerissen worden. Polternd drangen die SEK-Kräfte ein und besetzten sofort das Zimmer, in dem Hanna aus dem Schlaf aufschreckte. Sie dachte im Schock an einen Überfall. Als das Licht anging, erkannte sie sofort ihre Kollegen. Sie musste sicherheitshalber die Hände auf die Bettdecke legen, dann verließen die Männer den Raum, und sie zog sich unter der Aufsicht der beiden Kolleginnen an. Eine Waffe wurde nicht gefunden. Später wunderte sich einer der eingesetzten Beamten, wie unwohnlich das kleine Appartement aussah, zum Beispiel hätten keine Bilder an der Wand gehangen. Freiwillig erklärte sich Hanna bereit, anschließend mit einer Streife in die Karl-Bonhoeffer-Klinik – genannt KBON – zu fahren.

Der SEK-Einsatz erregte die Kongressteilnehmer, empörte sie, warf Fragen auf. Max wollte von Heiko wissen: »Gab es einen Freund von Hanna Büttner, dem gegenüber sie Freitodgedanken geäußert haben könnte?«

Heiko schüttelte den Kopf. »Ich war der Einzige, zu dem sie etwas Vertrauen hatte. Zu keiner Zeit deutete sie etwas an.« Heiko gab sich einen Ruck und fuhr fort: »Das war garantiert eine Falschmeldung.«

»Dann möchte ich feststellen, dass der SEK-Leiter belogen worden ist, um ihn zu diesem Einsatz zu veranlassen.« Max zählte auf: »Erstens wurde ein pflanzliches Beruhigungsmittel zu Schlaftabletten umfunktioniert, zweitens das Vorhandensein einer Jagdwaffe erfunden und drittens wider besseres Wissen behauptet, sie hätte bereits Freitodabsichten mit der Waffe des Vaters geäußert.«

Rolf Koller wehrte sich, so gut er konnte, stand aber auf ziemlich verlorenem Posten. »Langsam! Das sind doch Unterstellungen, wie will das ein Außenstehender überhaupt beurteilen? Hier ging es um die Rettung eines Menschenlebens, da wartet man nicht auf den letzten Beweis, sonst kommt man zu spät.«

»Spät genug war es doch wohl«, warf Max ein, »weit nach Mitternacht.«

»Aber die Vermutung, sie könnte eine Waffe des Vaters haben, dieser Umstand für sich alleine reichte schon«, fuhr Koller fort. »Hinzu kam die Lagebeurteilung, sie deute mit den Tabletten an, was sie beabsichtige. Dann ihr seelischer Zustand, der bekannt war. Kolleginnen und Kollegen, ich möchte Sie hören, hätte sie sich tatsächlich an diesem Abend getötet und wir wären untätig geblieben!«

Elisabeth Büttner stand erregt auf: »Der Rumpf wollte unbedingt diesen Einsatz, er hat ihn hingetrickst. Er stellte Vermutungen als Tatsachen dar, denn er wollte endlich klare Verhältnisse in seinem Sinne schaffen, nämlich Hanna in eine Klapsmühle bringen. Und wer erst einmal dort war, ist reif für die Entlassung aus dem Polizeidienst. Außerdem wollte er Hanna einen Denkzettel verpassen, sie hatte ihn blamiert. Dass er mein Kind dabei zerbricht, nahm er ganz einfach in Kauf.«

Koller antwortete mit gedämpfter Stimme: »Das ist nicht logisch, denn Ihre Tochter wollte doch kündigen, sie wollte sowieso gehen.«

Elisabeth Büttner ließ sich auf die Tonlage ein und sagte ruhig: »Doch Herr Koller, das ist logisch! Hier geht es nämlich um Macht. Er wollte der kleinen Polizistin zeigen, wer Herr im Haus ist.«

Es muss ein großer Schock gewesen sein, dachte Heiko, Hanna war doch mit den Nerven ohnehin am Ende. Nicht nur das Aufsprengen der Tür, sondern dieses martialische Eindringen in die Wohnung, wenn ein Dutzend Uniformierte lostrampeln. Wir haben es ja so gelernt, den Gegner durch unser massives Auftreten zu lähmen. Du weißt doch im ersten Tiefschlaf gar nicht, was auf dich zukommt, siehst dein Leben bedroht.

Rolf Koller bewegte ein ganz anderer Gedanke, er wollte ihn allerdings mit Rücksicht auf Frau Büttner nicht sagen, hätte das Argument aber gerne Sabrina entgegengehalten: Hanna B. hatte sich später tatsächlich umgebracht. Damit gab sie doch selbst nachträglich allen Maßnahmen, sie retten zu wollen, ihre Berechtigung.

Hanna wurde von der diensthabenden Ärztin in der KBON befragt, die sich darüber wunderte, dass die Einlieferung bereits vor Stunden von der Polizei angekündigt worden war. Jedenfalls ließ sich die Ärztin Hannas Schwierigkeiten bei der Polizei schildern, den Ablauf der letzten Stunden und ihre Pläne für die Zukunft. Die Ärztin kam zu folgendem Ergebnis: »Frau Büttner hat ganz klare Perspektiven aufgezeigt und Zielsetzungen entwickelt. Sie war realistisch orientiert, obwohl sie unter dem Eindruck eines unangemessenen Polizeieinsatzes stand. Für mich ergab sich eine absolut positive Prognose, es konnte zu diesem Zeitpunkt keine Rede davon sein, dass Frau Büttner suizidal ist.« Die Ärztin sagte außerdem, Hanna habe ein Trauma erlitten und solle sich weiter behandeln lassen. Sie übergab ihr die Adresse einer Therapeutin. Zwei Stunden später lag Hanna wieder in ihrem Bett, aber sie konnte nicht einschlafen.

In aller Frühe rief sie ihre Mutter an. Deren erste Reaktion war, sofort nach Berlin zu eilen. Das wollte Hanna aber unter keinen Umständen, sondern sich stattdessen beruhigen und alleine sein, um nachzudenken. Sie machte zwar einen gefassten Eindruck, aber die Mutter merkte doch an ihrer Stimme, wie aufgewühlt sie sein musste. Beide telefonierten an diesem Tag sechsmal miteinander. Und es konnte keine Rede davon sein, dass Hanna ihre Ruhe fand, denn sie erhielt Besuch. Einen Besuch, den sie weder erbat noch der sich angemeldet hatte. Es klingelte, und statt des Handwerkers, der das Türschloss einsetzen sollte, standen drei Damen vor der Tür: Die Frauenbeauftragte Jutta Schmidt, die Sozialbetreuerin Johanna Glückert und vom Psychologischen Dienst Elke Holzhauer.

Frau Schmidt schwieg zumeist, aber die beiden anderen, die vom Chef der Direktion I geschickt worden waren, hatten ein klares Ziel: Frau Glückert übernahm es, den SEK-Einsatz als eine Maßnahme der Fürsorge zu rechtfertigen. Und die andere, eine Diplompsychologin und Diplomsoziologin, wollte Hanna ganz schlicht für verrückt erklären: Sie sei paranoid. Hanna verwies selbstverständlich darauf, dass die Ärztin in der KBON zu einem ganz anderen Ergebnis gekommen sei, da erlaubte sich Frau Holzhauer zu erwidern: »Paranoide sind sehr schlau, du hast eben die Ärztin getäuscht!« Frau Holzhauer wollte unbedingt durchsetzen, dass Hanna nicht die von der KBON empfohlene Therapeutin in Anspruch nahm, sondern sich beim Psychologischen Dienst der Polizei untersuchen und behandeln ließ. Das lehnte Hanna ab. Beide betonten immer wieder, dass sie nur das Beste und Hanna helfen wollten. Und weil sie krank sei, solle sie sich einverstanden erklären, aus dem Polizeidienst auszuscheiden. Hanna hatte die Nacht kaum geschlafen und war restlos fertig, aber so klar konnte sie noch denken, zu sagen: »Eigentlich hatte ich vor, von mir aus zu kündigen. Aber wenn das so läuft, dann denke ich gar nicht daran und werde mir jetzt einen Anwalt nehmen.«

Zunächst bäumte sich Hanna gegen das Unrecht auf und wollte kämpfen. Sie hatte das Bedürfnis, neue Kräfte zu sammeln und sagte ihrer Mutter am Telefon, sie wolle für ein paar Tage in die KBON gehen, um sich zu erholen. Sie sei sehr deprimiert und könne in ihrer Wohnung nicht schlafen. Das leiseste Geräusch im Treppenhaus oder das Schlagen einer Tür irgendwo im Haus führte zu einem zwanghaften Wiedererinnern, die Bilder wurden sofort konkret, die Kollegen standen erneut an ihrem Bett und richteten ihre Maschinenpistole auf sie. Hanna hatte Schweißausbrüche, war erschöpft und litt unter rasenden Kopfschmerzen. In der KBON bezeichneten sie das als posttraumatisches Belastungssyndrom, das sei »normal«, sie brauche sich keine Gedanken um ihren Geisteszustand zu machen.

Hanna wollte beweisen, dass sie nicht paranoid oder sonst wie verrückt war. Sie hatte Vertrauen zu der Ärztin der KBON, denn sie fühlte sich dort fair behandelt.

Sie hatte ein Telefon im Krankenzimmer, um täglich Kontakt mit der Mutter zu halten. Nachts erhielt sie einen Schweigeanruf, der eine katastrophale Wirkung ausübte, sie geriet in Panik. Am nächsten Tag verließ sie die KBON »auf eigene Verantwortung«, was sie unterschreiben musste, denn die Ärztin sagte ihr, dass sie auf jeden Fall eine weitere Behandlung brauche.

Die Sozialbetreuerin Johanna Glückert schrieb ein Gutachten, wonach Hanna »auffällig« sei. Der Polizeipräsident drehte Hanna aus ihrem zweiten Aufenthalt in der KBON einen Strick und behauptete, die Beamtin habe sich inzwischen aufgrund ihrer psychischen Probleme selbst in Behandlung begeben. Er beantragte, sie unter vormundschaftliche Betreuung zu stellen, was einer Entmündigung gleichkam. Hanna erhielt eine Vorladung zur Amtsärztin, die zwar die Entmündigung ablehnte, aber innerhalb eines Gespräches von nur zwanzig Minuten Hanna für polizeidienstunfähig erklärte. Das war das Aus für Hannas Polizeikarriere. Sämtliche Instanzen der Polizei hatten sich gegen sie verschworen, es wurden alle Chancen vertan, ihr zu helfen. Stattdessen wurde sie reingelegt und isoliert – die Fürsorgekeule hatte voll zugeschlagen.

Hanna fuhr von der Amtsärztin direkt zum 19. Polizeirevier. Auf der Wache – im Dienst befand sich die C-Schicht – war man mit der Einlieferung eines Mannes in das Polizeigewahrsam beschäftigt, niemand kümmerte sich um ihr plötzliches Auftauchen. Hanna holte verschiedene Gegenstände aus ihrem Spind und muss wohl bei dieser Gelegenheit ihre Dienstwaffe an sich genommen haben. Das alles geschah, bevor das Votum der Amtsärztin beim Stab des Präsidenten und in der Personalabteilung bekannt war. Am nächsten Tag verfügte Polizeipräsident Strunk die Einleitung der Zwangspensionierung und ihr Revierleiter Rumpf erteilte Hausverbot. Da man in der Nacht des SEK-Einsatzes überprüft hatte, dass sich ihre Waffe im Schließfach befand, widmete man ihrer Pistole keine weitere Aufmerksamkeit. Anschließend fuhr Hanna nach Ludwigsburg.

Sie hielt sich ein paar Tage bei den Eltern auf, war verstört und verzweifelt. Wenn das Telefon klingelte, hatte sie Angst, es könne ein Anruf aus Berlin sein. Die Mutter beruhigte sie, so gut es eben ging. Trotz allem hatte die Mutter nie auch nur einen einzigen Gedanken, sie könnte sich etwas antun, denn zwischendurch machte Hanna auch wieder einen gelassenen Eindruck. Ihr Abschiedsbrief vom Dienstag dieser letzten Woche zum Beispiel war mit einer ganz normalen Schrift geschrieben. Später fand die Mutter Notizzettel, die eine völlig veränderte Schrift aufwiesen – steile und spitze Buchstaben, krakelig und unsicher. Mehrfach schrieb sie mit diesen verzweifelten Schriftzügen den Satz untereinander »Verdammt, ich habe Angst«. Das Wort ICH ummalte sie so, dass es wie von Mauern umgeben aussah, von denen sie sich umschlossen sah. Sie zeichnete eine Frauenfigur, die offenbar sie selbst darstellte, und schrieb auf ihren Körper zweimal das Wort »Hilfe«. Die Polizeipsychologin hat aus diesen Unterlagen später abgeleitet, Hanna habe unter Verfolgungswahn gelitten. Damit sollte alle Schuld der Behörde abgewehrt und bewiesen werden, dass Hanna psychisch krank war und nicht etwa dienstliche Vorkommnisse zu ihrem Tod führten. Hanna war fassungslos und verletzt, aber dass sie sich so hilflos vorkam, verbarg sie vor der Mutter. Ihr gegenüber sagte Hanna, sie wolle zurück nach Berlin, um mit ihrem Anwalt zu sprechen. Sie verabschiedete sich mit den Worten: »Mama, ich mache den ganzen Tag über verschiedene Erledigungen und komme erst spät in die Wohnung, ich rufe dich am nächsten Tag an.«

Gegen Abend versuchte Mutter Büttner mit ihr zu telefonieren, Hanna war nicht zu Hause und das Handy nicht eingeschaltet.

Sabrina hatte den Nachtdienst gerade angetreten, als sie mit einem Kollegen zu einer Apotheke gerufen wurde. Ein Einbrecher hatte kurz nach Ladenschluss ein Oberlicht aufgedrückt, war eingestiegen und dürfte Medikamente mitgenommen haben, was die Apothekerin noch genau feststellen wollte, allerdings waren die Betäubungsmittel in einem Panzerschrank aufbewahrt und unversehrt geblieben. Sie sicherten einige Spuren am Einstiegsfenster und wollten zur K-Wache zurück fahren, da kam über Funk ein neuer Auftrag: »Fahren Sie Charlottenburger Schleuse, unterhalb Rudolf-Wissell-Brücke, verdächtig abgestelltes Fahrzeug, BMW 318, Farbe blau, Kennzeichen Berlin HB 774.« Zehn Minuten später waren sie an Ort und Stelle. Die Scheiben des Fahrzeugs schienen beschlagen zu sein, im Scheinwerferlicht ihres Dienstwagens sah es so aus, als stöberten sie ein Liebespaar auf. Beim Näherkommen stellte sich heraus, dass die Scheiben von innen zugefroren waren. Undurchsichtige Eisblumen glitzerten im Lichtkegel. Im Gegenlicht war die Silhouette einer Person hinter dem Steuer zu erkennen, die sich nicht rührte und auch nicht auf Klopfen reagierte. Die Türen waren verschlossen und das Fahrzeug von außen mit Raureif bedeckt, es schien bereits einige Stunden hier zu stehen. Sabrina schwante nichts Gutes und bat den Kollegen, Halterfeststellung zu machen. »Hanna Büttner, Osnabrücker Str. 17 in Charlottenburg.«

Hanna Büttner? Hatte sie den Namen nicht vor kurzem gehört?

»Frag nach dem Beruf.«

Kurz darauf die Antwort: »Polizeiobermeisterin.«

Die blasse blonde Kollegin bei der Frauenbeauftragten!

Auch der Kollege wurde jetzt hellhörig und sagte: »Ich fordere den Werkstattwagen an, um die Türen öffnen zu lassen.«

Sabrina riss ihm stattdessen die schwere MAG-Taschenlampe aus der Hand und schlug auf die Scheibe ein. Er wollte sie daran hindern, weil sie seine Stabtaschenlampe nicht zerbeulen sollte. Doch sie schob den Kollegen beiseite, hilflos stand er daneben und sah ein, dass Sabrina nicht zu bremsen war. Sie drosch wie verrückt auf das Glas ein, bis ein Loch entstand, wusste schon vorher, was sie erwartete und betete, dass noch ein Fünkchen Leben in ihr war, dass das Schicksal sie und niemanden anderes hierher geschickt hat, dass die Rettungssanitäterin hierher gelenkt wurde, um Hanna zu reanimieren. Was sie sah, war furchtbar. Später sagte sie Mutter Büttner wahrheitsgemäß, Hanna sei in Sekundenschnelle tot gewesen und habe nicht leiden müssen. Man hätte sie auch nicht retten können, wenn sie früher gefunden worden wäre.

9

Als nachts ein Polizist aus Ludwigsburg bei Büttners an der Haustür klingelte, wusste die Mutter, dass etwas passiert war. »Ist sie tot oder lebendig?« fragte sie. Der Uniformierte verhielt sich sehr einfühlsam. Am nächsten Tag meldete sich jemand vom 19. Polizeirevier am Telefon und wollte über die Beerdigung sprechen, da schrie Elisabeth Büttner ihre ganze Wut und Verzweiflung heraus: »Wisst ihr, was ihr für Schweine seid und welche Angst das Mädchen vor euch hatte?« Und sie nahm sich vor: Die kaufe ich mir, denen spucke ich ins Gesicht!

Sie verbat sich, dass jemand von der A-Schicht zur Beerdigung erschien, und von Hannas ehemaligen Kollegen kondolierte auch niemand. Dass Heiko trotzdem an der Beerdigung teilgenommen hatte, erfuhr Frau Büttner erst Monate später. Sie hatte außerdem den Wunsch geäußert, dass Kolleginnen und Kollegen nicht in Uniform erschienen. Die Straße zum Friedhof wurde abgesperrt, es kreiste sogar ein Polizeihubschrauber über den Trauergästen. Zahlreiche Kollegen kamen, und jeder trug eine gelbe Rose in der Hand. Das hatte Frau Büttner sehr berührt und auch ein wenig beruhigt.

Zwei Tage war Sabrina wie benommen und wurde das Bild der toten Hanna nicht los. Sie feierte keine Überstunden ab, sondern ging wieder in den Dienst. Zu Hause demontierte sie den »Tropf«, verstaute ihn in einem Karton und warf ihn in den Müllcontainer. Am nächsten Tag holte sie den Karton zurück und legte ihn in den Keller. Die Option auf Freitod wollte sie behalten. Doch im Grunde wusste sie, dass sie es nicht mehr tun würde. Sie kannte jemanden, der im Krieg beinahe verdurstet wäre und seitdem nachts immer eine volle Wasserflasche am Bett stehen hatte, obwohl er nie daraus trank. In dieser Phase war ihr noch nicht klar, dass Hanna ihr das Leben gerettet hatte. Erst nach und nach verstand sie, was sich in ihr abspielte. Dass sie begriffen hatte, kämpfen zu müssen, anstatt zu kapitulieren. Mit dem Selbstmord hätte sich nichts zum Besseren verändert. Der Tod Hannas verpflichtete sie, gegen das Mobbing vorzugehen und sich selbst und andere vor diesem Schritt zu bewahren. Sie wusste, dass sie damit sofort anfangen und dass sie die Behörde mit ihren eigenen Mitteln schlagen musste. Sie beriefen sich auf das »Recht«, also musste das Recht auch ihr nützlich sein. Sie scheuten die Öffentlichkeit, wollten alles klammheimlich abwickeln, in den Betten der Psychiatrie. Darum würde sie ihre Machenschaften an das Licht der Öffentlichkeit zerren, und je bekannter sie dabei würde, um so unangreifbarer machte sie das. Was hatte sie zu verlieren?

Sabrina zeigte ihren Schichtleiter wegen übler Nachrede, Verleumdung, Beleidigung und Nötigung an und beantragte ein Disziplinarverfahren gegen sich selbst. Den Regierenden Bürgermeister von Berlin befasste sie persönlich in einem Schreiben mit den Diskriminierungen und bat um Abhilfe. Vor dem Berliner Verfassungsgericht klagte sie wegen Verletzung ihrer Menschenwürde. Durch Beschlüsse des Verwaltungsgerichts zwang sie den Polizeipräsidenten zur Korrektur ihrer Beurteilung und zur erneuten Entscheidung über ihre Rückversetzung. Als der Polizeipräsident trotzdem nicht reagierte, reichte sie eine weitere Klage wegen Untätigkeit ein. Inzwischen lag eine neue Beurteilung vor, die alle gehässigen und böswilligen Behauptungen Lügen strafte. Es wurde ihr bescheinigt, dass sie stets kollegial und hilfsbereit, aufgeschlossen und ehrlich war, dass sie Vorgesetzten gegenüber ohne Einschränkungen zur konstruktiven Zusammenarbeit bereit war. »Hervorzuheben sind ihre hohe Zuverlässigkeit und die uneingeschränkte Bereitschaft, Verantwortung zu übernehmen. Frau Neudeck zeigt sich in dienstlichen Belangen beispielhaft engagiert.« Ein Schlag in das Gesicht ihrer Mobber war die Feststellung, dass sie eine allgemein geschätzte Mitarbeiterin war.

Ihre juristischen Erfolge machten genauso Furore wie ihre Fernsehauftritte. Sie wurde in überregionalen Zeitungen zitiert und betreut inzwischen Mobbing-Opfer in anderen Bundesländern, wo sie an Gerichtsverhandlungen teilnimmt.

Tatsächlich hatte sich bei ihren Kolleginnen und Kollegen etwas verändert. Sabrina wurde jetzt geachtet und konnte in normaler Atmosphäre arbeiten. Polizeipräsident Strunk hatte sie fallen lassen, als sie seiner Hilfe dringend bedurfte. Nun, da sie sich wehrte, verhielt er sich hilflos und reagierte mit dem Disziplinarrecht, ein klarer Fall von Bossing. Doch Sabrina war damit nicht mehr zu beeindrucken und genoss einen gewissen Schutz durch die Medien. Strunk und sein Stab sind nicht auf die Idee gekommen, Sabrinas positive Eigenschaften zu nutzen, sie in Führungsaufgaben einzubinden oder ihr Engagement für die Belange der Polizeibehörde einzusetzen. Nach ihren Fähigkeiten zu urteilen gehörte sie eigentlich in den höheren Dienst.

Martin Maxeiner, den jedermann Max nannte, erfuhr zunächst nichts vom Selbstmord der Hanna Büttner. Zwei Wochen lang waren nach Hannas Tod die Schotten dicht, und die Berliner Polizeiführung ging wohl davon aus, dass alles unter den Teppich gekehrt werden konnte. Kaum jemand außerhalb der Polizei hatte bisher überhaupt jemals den Namen Hanna Büttner gehört, sie hatte keine Freunde in Berlin. Für Max war sie bisher eine kritisch eingestellte Polizistin, die für *amnesty international* arbeitete. Er fand sie sympathisch, sie stand in seinem Adressbuch, und er speicherte in seinem Gedächtnis ab, dass sie als Auskunftsperson in Frage kam, falls er künftig Themen der Schutzpolizei recherchieren sollte.

Dann sprang ihm am Kiosk der S-Bahn-Station Oranienburger Straße – er befand sich auf dem Weg zur Redaktion – die Balkenüberschrift der BERLINER ALLGEMEINEN (B.A.) ins Auge: JUNGE POLIZISTIN ZU TODE GEMOBBT? Er kaufte sich das Boulevard-Blatt und war erschüttert, denn kein Zweifel, Hanna hatte sich umgebracht, ihr Name wurde mit Hanna B. abgekürzt. Er las:

Aus dem Obduktionsbericht einer Selbstmörderin: Das Projektil durchschlug das Gehirn, sie war sofort tot. Das grausame Ende einer jungen Berliner Polizistin. Hanna B. (24) nahm sich das Leben, das zuletzt die Hölle gewesen sein muss. Oberstaatsanwalt Dr. Schwarz aus Ludwigsburg, bei dem die Eltern Anzeige erstatteten: ›Ich habe den Anfangsverdacht, dass die Frau in den Tod getrieben worden ist. Und sollte sich herausstellen, dass Missstände in der Berliner Polizei von ihr zu Recht angeprangert wurden, wäre das ein typisches Mobbing.‹ Dann würde er wegen Körperverletzung oder fahrlässiger Körperverletzung ermitteln. Tödliches Mobbing bei der Berliner Polizei? Ein schwerer Verdacht lastet auf der Behörde (28 000 Beamte und Angestellte). Wie reagiert der Landesschutzpolizeidirektor? ›In einem Todesermittlungsverfahren werden wir alle Akten offen legen. Es gibt keine Geheim-

diplomatie.‹ Dies war wohl eine Lüge, denn Schwarz hatte andere Erfahrungen gemacht: ›Zu Hintergründen erfahre ich von der Berliner Polizei nicht viel. Die machen total dicht.‹

Wenige Wochen vor ihrem Freitod hatte die junge Polizistin einen Berliner Anwalt eingeschaltet, Strafanzeige gegen die Berliner Polizeibehörde gestellt und auf Schmerzensgeld geklagt. Denn eines Nachts stürmte ein Sondereinsatzkommando (SEK) die Wohnung von Hanna B., riss sie aus dem Schlaf, zog wieder ab. Als sei nichts geschehen. Der Staatsanwalt: ›An dem Einsatz war nichts dran. Das war ganz nebulös.‹

Zerbrach spätestens in jener Nacht Hannas Traum von einer gerechten Welt? Sie wollte schon von klein auf Polizistin werden. Der Fall Hanna B. – war es wirklich gnadenloses Mobbing? Dass so etwas vorkommt, belegt ein internes Schreiben an die Mitglieder des christlichen Polizeiarbeitskreises: ›Die Vielzahl der Mobbing-Fälle und die Dramatik jedes Falles hinterlassen bei uns ohnmächtige Wut. Kollegen werden schikaniert, verleumdet und als Störenfried abgestempelt. Der Polizeiarzt wird eingeschaltet und erstellt fragwürdige Gutachten.‹ Endstation fast immer: Frühpensionierung.

Auch die Gewerkschaft der Polizei (GdP) erhebt schwere Vorwürfe. Ein Mitglied des Landesvorstandes: ›Mobbingopfer schweigen aus Angst vor dienstlichen Repressalien. Sie kommen zu uns und lassen sich heimlich versetzen. Die Wurzel des Problems ist die Polizeiführung, die das Mobbing-Problem kennt, aber solche Fälle unter der Decke hält. Jeder Vorgesetzte will sein Nest sauber halten.‹

Der Artikel war für Max ein Schock. Hanna hatte ihm gegenüber zwar dienstliche Schwierigkeiten angedeutet, aber niemals hätte er an solche Konsequenzen geglaubt. Außerdem war ihm eine Story für das Berliner Echo entgangen, er war schließlich Profi. An seinem Mitleid für Hanna änderte das nichts, steigerte höchstens seine Entrüstung. Denn Leuten wie Präsident Strunk den Spiegel vor zu halten – das war seine Aufgabe.

Mit dem Aufmacher, dass eine junge Polizistin zu Tode gemobbt wurde, hatte die *B.A.* vermutlich ihre Tagesauflage um ein Vielfaches gesteigert. Max machte sich Vorwürfe: Wieso war er so ahnungslos und warum hatten seine Informanten versagt? Er rief sofort Sabrina an, die doch wusste, dass die Polizei sein Thema war. Aber die Informationen der *B.A.* stammten nicht von ihr, und sie erzählte ihm, dass der *B.A.*-Journalist selbst einmal Polizist war und vielleicht noch eine Rechnung mit der Polizei offen hatte, jedenfalls über eigene Kanäle verfügte. Max spürte, dass Sabrina an diesem Tag noch zu sehr unter Schock stand, um ihm Rede und Antwort zu stehen.

Die Kollegen in der Lokalredaktion stellten Max erwartungsgemäß die spitze Frage, warum er als Polizeiexperte von der Sache nichts wusste. Sie meinten, Mobbing und Polizei, das passe zusammen wie siamesische Zwillinge. Das Berliner Echo war ja nicht gerade als polizeifreundliches Blatt bekannt, trotzdem versuchte Max, ihnen das etwas differenzierter auseinanderzusetzen, denn er war nicht so dumm anzunehmen, dass alle Polizisten Mobber waren. Vielmehr lag die tatsächliche Mobbing-Rate bei 26 %. Bei den Haupttätern handele es sich nach seiner Erfahrung um Machos, die wohl auch deshalb zur Polizei gegangen seien, weil sie sich in Uniform besonders wohl fühlten. Ihre Motive seien sexistischer oder rassistischer Natur. Der Ressortchef beauftragte Max, darüber einen Kommentar zu schreiben, den er mit dem Satz beendete:

»Mobber bei der Polizei handeln aufgrund ihrer Persönlichkeitsstruktur und nicht aufgrund der ihnen von Berufs wegen eingeräumten Machtmittel.«

Die B.A. blieb am Thema dran. Am nächsten Tag titelte das Blatt, dass Polizisten Mobbing-Alarm schlugen und am übernächsten Tag, dass Berliner Politiker entsetzt seien. Der Polizeipräsident setzte sich mit einer Presseerklärung sofort zur Wehr: Der SEK-Einsatz sei »fürsorglich erfolgt, um die Frau vor sich selbst zu schützen«. Die 24-Jährige habe »zunehmende Verhaltensauffälligkeiten gezeigt« und sei vom Sozialpsychologischen Dienst der Behörde betreut worden. Die Mobbing-Vorwürfe, so hieß es in Strunks Erklärung, entbehrten nach den der Behörde vorliegenden Informationen jeglicher Grundlage.

Sehr geschickt hatte man noch eine andere Information lanciert, die wie folgt gedruckt wurde: »Hinter vorgehaltener Hand wurde gestern in Polizeikreisen von einer beginnenden Schizophrenie gesprochen, wegen der Hanna B. in einer psychiatrischen Klinik gewesen sein soll.« Nun begann Max, alle Recherchedrähte glühen zu lassen. Dabei glaubte er, in dem Oberstaatsanwalt Schwarz aus Ludwigsburg einen Verbündeten zu haben, doch der war längst zurückgepfiffen worden. Präsident Strunk setzte ihn unter Druck, der Jurist nahm seine Verlautbarungen zwar nicht zurück, musste aber das Verfahren an die Staatsanwaltschaft Berlin abgeben. Hier trat eine wundersame Wandlung ein. Die Berliner Strafverfolger wurden immer kleinlauter. Der eingangs vorhandene Anfangsverdacht, dass die Frau in den Tod getrieben wurde, spielte offenbar keine Rolle mehr. Aber nicht, weil es an Beweisen fehlte, sondern weil sie nicht erhoben wurden und man die vorliegenden Fakten einer Bewertung unterzog, die in eine bestimmte

Richtung passen musste. Es lag doch auf der Hand, dass der Polizeipräsident und die Herren Senatoren für Inneres und Justiz den notwendigen politischen Druck ausübten, Schaden abzuwenden, wie es so schön hieß. Und bekanntlich war ja ein Staatsanwalt weisungsgebunden. Der Ludwigsburger Staatsanwalt hatte, auf die Polizei bezogen, moniert: »Die machen total dicht«, nun tat es die Berliner Staatsanwaltschaft selbst. Auch darüber schrieb Max einen Kommentar.

Es wurde aber nicht nur politisch bewertet, sondern auch ganz unverfroren gemauschelt. Wie Max feststellen konnte, waren längst nicht alle als Zeugen im staatsanwaltschaftlichen Verfahren vernommen worden, die etwas zur Sache hätten sagen können und müssen. So zum Beispiel der Leiter des SEK, der pflichtgemäß einen Einsatzbericht geschrieben und an den Großen Lagedienst übersandt hatte. Der Bericht war verschollen. In ihm standen die falschen Fakten, mit denen der SEK-Leiter veranlasst worden war, den Einsatz anzuordnen. Er und seine Leute waren nachträglich stocksauer, denn es hatte sich herumgesprochen, dass es sich weder um Schlaftabletten handelte, noch dass Hanna gegenüber einem befreundeten Beamten Freitodabsichten geäußert hatte, und auch die Waffe des Vaters war offenkundig eine Finte. Das alles hätte den staatsanwaltschaftlichen Ermittlungen eine eindeutige Richtung geben müssen, also ließ man besser solche Zeugen unter den Tisch fallen, der SEK-Leiter hörte nichts mehr von der Sache. Doch kam es noch schlimmer: Er wollte in seiner privaten Ablage im Spind der Dienststelle den Durchschlag seines Berichtes noch einmal nachlesen und fand ihn nicht mehr. Er war aus seinen Unterlagen verschwunden.

Bei der Sozialbetreuungsstelle der Polizei fehlten ebenfalls plötzlich Akten, und zwar speziell solche über Hanna

Büttner. Der Leiter der Sozialbetreuungsstelle hatte die Unterlagen illegaler Weise bei einem Rechtsanwalt ausgelagert. Die Staatsanwaltschaft hatte einen Verdacht, wollte sich die Aktenunterschlagung nicht gefallen lassen und ermittelte wegen Verwahrungsbruch und Urkundenunterdrückung. Sie beantragte eine Durchsuchung der Amtsräume. So weit wollte man es seitens der Sozialbetreuungsstelle nicht kommen lassen und informierte die Strafverfolger, die Unterlagen »stünden zur Abholung bereit«. Die Akten wurden dann tatsächlich übergeben und beschlagnahmt. Angeblich befanden sich bei den Papieren auch zwei Strafanzeigen der Hanna Büttner gegen Kriminalbeamte. Alle Beteiligten einschließlich einer Amtsärztin verweigerten die Aussage, jedoch erhielt der Chef der Sozialbetreuungsstelle durch richterlichen Strafbefehl eine Geldstrafe in Höhe von 15 000 DM für sein eigenmächtiges Handeln, dem Verfahren Beweismittel entzogen zu haben. Seine Vorgesetzten rieten ihm, keine Rechtsmittel einzulegen, »er sei doch ganz gut weggekommen«. Zum Trost beförderte ihn der Polizeipräsident zum Ersten Polizeihauptkommissar. Auch Sabrinas Mobber wurden inzwischen alle befördert.

Dreh dich nicht um, der Aktenklau geht um! Aber nicht nur bei der Polizei, sondern auch bei der Presse waren Unterlagen plötzlich verschwunden. Max wollte sich im Internet aus dem Archiv der *B.A.* den Artikel mit der Schlagzeile »Junge Polizistin zu Tode gemobbt?« runterladen. Er war nicht mehr vorhanden, von Zauberhand gelöscht. Also versuchte er es bei dem Archiv direkt und erhielt die Auskunft, dass von dieser Angelegenheit nur noch ein einziger, ganz anderer Artikel im Archiv zur Verfügung stehe. Aus dem Archiv verschwunden war insbesondere der Artikel, in dem mehrere Berliner Polizistinnen und Polizisten über gravierende Mobbingfälle ausführlich berichteten (»Polizisten schlagen Mobbing-Alarm – Ihr Protokoll der Gemeinheiten«). Die Vermutung liegt nahe, dass der Polizeipräsident sogar Einfluss auf Zeitungsarchive zu besitzen schien und das Protokoll der Gemeinheiten, die man seinen Leuten antat, kurzerhand sperren ließ. Wie es aussah, bestimmte er auch die Auswahl der Zeugen, die der Staatsanwaltschaft – nicht – zur Verfügung standen. Die gesamte Mannschaft des SEK fühlte sich hinterher missbraucht, einer von ihnen sagte zu Max, er fühle sich »verarscht«. Sie warfen Polizeirat Rumpf vor, dass er sie im Regen stehen ließe und sich hinterher nicht um den Einsatz kümmerte, das fanden sie schofel, nicht zuletzt auch gegenüber Hanna.

Die Berichterstattung in den Medien sorgte für erhebliche Aufregung innerhalb der Berliner Polizei, so dass Strunk glaubte etwas zur Beruhigung der Mitarbeiterinnen und Mitarbeiter tun zu müssen. In einer Sonderbeilage zum »Berliner Polizeiblatt« ließ er schreiben: »Öffentliches Entsetzen machte sich breit, als einige Kollegen beschuldigt wurden, die junge Frau durch Mobbing in diese Verzweiflungstat getrieben zu haben. Gewisse Mängel bei der Dienststelle und Fehlverhaltensweisen eines Beamten liegen zwar vor und werden personelle Konsequenzen haben, der Suizid allerdings lässt sich damit nicht erklären. Vielmehr haben sich im Rahmen der Untersuchung sowie der psychologischen und psychiatrischen Bewertung Hinweise auf eine psychische Störung bei Hanna B. ergeben. Weil sich dieses Ergebnis mit der Erwartungshaltung der öffentlichen und veröffentlichten Meinung kaum in Einklang bringen lässt und die bisher gewonnenen Erkenntnisse sehr schwer zu vermitteln sind, sollen die bisherigen Ergebnisse durch einen externen Gutachter gegengeprüft werden.«

Der Anwalt der Familie Büttner ging sofort auf die Barrikaden. Er werde gegen jeden zivil- und strafrechtlich vorgehen, der das Andenken der Tochter verunglimpfe und lehnte Gutachter, »die eine Tote psychiatrisieren wollen«, kategorisch ab. Der Polizeipräsident bezeichnete das als ein »Denkverbot«, kündigte aber an, alle Mobbing-Fälle bei der Berliner Polizei durch eine Kommission untersuchen zu lassen.

Wie der Rechtsanwalt am Telefon zu Max sagte, sammelte er alle ärztlichen Befunde und Gutachten über Hanna, die *vor* dem SEK-Einsatz gefertigt wurden. Das Ergebnis zeichne sich jetzt schon ab, dass nämlich Hanna eine ganz normale junge Frau war, die erst durch den Psychoterror in eine schwere reaktive Depression getrieben wurde. Als ein Beispiel faxte der Rechtsanwalt Max folgenden ärztlichen Befund: »Nach meiner Meinung handelt es sich primär um ein akutes Überforderungssyndrom im Rahmen der bekannten frauenfeindlichen Einstellung der Polizei. Die begleitenden körperlichen Störungen halte ich für sekundär.«

Polizeipräsident Strunk hielt es weder vor noch nach der Beerdigung für notwendig, Familie Büttner zu kondolieren. Er betrachtete die Mutter offensichtlich als Feindin, die mit ihren Briefen einen Vorwurf nach dem anderen erhob und die man in die Schranken weisen musste.

Die Berliner Polizei forderte mit einem Schreiben Ausrüstungsgegenstände zurück – es handelte sich um ein Koppel und eine Taschenlampe. Falls die Gegenstände unauffindbar seien, so wurden die Eltern belehrt, müssten die Hinterbliebenen mit Regressforderungen rechnen. Die Besoldungsstelle der Polizei buchte die Arbeitnehmersparzulage von Hannas Konto für den letzten Monat anteilig wieder zurück, weil sie sich am 20. erschossen hätte und ihr folglich für die Zeit 21. bis 30. das Geld nicht mehr zustünde.

Erst sechs Wochen nach Hannas Tod, als die skandalösen Vorkommnisse im Innenausschuss des Abgeordnetenhauses debattiert werden sollten, schickte Strunk doch noch ein Beileidsschreiben, denn er musste damit rechnen, für eine Unterlassung im Ausschuss kritisiert zu werden. Im ersten Absatz betonte er seine Bestürzung und Betroffenheit, um im zweiten Absatz mit erhobenem Zeigefinger Vorwürfe zu erheben, denn die Eltern »dürften sich nicht zu der Behauptung hinreißen lassen, die Berliner Polizei hätte die elementaren Grundsätze der Schutz- und Fürsorgepflicht bewusst ignoriert und mit den Füßen getreten«.

Schließlich wurde der Fall Hanna B. im Innenausschuss des Berliner Abgeordnetenhauses debattiert. Eingangs sagte Polizeipräsident Strunk: »Ich bin mit diesem Fall erstmals durch eine Veröffentlichung in einer Berliner Boulevardzeitung befasst worden.« Zu diesem Zeitpunkt war Hanna bereits zwei Wochen tot. Der Behördenchef hatte sich offensichtlich nicht sofort um ein so ungewöhnliches Ereignis in seiner Beamtenschaft gekümmert und war erst aktiv geworden, als er sich in der Presse Angriffen ausgesetzt sah. Er war sogar so unbedarft, dies in der Ausschusssitzung offen zu sagen. Selbstverständlich hatte der Polizeipräsident in der »routinemäßigen« Tagesmeldung am Tag nach dem Selbstmord in Form eines Faxes aus Ludwigsburg davon erfahren, dass sich eine junge Mitarbeiterin umgebracht hatte. Sabrina vermutete, dass Strunk andere Dinge für wichtiger als den »Fall Hanna B.« hielt, zum Beispiel die Gesetzesvorlage, die seine Amtszeit um ein Jahr verlängern sollte. Strunk forderte weitere fünf Jahre, aber der Innensenator hielt das zur Zeit politisch für nicht durchsetzbar. Der Senat war gezwungen, in einer Großen Koalition mit der SPD zu regieren, die wahrscheinlich zu Kompromissen bereit sein würde, aber mehr als ein Jahr könne der CDU-Mann Strunk nicht als Zugeständnis erwarten. Schließlich war ja der Polizeipräsident nicht unumstritten. Dies sagte ihm zwar niemand ins Gesicht, aber viele erinnerten sich an den Ausspruch des Fraktionsvorsitzenden der Grünen, der bei dem Amtsantritt Strunk äußerte: »Das ist gerade so, als ob James Last die Führung der Berliner Symphoniker übernehmen würde.« Das war bösartig, man sollte jedem eine Chance geben, fand Sabrina. Tatsächlich hielten viele Berliner Polizistinnen und Polizisten Strunk für schwach, doch den meisten war das ziemlich gleichgültig, weil sie im langen Berufsleben gelernt hatten, dass man von der Polizeiführung ohnehin nichts erwarten konnte.

Max kostete es jedes Mal Überwindung, das Abgeordnetenhaus zu betreten. Säulen, ausladende Treppen, hohe Fenster, Stuckdecken und Lüster strahlten für ihn politische Macht aus, die mit Pomp und Privilegien verknüpft ist. Das verschaffte ihm Unbehagen, zumal er nie das Gefühl verdrängen konnte, seine politischen Freunde von Bündnis 90/Die Grünen drückten nicht nur die harte Bank der Opposition, sondern würden korrumpiert. Max sympathisierte ein bisschen mit der PDS und traute ihnen eine größere Kompromisslosigkeit zu. Immerhin hatten die Grünen den »Fall Hanna B.« auf die Tagesordnung setzen lassen, was ja auch bezeichnend war, dass dies niemals der Innensenator oder der Polizeipräsident von sich aus veranlassen würden.

In seiner Rede vor den Abgeordneten wich Strunk in mehreren ganz wichtigen Punkten vom tatsächlichen Geschehen ab, unterschlug darüber hinaus wesentliche Fakten und färbte insgesamt die Ereignisse so ein, dass sie in die von ihm vertretene Version passten. Niemand konnte natürlich beurteilen, inwieweit Strunk durch seine Mitarbeiter falsch unterrichtet worden war, was ja die Sache nicht besser machte. Der Präsident stellte in seiner Rechtfertigung vor den Abgeordneten Hanna als eine Beamtin dar, die eine sehr lange Krankengeschichte aufwies, die aufgrund psychischer Probleme den Anforderungen nicht gewachsen war und die »Verhaltensauffälligkeit« zeigte, was zu innerdienstlichen Problemen führte. Von Mobbing gegenüber Hanna war keine Rede, wohl aber von den Fehlern, die sie machte. Schon gar nicht brachte Strunk die vielen Gemeinheiten zur Sprache, die Hanna erdulden musste und die sie immer mehr in die Enge trieben. Stattdessen hätten alle sozialen Instanzen der Berliner Polizei ihr Bestes versucht, die gestrauchelte Beamtin zu retten.

Strunk sagte ferner, er habe mit dem Ludwigsburger Oberstaatsanwalt sofort Verbindung aufgenommen und behauptete, dieser habe wesentlichen Passagen in der Boulevardzeitung »deutlich widersprochen«, sei also falsch zitiert worden. Oberstaatsanwalt Schwarz hatte aber nur eingeräumt, in dem Bericht der B.A. sei lediglich ein »Zungenschlag« falsch wiedergegeben worden und verlangte bemerkenswerter Weise keine Gegendarstellung, wie das sonst üblich war.

Strunk kritisierte, Hanna habe einem Kommissariatsleiter der Kripo Inkompetenz vorgeworfen. Darauf erwiderte ein Abgeordneter der Grünen: »Inkompetente Vorgesetzte gibt es, wie wir wissen, überall. Deshalb nach kürzestem Einsatz ein Hausverbot auszusprechen – wie es geschehen ist – ist nun auch nicht gerade ein Zeichen für ein besonders sensibles, fürsorgliches Verhalten von Vorgesetzten innerhalb der Berliner Polizei.« Der Polizeipräsident erwiderte darauf nichts.

Zu Hannas Besuch im Haus des Revierleiters Rumpf bemerkte der Polizeipräsident: »Schließlich hinterlegte sie in dem Briefkasten des Revierleiters Tabletten; Tabletten, deren Wirkungsweise für einen Laien nicht erkennbar war, zumal der Arzneimittelname auf diesen Tabletten nicht verzeichnet war.« Dies war – wie inzwischen bekannt – sozusagen eine Schlüssellüge, denn Tabletten sind immer eingeschweißt und tragen den Namen auf dem Verpackungsstreifen, selbst bei so harmlosen Präparaten wie Johanniskrautextrakt. Der Abgeordnete der PDS warf Strunk wörtlich vor: »Jedem noch so psychologisch ungebildeten Polizeiführer muss doch klar sein, dass, wenn ich annehme, die Gefahr der Selbstgefährdung oder Gefährdung Dritter besteht, ich es nach Meinung der Polizei mit einer psychisch labilen Person zu tun habe. Dann trete ich ihr doch nicht die Tür ein und stürme mit zwölf SEK-Beamten die Wohnung. Es kann doch nicht angehen, dass das hier als verhältnismäßig dargestellt wird. Jeder, der schon mal einen SEK-Überfall erlebt hat, weiß, dass man schon eine stabile Psyche braucht, um dieses Bedrohungsszenario unbeschadet zu überstehen. Deswegen erschreckt es mich, dass Sie diese Form von Eingreifen hier auch noch rechtfertigen.« Der Abgeordnete der Grünen schloss sich mit der Kritik an: »Dreist und ignorant finde ich es, wenn in keiner Weise auf die Probleme mit diesem SEK-Einsatz eingegangen und so getan wird, als sei es die notwendige logische Folge des Verhaltens der Hanna B.«

Zudem verlor der Präsident kein Wort über angeblich geäußerte Freitodabsichten und die Waffe des Vaters, ohne die doch die Anordnung des Einsatzes rechtswidrig gewesen wäre. Unbeantwortet blieb auch die Frage eines Abgeordneten, wieso Hannas Ankunft in der Karl-Bonhoeffer-Nervenklinik schon für 22 Uhr avisiert war, während sie erst gegen 02.00 Uhr dorthin verbracht wurde.

Dem Polizeipräsidenten wurde von den Abgeordneten entgegengehalten, wie massiv Hanna mit den Worten: »Dir hauen wir die Beine weg!«‹ bedroht worden war und dass dies klassische Mobbing-Äußerungen gewesen wären. Diesen Vorwürfen wich Strunk aus, indem er mitteilte, dass er eine Mobbing-Kommission eingerichtet habe, die alles untersuchen werde. Die Mobbing-Kommission klammerte den »Fall Hanna B.« wegen der laufenden staatsanwaltschaftlichen Ermittlungen aber sofort aus und behandelte ihn nicht.

Die Grünen-Fraktion stellte den Antrag, die im Saal anwesende Sabrina Neudeck zum Mobbing-Problem anzuhören, zumal sie auch aus eigener Erfahrung berichten könne. Der Antrag wurde von der SPD und der CDU mehrheitlich abgelehnt.

Polizeipräsident Strunk war als passabler Verwaltungsbeamter bekannt, aber es gab eloquentere Redner. Er zeigte schon gar nicht Emotionen. Manche seiner Zuhörer sehnten sich geradezu danach, dass er endlich einmal aus der Haut führe, dass er Freude, Mitleid oder Zorn offenbarte. Es war ihm nicht gegeben. Selbst dann, wenn ihm vermutlich etwas nahe ging, vermittelte er den Eindruck, dass Empfindungen an ihm abperlten. Ein fürsorglicher Polizeipräsident hätte zum Beispiel am Tag nach dem Tod in Ludwigsburg angerufen und der Mutter ein paar tröstende Worte gesagt. Diese Schwächen waren nicht zu übersehen und veranlassten auch den Abgeordneten der SPD zu sagen: »Herr Polizeipräsident, ich sage das mit einem gewissen Unbehagen: Ihre Schilderung hier hat am Ende doch einen herzlosen Eindruck hinterlassen.«

Strunk weigerte sich, Hannas Mutter zu empfangen. Als sie ihn das erste Mal anrief, sagte sie ihm klipp und klar, dass Hanna von Niebergall, Skinny, Fritz Arnold und dem Revierführer Rumpf in den Tod getrieben worden sei, jeder habe auf seine Art dazu beigetragen. »Herr Dr. Strunk, diese Leute haben mein Kind auf dem Gewissen, ich gebe keine Ruhe, bis sie bestraft sind.« Außerdem werde sie niemals die Version dulden, Hanna sei psychisch krank gewesen. Er versuchte, ihre Argumente zu entkräften, sie fragte ihn: »Woher nehmen Sie das Recht, über einen Menschen zu urteilen, Sie haben unsere Tochter nie gekannt, nie gesehen, nie gesprochen? Woraus wollen Sie denn schließen, dass sie psychisch krank war?«

Das zweite Telefonat kam nach einem Fernsehinterview zustande, bei dem er wiederum erklärt hatte, Hanna sei psychisch auffällig gewesen. Hannas Mutter rief ihn sofort danach an und widersprach ihm aufs Schärfste. Seine Antwort: »Sie wissen ja, wie diese Leute der Presse es darstellen, nämlich, wie sie es gerne hätten.« Elisabeth Büttner machte ihn darauf aufmerksam, es seien doch seine eigenen Worte gewesen. Daraufhin erklärte er aufgebracht, er habe die Sendung selbst noch nicht gesehen und müsse das prüfen. Dann legte er auf. Weitere Versuche, ihn an den Telefonapparat zu kriegen, scheiterten, weil sein Vorzimmer stereotyp erklärte, der Herr Präsident befände sich in einer Besprechung.

»Die Taktik ist mir völlig klar«, Elisabeth Büttner zählte an den Fingern auf: »Erstens nichts zugeben, sondern vertuschen. Zweitens das Opfer für unzurechnungsfähig erklären. Drittens ist wohl auch im Elternhaus nicht alles in Ordnung gewesen. Viertens muss ebenfalls die Mutter einen Dachschaden haben, so wie die sich verhält. Und fünftens könnte man noch hinzufügen, dass die mobbenden Beamten befördert werden.«

»Das kann ja wohl nicht wahr sein, dass man Sie in die Sache reinzieht«, empörte sich jemand. Elisabeth Büttner blieb ganz gelassen. »Ich bin eine Mutter, die kein Blatt vor den Mund nimmt und die nicht locker lässt, bis die Wahrheit auf dem Tisch liegt. Scheinbar werde ich als gefährlich eingeschätzt. Mir hat neulich jemand geraten, ich solle die Radmuttern überprüfen, bevor ich mit meinem Auto wegfahre. Mehrfach kamen bei uns zu Hause diese Schweigeanrufe an, man nimmt lediglich wahr, dass jemand atmet. Einmal habe ich im Hintergrund ganz leise den Polizeifunk gehört, da muss eindeutig aus einer Polizeiwache heraus telefoniert worden sein. Es wurde ganz klar gesagt: ›Berolina 701, fahren Sie die Dienststelle an.‹ Eine andere Stimme sagte: ›Horch, wie verfahren wir in diesem Fall?‹ Dann wurde aufgelegt. Man wollte mich ganz offenbar wissen lassen, wer am anderen Ende der Leitung saß. Aber mir wurde auch schon ganz offen gedroht. Frau Holzhauer vom Psychologischen Dienst sagte am Telefon: ›Was glauben Sie denn, wenn Sie keine Ruhe geben, müssen Sie mit ein paar Gutachten rechnen, dann werden Sie schon sehen, wie weit Sie mit Ihrer Tochter kommen.«

»Was für Gutachten?« fragte Max.

»Ich nehme an, sie meinte Gutachten über Hanna, die sie für unzurechnungsfähig erklären sollten. Vielleicht auch Gutachten über mich, wer weiß. Es bedeutet doch dann nur noch einen kleinen Schritt, auch mich zwangsweise vorzuführen und auf meinen Geisteszustand hin zu überprüfen, ich halte das nicht für völlig ausgeschlossen.«

Frau Büttner sprach Rolf Koller direkt an: »Ich habe zu Ihrem Pressesprecher gesagt: ›Ich bin sehr erstaunt, dass ich von Euch noch keinen Termin beim Psychiater bekommen habe.‹«

Koller blieb stumm.

»Ich muss sagen«, fuhr Frau Büttner fort, »die Methode der Polizeiführung hat durchaus Erfolg. Selbst Hannas beste Freundin soll vor kurzem gesagt haben: ›Was willst du, sie war sowieso psychisch krank.‹ Die behördliche Zersetzungsstrategie zeigt also Wirkung. Wir als Angehörige müssen uns rechtfertigen, nicht etwa die Mobber.«

Die öffentliche Auseinandersetzung folgte fast schon eingefahrenen Ritualen. Als Antwort auf einen Fernsehauftritt der Elisabeth Büttner veranstaltete die Polizei eine Gegen-Pressekonferenz. Frau Büttner war rechtzeitig von Sabrina informiert worden, erschien völlig überraschend und verdarb dem Pressesprecher gründlich das Konzept. Der Pressesprecher ließ zwei Schutzpolizistinnen auftreten, die über ihre Arbeit berichteten und aussagten, sie seien mit ihrer Arbeit sehr zufrieden, pflegten einen normalen Umgang mit ihren männlichen Kollegen und seien noch nie gemobbt worden. »Ja, Gott sei Dank!« rief Frau Büttner dazwischen, »das wäre ja furchtbar, wenn alle so leiden müssten wie meine Tochter. Das habe ich auch nie behauptet, wie käme ich denn dazu. Ich weiß doch selbst, dass nur ein Viertel von Mobbing betroffen ist. Ich komme auch gar nicht auf die Idee, die ganze Polizei schlecht zu machen, es geht einzig um die schwarzen Schafe.« Plötzlich stand Mutter Büttner im Mittelpunkt der Veranstaltung, und die Kameraobjektive richteten sich nur noch auf sie, so hatte sich das der Pressesprecher nicht vorgestellt.

Es war aber auch eine harte Prüfung für Elisabeth Büttner, denn sie wurde auf der Pressekonferenz mit der polizeilichen Chefpsychologin Holzhauer konfrontiert, mit Schaudern dachte sie daran zurück. Sie musste sich mit aller Gewalt zurückhalten und redete sich ein, wie schädlich es sei, wenn sie sich jetzt nicht kontrollierte. Dass Hanna angeblich unter Verfolgungswahn leiden sollte, diese Unterstellung hatte sie schon früher gehört und fragte sich, wie eine wissenschaftlich ausgebildete Frau Hannas Notizen so falsch interpretieren konnte. Was bildete sie sich eigentlich ein zu behaupten, Hanna sei tablettensüchtig gewesen, das war die neueste Unverschämtheit. Und eine weitere Frechheit fügte die Psychologin hinzu: Hanna zeigte Übermotivation.

Das Ehepaar Büttner revanchierte sich für die Polizeipressekonferenz mit einem offenen Brief, den sie allen Medien zuleitete. Darüber hinaus ging Hannas Mutter wenige Tage später zu einer Sitzung des Petitionsausschusses im Abgeordnetenhaus und stellte sich am Ende der Sitzung an den Ausgang. Sie nannte ihren Namen, als Strunk den Konferenzraum verlassen wollte, er reagierte überrascht, behauptete aber schnell, er müsse sofort zu einer Pressekonferenz und eilte davon. Elisabeth Büttner hatte aber gesehen, dass sein Mantel noch an der Garderobe hing. So blieb sie neben dem Mantel stehen, bis der Polizeipräsident nach etwa fünfzehn Minuten – scheu um sich blickend – wieder auftauchte. Die Begegnung hatte komische Züge, auch wenn es Hannas Mutter bitter ernst war. Er reagierte konsterniert im Anblick der kleinen, dunkel gekleideten Frau, die seinen Mantel bewachte. Natürlich brachte diese erzwungene Auseinandersetzung nichts. Als ihm Elisabeth Büttner lautstark vorwarf: »Hanna baute Stück für Stück ab, während Sie gemütlich in Ihrem Büro saßen, aber heute trampeln Sie auf den Gefühlen der Angehörigen herum«, stürmte er mit seinem Mantel über dem Arm die Treppe hinunter. Hannas Mutter blieb mit einem Gefühl des Triumphes zurück.

Mit Misstrauen verfolgte Heiko die Debatte innerhalb und außerhalb der Polizei. Selbstverständlich hatte er alle Ausgaben der B.A. gesammelt, wieder und wieder gelesen. JUNGE POLIZISTIN ZU TODE GEMOBBT. Manchmal wusste er gar nicht mehr, was sich zugetragen hatte, und alles ging in seinem Kopf durcheinander. Dann zählte auch er sich zu den Mobbern. Er gehörte zum Mob der Polizei, war Teil des Pöbels, fühlte sich als schmutziger Polizist, war zu jeder Gemeinheit fähig. Er hatte versagt. Alle hatten versagt: der Personalrat, die Polizeigewerkschaft, die Vorgesetzten sowieso. Alle heulten mit den Wölfen, drängten als Masse die Außenseiterin an den Abgrund – bis sie sprang. Einige von der A-Schicht haben sogar geweint. Nicht der Niebergall, nicht der Skinny, nicht der Fritz. Auch Heiko hatte geweint. *Ich bin schuld am Tod der Hanna.* Der Satz war nicht auszulöschen. Immer wieder sprang er in sein Gedächtnis, mitten zwischen seine Gedanken. Wenn er sich durch rationale Überlegungen vom Gegenteil überzeugen wollte, verblasste die Schuld etwas, wurde daraus eine Mitschuld. Aber es blieb ein belastendes Gefühl, das ihn niederdrückte – bis heute.

Heiko glaubte dem Innensenator kein Wort, als er über die Presse anbot, jedes Mobbing-Opfer könne sich an ihn persönlich wenden. Das war nicht ehrlich gemeint, sondern auf politische Effekthascherei aus. Denn dem Innensenator war selbstredend klar, dass der kleine Polizeiobermeister, der sowieso schon durch Mobbing mit seinem Selbstwertgefühl am Ende war, nicht den Mut aufbrächte, in die gediegenen, durch Teppichboden schallgedämpften Gemächer des Senators vorzudringen. Nein, Polizisten und

Polizistinnen des mittleren Dienstes hatten dort nichts verloren.

Mitglieder des Polizeiarbeitskreises der CDU wurden in der Zeitung zitiert. »Die Vielzahl der Mobbing-Fälle und die Dramatik jedes Falles hinterlassen bei uns ohnmächtige Wut. Kollegen werden schikaniert, verleumdet und als Störenfried abgestempelt. Der Polizeiarzt wird eingeschaltet und erstellt fragwürdige Gutachten. Endstation fast immer Frühpensionierung.« Nanu, dachte Heiko, die CDU macht Front gegen die CDU, das war etwas Neues. Es dauerte nicht lange, bis der CDU-Innensenator, der sich so vehement gegen Mobbing einsetzen wollte, zuschlug: Die Sprecherin des Arbeitskreises wurde abgewählt – das war Sabrina Neudeck. Sollte sich Heiko darüber empören oder es für einen alltäglichen Vorgang halten, sozusagen für eine Rückgewinnung der Normalität? Er wusste es nicht.

Da konnte er sich schon eher mit dem Antrag der SPD anfreunden, die forderte, dass die starren Polizeistrukturen aufgebrochen werden müssten, was nur ein von der Polizei unabhängiges Gremium leisten könne. Aber wenn das alles wirklich einmal auf den Prüfstand käme, wie sähe er selbst aus? Wie käme er aus der Sache heraus?

Inzwischen wurde in den Medien eine zweite Lesart kolportiert, in einer Zeitung stand zu lesen: »Wahrheit ist eine Frage des Blickwinkels. Denn es gibt eine zweite Version, von Mitgliedern der Polizeigewerkschaft und von hochrangigen Polizeibeamten dargestellt – aber nicht gedruckt. Die junge Frau sei gemütskrank gewesen, eine unglückliche Liebesaffäre im Kollegenkreis habe sie seelisch belastet.« Hier wurden falsche Spuren gelegt, die von einer Schuld der Dienststelle ablenken sollten. – Innerhalb des Kollegenkreises machte ein ganz anderes Gerücht die Runde: Vor längerer Zeit sei eine junge Polizistin auf einem Gruppenfahrzeug von mehreren Beamten vergewaltigt worden. Sie sei ein Jahr später freiwillig aus der Polizei ausgeschieden. Eine Anzeige habe sie nie erstattet, weil sie glaubte, nichts hätte beweisen zu können. Wo Rauch ist, ist auch Feuer, dachte Heiko und hielt diese ungeheuerliche Sache für durchaus glaubhaft. Bei der Polizei ist nichts unmöglich, fand er, Polizisten mordeten mit einer Axt, überfielen eine Bank mit der Dienstwaffe und dealten Kokain, warum also nicht auch das?

Der Kongress näherte sich dem Abschluss, und Rolf Koller hatte das Gefühl, seinen Auftrag noch nicht erfüllt zu haben. Er gab sich einen Ruck und begann, wie ihm aufgetragen, Auszüge aus dem Mobbing-Bericht der Polizeiführung auszuteilen.

In der Tat war die Einrichtung der Mobbing-Kommission ein grandioser Einfall Strunks oder seiner Berater. Seit es die Kommission gab, ging es Strunk wieder gut. Als politischer Beamter konnte er nie ganz sicher sein, ob nicht irgendein Skandal ihn zu Fall brachte. Eigentlich hätte das im »Fall Hanna B.« geschehen können, aber mit Einrichtung der Mobbing-Kommission erweckte er den Eindruck, dass alle Missstände untersucht und offengelegt würden.

Sabrina war davon überzeugt, dass niemand, auch nicht der Polizeipräsident, der Kommission Vorgaben gemacht hatte. Das hätte sich Strunk nicht erlauben können, doch wusste Sabrina, dass die Dinge subtiler liefen. Zum Kommissionsleiter bestimmte er seinen Stabschef. Das war der engste Mitarbeiter des Präsidenten, sein Vordenker, der mit dem Chef auf einer Linie lag. Beide nahmen Einfluss auf die Auswahl der Kommissionsmitglieder, die so beschaffen waren, dass sie den Vorgaben der Polizeiführung folgten. Auch wenn es nie ausgesprochen wurde, gab es doch den allgemeinen Wunsch: Am besten wäre es, wenn es überhaupt kein Mobbing bei der Polizei gäbe. Dann wäre der ganze Ärger vom Tisch, und sämtliche Vorwürfe würden wie eine Seifenblase platzen.

Genauso kam es. Ein solches Ergebnis zu erreichen war nicht ganz einfach, denn es gab den »Fall Hanna B.« und Sabrinas eigene Geschichte, beide Fälle mit sehr eindeutigen Mobbing-Tatbeständen. Mit dem Kunstgriff, dass die laufenden staatsanwaltschaftlichen Ermittlungen Vorrang hätten, klammerte die Kommission beide Fälle aus und behandelte sie nicht mehr, obwohl die Kommission wegen des »Falles Hanna B.« überhaupt eingerichtet worden war.

Ferner fasste die Kommission die Kriterien für Mobbing so eng, dass der Begriffsbestimmung nach so gut wie kein Fall mehr darunter fiel. Untersucht wurden zwar dreiunddreißig Fälle, doch schloss man durch Definitionstricks Mobbing aus, wenn es sich um sexuelle Belästigung handelte – obwohl sexuelle Belästigung und Mobbing spätestens dann nicht mehr getrennt werden können, wenn sich das Opfer gegenüber dem Belästiger weigernd verhält. Auch durch die Zeitvorgabe, dass sich Mobbing über mindestens ein halbes Jahr erstreckt haben müsse, wollte man sich des Problems entledigen. Tatsächlich kam es oft in viel kürzeren Zeitintervallen zu drastischen Mobbing-Vorgängen.

Die hochrangige Besetzung der sieben Kommissionsmitglieder, von denen eine im Range eines Vizepräsidenten und fünf Direktoren waren – die einzige Frau hatte bezeichnender Weise einen niedrigeren Dienstgrad – verhinderte, dass sich Opfer dieser Einrichtung anvertrauten. Stattdessen meldeten sich etwa dreißig von Mobbing Betroffene bei dem CDU-Polizeiarbeitskreis. Dies wurde dem Kommissionsleiter übermittelt, der wegen der Vorgehensweise und der inhaltlichen Details zurückrufen wollte, was aber nie geschah – ein sicheres Indiz dafür, wie die Kommission ohne Eifer und Aufklärungswillen ihre Arbeit erledigte. Weitere Opfer wandten sich an *Pro Police*, doch dem Verein gelang es ebenfalls nicht, die Kommission für diese Fälle zu interessieren. *Pro Police* bemängelte die Inkompetenz der Kommissionsmitglieder, deren einzige Qualifikation darin bestand, Angehörige des höheren Dienstes zu sein.

Zwei der dreiunddreißig Fälle erkannte die Kommission tatsächlich an, sie ereigneten sich allerdings bei der Verwaltung. 15 695 Polizistinnen und Polizisten und 3068 Kriminalistinnen und Kriminalisten, die alle in der Bundeshauptstadt Dienst verrichten, waren demnach frei von Mobbing! Sabrina konnte es kaum glauben und beobachtete, wie der Polizeipräsident im Innenausschuss zufrieden in dem von ihm in Auftrag gegebenen Mobbing-Bericht blätterte, er hatte sein politisches Ziel erreicht.

Rolf Koller erwartete Widerspruch und beschloss, dazu zu schweigen, denn er glaubte selbst nicht an das offizielle Ergebnis. Einzig Sabrina ergriff kurz das Wort: »Der Mobbing-Bericht ist das Papier nicht wert, auf dem er gedruckt ist. Ich möchte nur eine Zahl nennen, die vom Leiter der Polizeilichen Sozialbetreuungsstelle stammt, der völlig unverdächtig ist, weil er im Allgemeinen mit der Behördenleitung gut zusammenarbeitet. Dieser Mann erklärte im ZDF und in 3Sat, dass inzwischen etwa 50 % aller Betreuungsfälle Mobbing-Opfer sind. Also 330 Fälle von jährlich 660 Fällen. Nur am Rande möchte ich erwähnen, dass ein Mitglied der Mobbing-Kommission selbst als Mobber beschuldigt wurde.«

Max dachte, dass sich die Opfer verhöhnt vorkommen mussten, dass die Mobbing-Kommission eine reine Alibi-Veranstaltung war und dass so eben Politik gemacht wurde – aber er sagte nichts, weil er es für sinnlos hielt. Dieser ganze Kongress schien ihm plötzlich nutzlos, denn was auch immer hier gedacht, gesprochen oder geplant wurde, diejenigen, die das Sagen hatten, machten ja doch, was sie wollten. Wie hatte doch Strunk im Innenausschuss so schön gesagt: »Mobbing wird bei der Polizei bereits strukturell verhindert, weil sich jeder an seinen Vorgesetzten wenden kann.«

10

Heiko wusste nicht, wo ihm der Kopf stand. Er wollte gerne noch mit Hannas Mutter reden. Außerdem hatte er bereits Sabrina ein Gespräch zugesagt. Und zu allem Überfluss bat ihn dieser Journalist vom BERLINER ECHO, mit dem er niemals warm werden könnte, erst um Feuer für seine Pfeife und fragte anschließend, ob sie sich nicht unterhalten könnten. Was wollten die alle von ihm? Sabrina Neudeck war ihm unheimlich, die durchschaute jede Ausrede, ertappte eine Lüge bereits im Ansatz. Er wollte aber nicht in die Enge getrieben werden, das besorgte er sich schon ganz alleine, davon hatte er die Nase voll. Und dieser Max war ihm alleine wegen seiner politischen Einstellung zuwider. Der brauchte die Polizei, um seine Aggressionen abzuarbeiten. Den sah er auf einer Ebene mit den Leuten bei *amnesty*, die alle die Weisheit gepachtet hatten und niemals den Polizisten auf der Straße mit seinen Problemen verstehen konnten.

Max dachte darüber nach, wie Heiko Kaiser reagiert hatte. Die Zusage zu einem Gespräch klang so halbherzig, dass eigentlich nichts dabei herauskommen konnte. Irgendetwas stimmte mit Kaiser nicht.

Elisabeth Büttner war mit dem Ablauf des Kongresses ganz zufrieden, sie hatte alles sagen können, was ihr wichtig war und dafür offene Ohren gefunden. Sie wusste längst, dass ihre einzige Waffe die Öffentlichkeit war. Morgen würden die Zeitungen berichten, und das war gut so. Außerdem wollte sie nachher ein Radioreporter interviewen, und gerne hätte sie sich noch mit Heiko Kaiser unterhalten. Er versah mit Hanna Dienst, er hatte ihr Kind in vielen Situationen erlebt, da interessierte sie noch das eine oder andere Detail.

Wieder dache Heiko an Flucht. Diesen Saal sofort zu verlassen war eigentlich sein stärkstes Verlangen. Er hatte nun das Gefühl: Alle wollen etwas von ihm. Aber wie stehe ich dann da? Sogar Hannas Mutter konnte er nicht alles sagen, was er wusste. Und sie hatte es doch verdient, dass er ehrlich zu ihr war. Er konnte nicht ehrlich sein, ohne dass es strafrechtliche Konsequenzen hatte, zu niemanden. Das war schlimm. Und dann der »Förster vom Silberwald«, der schon sein halbes Notizbuch voll geschmiert hat. Doch selbst wenn der Spion dort nicht säße, bliebe die Presse ein unüberwindbares Hindernis. Und außerdem die Kollegen! – Was er da von dem Redner hörte, dass Führungskräfte qualifiziert werden müssten in Richtung eines Konfliktmanagements, das war doch Unfug. Einer wie Niebergall war nicht veränderbar und hatte noch zwanzig Dienstjahre vor sich. Und solche Niebergalls gab es viele, die wiederum Nachwuchs heranzogen, das war eine Schraube ohne Ende. Schon wahr, die meisten Vorgesetzten waren anders, und Fehler wurden oft nicht aus Böswilligkeit, sondern aus Hilflosigkeit begangen. Sie hatten es so gelernt: Die Polizei kann alles und macht alles alleine, sie braucht keine externe Unterstützung und lässt sich nicht in die Karten schauen. Niemals würde ein Vorgesetzter, der in Schwierigkeiten kommt, jemanden um Hilfe bitten, denn das würde ihm als Versagen angekreidet. Also wurschelt er sich schlecht und recht durch und deckt das Mobben, das Schlagen, die sexuellen Schweinereien oder die Korruption. Dass Giovanni seine Pizzen zum halben Preis lieferte, machte er doch nicht aus Liebe zur Polizei, denn er wusste ganz genau, welchen Einfluss das 19. Revier auf die Konzession hatte, solange nicht seine Vorstrafe wegen Körperverletzung im Strafregister gelöscht war. Das war ein ungeschriebener Vertrag zwischen ihm und Niebergall und den anderen Schichtführern. So lief das eben, Tag für Tag und immer weiter.

Am meisten hatte Sabrina heute der Vorschlag beeindruckt, den Mobbing-Begriff auf seelische Folter zu erweitern. Und richtig klar war ihr erstmals geworden, dass man externe Hilfe brauchte, weil man alleine aus dem Teufelskreis nicht herausfand. Sie hatte bis heute keinen Betreuer, und ihrem Rechtsanwalt entwarf sie alle Schriftsätze. Im Grunde focht sie alles alleine aus – und ruinierte ihre Nerven. Oder auch nicht, denn für manche wird es zum Lebensinhalt, sich mit der Behörde herumzuschlagen. War das ihre Methode? Wahrscheinlich, aber sie hatte doch auch ein Bedürfnis nach Frieden und Ruhe. Was wäre, wenn es nichts mehr zum Kämpfen gäbe, fiele sie dann in ein Loch? Und falls die Feinde von der Bildfläche verschwänden, blieben dann Freunde? Doch, da gab es einige, die sie mochten. Jedoch war ihr das Urvertrauen geraubt worden, dieser Schutz und die Sicherheit, die in einer Familie den Ursprung haben und sich fortsetzen in einer neuen Familie, die man selbst irgendwann gründet – nach dieser Normalität hatte sie eine unstillbare Sehnsucht.

Die abschließende Diskussion verlief sehr lebhaft. Eine Mehrheit schien der Ansicht zu sein, dass es sich bei den meisten Mobbern um dienstältere Beamte handelte, die zu Übergriffen neigten. Die Vertreter dieser Meinung hielten die Vätergeneration für verantwortlich, die Gehorsam und

Drill gelernt hätte, aber auch mangelnde Zivilcourage. Die Wurzeln reichten zurück in die Nazi-Zeit und hatten Ursachen im Schweigen der Eltern gegenüber ihren Kindern nach dem Kriege, die die Verbrechen des Nationalsozialismus Vergessen machen wollten. Dem hielten andere ihre Erfahrung in Ausbildungsabteilungen und bei der Bereitschaftspolizei entgegen, dass dort von Jüngeren auf die Schwächeren eingehackt werde, auf solche, die anders waren, zum Beispiel eine andere Religion oder eine andere sexuelle Orientierung hatten.

Rolf Koller gestand sich ein, dass er die Erwartungen nicht erfüllt hatte, die Polizeirat Rumpf in ihn setzte. Den SEK-Einsatz zum Beispiel hielt Koller nicht für gerechtfertigt, der war eine Nummer zu groß. Trotzdem hatte er aus der staatsanwaltschaftlichen Einstellungsverfügung zitiert: »Es gibt nichts, aus dem sich herleiten ließe, das Handeln der Polizei in Berlin habe den Krankheitszustand verstärkt, verlängert oder sie sogar in die Selbsttötung getrieben.«

Nicht immer hatte Koller alles gesagt, was er dachte. Denn für ihn war sonnenklar, dass sich niemand umbringt, der bei Verstand ist. Nach seiner Meinung konnte Hanna B. nicht mit dem rauen Alltag bei der Polizei umgehen und auch nicht eigene Schwierigkeiten verkraften. Es hatte doch keinen Zweck, die Schuld dauernd bei anderen zu suchen. Ob sie nun Wahnideen hatte oder manisch-depressiv war, wie sie die Mutter zuletzt erlebte – er wusste es nicht. Aber es entsprach doch ihrer Persönlichkeit, alle diese Probleme zu produzieren. Die Mutter war es, die Ursache und Wirkung verwechselte. Wenn Hanna so kompliziert, so dünnhäutig war, dann hätte sie einen schöngeistigen Beruf ergreifen sollen, statt sich mit Nutten und Pennern rumzuschlagen. Sie hätte ganz einfach gehen sollen, ohne Aufhebens und mit der Einsicht, dass sie jedenfalls bei der Polizei fehl am Platz war. Man konnte doch nicht mit solchen Leuten die öffentliche Sicherheit und Ordnung aufrechterhalten, auch nicht mit den *Kritischen Polizisten*, die hatten doch alle ihre Neurosen. Die Absicht, Hanna B. in die KBON einzuliefern, hielt er nach wie vor für richtig. Wäre sie dort ein paar Wochen geblieben, hätte ein paar bewährte Psychopharmaka geschluckt, dann würde sie heute noch leben. Daran sah man doch, wie dubios das alles war.

Im Moment war Koller nicht klar, was er in seinem Bericht schreiben sollte. Denn wenn Rumpf das Papier an den Polizeipräsidenten gab – und davon konnte er ausgehen – war es eine gute Gelegenheit, auf sich aufmerksam zu machen. Formulierungen waren seine Stärke, schon gar bei diesem Thema. Sollte er zum Beispiel schreiben, dass Frau Neudeck hinter jedem Vorgesetzten einen Mobber sah? Dem Max vom BERLINER ECHO würde er gerne einen Denkzettel verpassen. Und was sollte mit Heiko Kaiser geschehen?

Ein Hamburger Staatsanwalt sagte: »Da werden oft die Verhältnisse in Diktaturen angeprangert, als lebten wir auf einer Insel der Seligen. Auf dem flachen Land mag es ja anders sein, aber in Großstädten, wie zum Beispiel in Hamburg, gibt es mafiose Strukturen innerhalb der Polizei: Zeugenabsprachen, Nötigung, Abschottungsprinzip.« Heiko hörte nur halb hin, er fühlte sich als Teil dieser Mafiafamilie. Und er empfand Angst. Angst vor der A-Schicht, Angst vor einem Gespräch mit Sabrina und Max, sogar Angst vor Hannas Mutter, denn wie sollte er ihr unter die Augen treten? Angst auch vor dem Bericht, den Koller vorlegen würde. Wie sollte es mit ihm weitergehen? Er hatte sich strafbar gemacht und konnte es sich nun aussuchen, was schlimmer war: irgendwann selbst vor Gericht zu stehen, weil die Bombe hochging, oder erpressbar zu bleiben, unter der Herrschaft von Niebergall und seinen Kumpanen, die zu viel wussten. Er war es so unendlich leid, immer mit den Wölfen heulen zu müssen. Außerdem befand er sich am Anfang der Mobbing-Spirale, sie begann sich bereits zu drehen, und er konnte nichts dagegen tun, sie hatten ihn in der Hand. Wechselte er die Schicht, eilte ihm der Ruf des Kollegenschweins voraus; gleichfalls in einem anderen Revier. In ein anderes Bundesland konnte man sich nur mit viel Glück bewerben, falls man einen Tauschpartner fand. Aber selbst dazu fehlte ihm der Mut.

Rechtsanwalt Siegfried sprach sein abschließendes Statement, Heiko horchte auf: »Das Trauma muss überwunden werden. Sobald ich jemandem Hoffnungslosigkeit vermittele, entwickelt er keinen Kampfeswillen zur Überwindung der seelischen Erschütterung, dann wird er jahrelang damit befasst sein. Ich sehe meine Aufgabe darin, die Psyche des Opfers zu stützen.« – Ob ich nachher einmal mit Siegfried spreche? fragte sich Heiko. Ich fresse immer alles in mich hinein. Jeder Sachverständige hat heute den Ratschlag gegeben, dass man Hilfe braucht, die nur von außerhalb der Polizei kommen kann. Und eigentlich will ich ja kämpfen, möchte ich mich befreien. In der vorletzten Nacht hatte ich einen leichten Asthmaanfall, ich bekam Panik, es darf so nicht weitergehen.

»Sobald einer angefangen hat zu kämpfen«, fuhr Siegfried fort, »sage ich ihm: Wir steigen jetzt in den Ring – k.o. gehen wir nicht, aber wir werden vermutlich nach Punkten verlieren. Trotzdem hauen wir denen ein paar Veilchen rein, dass sie überhaupt keine Lust mehr verspüren, uns zu attackieren.«

Heiko atmete ganz tief ein und dehnte seine Brust. Ja, ich möchte denen ein paar Veilchen reinhauen! Ich will mich endlich wehren! Ich muss aus dieser Passivität raus. Selbst wenn mir Konsequenzen drohen, ist alles andere tausendmal schrecklicher.

»Wer bereit ist in den Ring zu steigen und die zwölf Runden durchzustehen, der kann nachher auch mit der Vergangenheit abschließen. Dann ist der Punkt erreicht sich sagen zu können: Wir haben dem Gegner gleichfalls ein paar kräftige Schläge verpasst! Jetzt können wir uns zurückziehen, denn der lässt uns künftig in Ruhe.« Heikos Herz schlug schneller.

»Das Opfer ist dann stabilisiert und kann wieder zukunftsorientiert denken und handeln«, schloss Siegfried seine Ausführungen.

»Und es braucht nicht mehr mit der Lüge zu leben«, sagte plötzlich Heiko laut in den Saal hinein und wunderte sich über sich selbst, als einige den Kopf nach ihm umdrehten.

In diesem Moment stand Heiko auf. Tausend Gedanken schwirrten ihm durch den Kopf, sie mündeten in großer Angst und gleichzeitig im Mut der Verzweiflung. Langsam ging er vor zum Mikrofon und hatte dabei das Gefühl, dass er es selbst war, der neben diesem Heiko schritt, der sich durch den Gang bewegte. Er wusste plötzlich ganz sicher, dass er alles auf eine Karte setzte, dass es nach diesem Entschluss keinen Weg zurück gab.

»Ich möchte noch etwas sagen.« Fast stockend kamen die Worte über seine Lippen, überwanden aber gleichzeitig seine Beklemmung. »Ich möchte ein Geständnis ablegen, wie wir es bei der Polizei bezeichnen. In aller Öffentlichkeit. Ich gestehe Meineid, Körperverletzung im Amt und Strafvereitelung im Amt begangen zu haben, und ich gestehe an Mobbing, an sexueller Belästigung beteiligt gewesen zu sein.« Jetzt war es raus. »Ich heiße Heiko Kaiser und bin Polizeiobermeister im 19. Polizeirevier hier in Berlin. Ich gehöre der A-Schicht an.«

Rolf Koller klappte sein Notizbuch auf. Alle Zuhörer sahen Kaiser an. »Es ist mir eine Last auf der Seele, und ich will nicht mehr mit der Lüge leben – wie ich schon sagte – vielmehr will ich Schaden wieder gutmachen. Und ich will raus aus dem Karussell der Gewalt. Ich will endlich einmal alles sagen, ich will keine Geheimnisse haben, ich will abends in dem Gefühl einschlafen, ehrlich zu sein. Für das, was ich gemacht habe, bin ich verantwortlich. Dafür übernehme ich eine Strafe, aber ich will einen Schlussstrich ziehen. Ich will sagen können, dass es mir Leid tut. Und ich will demnächst ein anderes Leben jenseits der Polizei führen.«

Wie gebannt blickten alle auf Heiko, dessen Wangen glühten. Sabrina hatte sich auf ein Schlusswort vorbereitet. Jetzt legte sie das Manuskript beiseite, denn sie wusste, dass jemand anderes ihren Part übernahm, dass dieser Kongress mit einem Knall endete. Und sie wusste, dass das gut so war.

Heiko fuhr fort: »Es war das Steckenpferd meines Wachleiters Niebergall: Vietnamesen abfischen. Die Zigarettenhändler-Pest bekämpfen, die Schlitzaugen, die Vietkongs, die Hampelmänner aus Hanoi. Wenn sie Skinny nur sahen, rannten sie wie um ihr Leben. Wir waren Spitze, das A und O des Reviers, führten die Festnahmequote an. Alle fanden das gut, vor allem Polizeirat Rumpf. Er wollte Blankenburg frei von unverzollten Zigaretten haben. Er wollte als erster

Berliner Revierleiter diese Meldung abgeben. Er stellte die A-Schicht besonders heraus und belobigte sie. Und eines Tages war Blankenburg tatsächlich frei von unverzollten Zigaretten. Blankenburg war vietnamesenfrei wie früher einmal, da galt es als judenfrei.

Wir haben auf sie Jagd gemacht, wenn kein anderer Auftrag vorlag. Oft aus Langeweile. Meine Kollegen weideten sich daran, wenn die Vietnamesen Angst zeigten. Die hatten sie immer, sie waren ja in jeder Beziehung unterlegen, vor allem körperlich. In meiner Fantasie malte ich mir aus – fast war es eine Hoffnung – dass sie sich alle verabreden, zu Hunderten, um dann in das 19. Polizeirevier einzudringen, durch alle Fenster und Türen, wie ein Heuschreckenschwarm in Afrika. Und sie hätten Niebergall, Skinny und Arnold grün und blau geschlagen. Und weil sie für uns alle gleich aussehen, wäre keiner zu identifizieren gewesen. Aber es spielte sich genau das Gegenteil ab, wir stellten die Übermacht dar. Skinny machte es rasend, dass sie so devot waren, dass sie ihn nicht anschauten, ihm nicht in die Augen sahen. Jedenfalls beschrieb er so seine Aggression. Und Niebergall meinte, die wären von Hause aus sowieso nichts Besseres gewöhnt, in Vietnam hätten sie erst ihre Schläge gekriegt, dann seien sie gefoltert worden und anschließend in ein Arbeitslager gekommen – wir seien so blöd und müssten sie immer wieder laufen lassen. Dieser Frust! Kaum war einer bei uns entlassen, eine halbe Stunde später stand das Schlitzauge schon wieder an der Ecke und verkaufte Zigaretten.

Eigentlich hätte es bei einem läppischen Zollvergehen gereicht, ihre Personalien festzustellen, soweit sie einen festen Wohnsitz besaßen. Die Endverkäufer sind ja fast alle hier gemeldet, nicht natürlich die Drahtzieher des Handels und die Schutzgelderpresser, die leben in Polen oder

Tschechien. So ein armes Schwein muss ja bis zu tausend Mark im Monat an die Zigarettenmafia zahlen. Die Reviere sind genau eingeteilt, wer nicht aufpasst, kommt einer Konkurrenzbande ins Gehege, dann ist er ganz schnell ein toter Mann. Die Killerkommandos gehörten früher dem vietnamesischen Militär an, ihre Brutalität ist kaum zu überbieten. Die größte der Banden heißt »Quang-Binh«.

Ich werde die Bilder nicht los, besonders nachts, wenn ich nicht schlafen kann. Sie nannten Skinny in ihrer Sprache »rao cao«, was so viel wie »Glatzkopf« heißt. »Gib Gas!« trieb er mich an, es war in der Spätschicht am späten Nachmittag. Wir fuhren von hinten an das Kaufhaus heran, dann Vollbremsung, Skinny sprang aus dem Wagen und packte ihn, drückte ihm die Arme nach hinten, wobei der Vietnamese aufschrie. Skinny führte ihn sodann gewaltsam und grob in gebückter Haltung zum Streifenwagen. Vor dem Auto trat er ihn in den Rücken, worauf sein Opfer hinfiel. Er zog ihn hoch und stieß ihn in den Wagen. Ein Passant beschwerte sich, sprach von schweinischem Benehmen, worauf Skinny rief: »Gehen Sie weiter, die haben mehr Geld als Sie!« Im Auto boxte ihn Skinny in den Bauch- und Rippenbereich. Er setzte sich auf den Beifahrersitz, drehte sich aber während der Fahrt immer mal wieder herum und kniff den Festgenommenen in den Oberschenkel, was sehr schmerzhaft war. Im Nebenraum der Wache musste er sich nackt ausziehen. Er schrie ihn an: »Wo hast du das Geld?« und schlug ihm ins Gesicht. Aus Angst vor Schlägen traute sich der Vietnamese nicht zu antworten. Skinny fertigte eine Kopie der Aufenthaltserlaubnis und ließ ihn das Sicherstellungsprotokoll über drei Stangen Marlboro unterschreiben, dann entließ er ihn mit einem Tritt ins Gesäß. Manche machten sich bei der Festnahme steif und ließen sich nicht die Handfesseln anlegen. Skinny trat sie dann gegen das Schienbein, ich fand das brutal, er belehrte mich: »Du weißt genau, dass wir es im Sport als Ablenkungs- und Schocktechnik gelernt haben, also was willst du?« Im Nebenraum der Wache spielten sich schlimme Szenen ab, oft auch zur Gaudi der Kollegen. Ich weiß nicht, ob es einen sexistischen Grund hatte, dass sie sich immer völlig nackt ausziehen mussten, es handelte sich um eine Anordnung Niebergalls, »weil sie das Geld im Schlüpfer verstecken«, ganz bestimmt war es ein sadistisches Ritual. In einem Fall fand Fritz Arnold einen Lippenstift in der Jacke des Vietnamesen und bemalte ihm damit das Gesicht. Der Schichtführer entdeckte in einer Plastiktüte eines anderen Vietnamesen einen Damenslip und ließ ihn die Hose über seine Jeans anziehen, dann trommelte er alle Kollegen zusammen, und wir lachten uns kaputt. Oder Arnold ging mit einem Klappmesser auf einen nackten Vietnamesen zu, richtete das Messer gegen das Geschlechtsteil und drohte damit, es abzuschneiden. Einmal waren mehrere gleichzeitig sistiert, Skinny erschien mit einer Kamera und forderte die Nackten auf, die Mundwinkel zu einem Lächeln nach oben zu ziehen, dann fotografierte er sie. Skinny kettete sie obendrein mit Handschellen an die Heizung, ließ sie eine Stunde warten und entließ sie dann. Ein Zeuge sah, dass ein Vietnamese gekrümmt vor Schmerzen die Wache verließ. Der Zeuge wollte Anzeige erstatten und wurde von Niebergall unter Beschimpfungen davongejagt.

Ich habe niemanden geschlagen und mich auch nicht an den Entwürdigungen direkt beteiligt, aber ich habe es auch nicht verhindert und mich somit strafbar gemacht. Ich habe keine Anzeige gegen meine Kollegen erstattet, obwohl ich als Polizeibeamter dazu verpflichtet bin, und habe mich damit ebenfalls strafbar gemacht. Ein Rechtsanwalt zeigte Skinny an, Fritz, Geli und ich schworen einen Meineid. Das Verfahren wurde eingestellt trotz einer ärztlichen Bescheinigung, die dem Vietnamesen folgende Verletzungen attestierte: »Prellmarke Schädel links, Prellmarke linker neutraler Thorax und beidseitige Unterschenkel«. Nach unserer Version leistete der Vietnamese bei seiner Festnahme Widerstand, der gebrochen werden musste. Von seltenen Ausnahmen abgesehen, zollte die Bevölkerung dem 19. Revier Beifall, die Plage der vietnamesischen Zigarettenhändler beseitigt zu haben. Dass es sich bei den Vietnamesen um Untermenschen handelte, hat niemand gesagt, haben aber meine Kollegen und viele andere gemeint. Auch ich konnte sie nicht leiden.»

Man hätte eine Stecknadel im Saal fallen hören können, während Heiko mit fast monotoner Stimme erzählte. Für eine Sekunde bedauerte er, Geli genannt zu haben, aber dann war ihm auch das egal.

»Das war kein Einzelfall. Auch Stadtstreicher und Drogendealer wurden von uns ähnlich behandelt. Überhaupt Ausländer, mit Vorliebe Farbige. ›Lass uns die Rolle Dachpappe aufmischen‹, pflegte Skinny zu sagen. Seinen Polizeiknüppel bezeichnete er als ›schwarzen Dolmetscher‹.«

Und nach einer Atempause fügte Heiko hinzu: »Ich muss noch etwas über unsere Kollegin Hanna Büttner sagen. Es war nicht immer möglich, ihre Ansichten zu teilen, wie sie sich die Polizei vorstellte, aber sie hatte gute Ideen, über die man hätte diskutieren können. Wir aber haben nur mit strikter Ablehnung reagiert und sie beleidigt. Als es ihr immer schlechter ging, hat niemand Rücksicht auf sie genommen. Man konnte ihr die Sorgen ansehen, stattdessen sagte POM Schneider beim Dienstbeginn zu ihr: ›Wo warst du heute Nacht, aus deinen Augen schauen hundert Schwänze raus.‹ Oder Fritz Arnold beleidigte sie mit den Worten: ›Kein Arsch und kein Tittchen, siehst aus wie Schneewittchen.‹ Ich habe mich geschämt und ich werfe mir vor, nichts zu ihrem Schutz unternommen zu haben. Man nennt das, glaube ich, Täterschaft durch Unterlassen. Aber am meisten schäme ich mich ...« Heiko kam ins Stocken, es fiel ihm schwer, weiterzureden. Er fühlte, wie ihn Hannas Mutter jetzt anschaute und wusste nicht, wie er es über die Lippen bringen sollte. »Ich ..., also es geht um einen Vorfall auf der Wache ... Fritz Arnold hat vor Hanna seine Hose runtergelassen – auch die Unterhose – und sein Geschlechtsteil entblößt. Ich weiß, dass sie das schwer getroffen hat, während die halbe Schicht vor Vergnügen jaulte. Dem Revierleiter gegenüber haben es alle abgestritten – und ich habe geschwiegen. Fritz Arnold war so gemein zu sagen, dass das ›ein Produkt von Hannas verklemmter Fantasie‹ gewesen sein müsse. Ich schäme mich dafür und es tut mir Leid ...«

Heiko ging mit gesenktem Kopf zu seinem Platz zurück. Für ein paar Sekunden herrschte Stille, dann brach ein Tumult aus. Fast synchron zogen Max und Rolf Koller ihre Mobiltelefone aus der Tasche und begannen hektisch zu wählen.

Nachtrag:

In einer Monate später erschienenen Ausgabe des BERLINER ECHO war folgende Meldung zu lesen: »Polizeiobermeister Heiko Kaiser, der auf einem Kongress der *Kritischen Polizisten* zum Thema Mobbing ein spektakuläres

Geständnis abgelegt hatte, wurde gestern auf Grund seiner Selbstbezichtigungen vom Kriminalgericht Moabit zu einer Geldstrafe von 7200 DM verurteilt. Als Folge seiner Aussage waren mehrere Strafverfahren gegen Polizeibeamte eingeleitet worden, über die die Staatsanwaltschaft noch nicht abschließend entschieden hat. Nach seiner Kündigung bei der Berliner Polizei versieht er heute Dienst in einer Lüneburger Strafvollzugsanstalt.« *max*

Nachwort

Alles, was in diesem Buch über polizeiliches Fehlverhalten steht, hat sich irgendwo auf deutschen Polizeiwachen tatsächlich ereignet. Das betrifft seelische Grausamkeiten im Kollegenkreis gleichermaßen wie Menschenrechtsverletzungen gegenüber deutschen und ausländischen Bürgern. Traurige Berühmtheit erlangten in den letzten Jahren insbesondere die Großstadtpolizeien Berlin, Hamburg, München und Frankfurt a.M., während auf dem flachen Land die Polizei seltener durch Exzesse auffällt. Doch auch wenn die Fakten Realität sind, gilt es zu beachten, dass »nur« etwa jede vierte Polizistin Mobbing oder sexuelle Belästigung erlebt, also ein großer Teil der Frauen in der Polizei ihren Beruf mehr oder weniger zufrieden ausübt. Trotzdem bleibt Frauenfeindlichkeit im weitesten Sinne ein strukturelles Element innerhalb des »Männerberufes« Polizei.

Die geschilderten Übergriffe auf vietnamesische Zigarettenhändler sind Gegenstand und Inhalt des Urteils des Landgerichts Frankfurt/Oder gegen vier Polizeibeamte wegen Körperverletzung im Amt – Az 23 KLs 5/95 – und ereigneten sich auf der Wache Bernau jenseits der Berliner Grenze. Wie jedoch eine Untersuchung von *amnesty international* – *ai*-Index EUR 23.06.95 – ergab, waren gleichartige Fälle u.a. auch der Berliner Polizei vorzuwerfen. Obwohl bundesweit eine leicht rückläufige Entwicklung zu beobachten ist, trägt aufgrund der Vielzahl der Fälle die Ausländerfeindlichkeit der deutschen Polizei ein einheitli-

Errata

Dieter Schenk TOD EINER POLIZISTIN
HOFFMANN UND CAMPE VERLAG

Auf Seite 167 wurde versehentlich ein Absatz unvollständig gedruckt. Richtig muss es heißen:

Aus Gründen des Persönlichkeitsschutzes wurden die in dem Buch dargestellten Fälle verfremdet und Namen anonymisiert. Eine Ausnahme bildet Sabrina Neudeck, die selbst Wert darauf legt, dass ihr dienstlicher Werdegang bekannt und ihre wahre Identität als Bianca Müller genannt werden, nachdem Ärztekammer und Standesamt feststellten und bescheinigten, dass sie zweifelsfrei als Frau geboren wurde und Intersexualität vorlag, wie auch ihre Schwangerschaft 1996 bewiesen hat. Sie wurde jedoch 38 Jahre lang durch Gesetz und Umwelt zum Mann vergewaltigt.

ches Muster und kann nicht mit Einzelfällen, begangen durch »schwarze Schafe« in den eigenen Reihen, erklärt werden. Hierbei bildete Berlin in den zurückliegenden Jahren mit mehr als der Hälfte aller Fälle einen Schwerpunkt. Die nur schleppende Strafverfolgung kriminell gewordener Polizisten ist ein durchgängig feststellbares Phänomen. Der UN-Ausschuss gegen Folter kritisierte 1998 die »offenbar geringe Zahl von Strafverfahren und Verurteilungen im Zusammenhang mit Vorwürfen über Misshandlungen durch die deutsche Polizei«.

Aus Gründen des Persönlichkeitsschutzes wurden die in dem Buch dargestellten Fälle verfremdet und Namen anonymisiert. Eine Ausnahme bildet Sabrina Neudeck, die selbst Wert darauf legt, dass ihr dienstlicher Werdegang bekannt und ihre wahre Identität als Bianca Müller genannt werden.

Das Buch basiert auf Aktenmaterial, das dem Autor von Opfern zur Verfügung gestellt wurde, und auf zahlreichen Aussagen von Polizistinnen und Polizisten, die nicht genannt werden wollen, sowie auf Berichten von Eltern und Angehörigen verstorbener Polizistinnen. Besonders hervorheben möchte ich in diesem Zusammenhang Frau Margit Braun, das Ehepaar Ingeborg und Jürgen Dreisbach sowie Frau Marina Richter. Ihnen allen gilt mein herzlicher Dank genauso wie für die Unterstützung des Buchprojektes durch Bianca Müller, Jürgen Korell und Thomas Wüppesahl von den *Kritischen Polizistinnen und Polizisten,* durch Dietmar Hübner von *Pro Police* und meinen Lektor Jens Dehning.

Dem Buch liegen ferner folgende Untersuchungen zu Grunde:

- Sexuelle Belästigung am Arbeitsplatz. Eine Untersuchung bei der Polizei in NRW 1995

- *amnesty international*: Ausländer als Opfer – Polizeiliche Misshandlungen in der Bundesrepublik Deutschland 1992–1999
- Mitarbeiterbefragung beim Polizeipräsidium München 1999
- Freie und Hansestadt Hamburg: Polizeikommission Jahresbericht 1999
- Bericht der Mobbing-Kommission der Berliner Polizei 1999

Ein dokumentarischer Anhang soll die fiktionalen Elemente der Geschichte erklären.

Der Polizeipräsident in Berlin gestattete keine Akteneinsicht und ermöglichte nicht, involvierte Funktionsträger zu interviewen. Trotz dieser mangelnden Unterstützung fanden inoffizielle Gespräche mit Beteiligten statt, die sich teilweise von sich aus bei dem Autor meldeten. Die offizielle Version, dass es bei der Berliner Polizei kein Mobbing gibt, ist eine Farce und durch dieses Buch vielfach widerlegt. Es wird ferner deutlich, dass die Polizistinnen aus Neuß, München und Berlin durch Mobbing in den Tod getrieben worden sind und keine Rede davon sein kann, dass ihre Selbsttötung in »psychischen Defekten« oder anderen Hintergründen ihre Ursachen hatte. Solche Erklärungsversuche sollen vom Versagen der Polizeibehörden ablenken, diffamieren die Opfer und verschlimmern das Leid der Angehörigen.

Dieter Schenk

Dokumentarischer Anhang

Dok. 1: Abschiedsbrief von Silvia Braun

Dok. 2: Notizen von Silvia Braun (Mobbing als Auslöser von Angst und Verzweiflung)

Dok. 3: Offener Brief von Margit und Johann Braun an das Bayerische Staatsministerium des Innern vom 1. Februar 2000 (Auszüge)

Dok. 4: Schadensersatzforderung der Eheleute Margit und Johann Braun gegenüber dem Polizeihauptkommissar W. vom 13. April 2000 (Auszüge)

Dok. 5: Antrag der Eheleute Margit und Johann Braun auf Zulassung der Nebenklage v. 13. April 2000 (Auszüge)

Dok. 6: Medizinisches Gutachten über Silvia Braun v. 14.6.2000 (Auszüge)

Dok. 7: Offener Brief der Familie Limmer an die Mitglieder des Innenausschusses der SPD, CDU, PDS, Bündnis 90/Grüne im Berliner Abgeordnetenhaus vom 20. September 1999 (Auszüge)

Dok. 8: Stellungnahme des Berliner Polizeipräsidenten Hagen Saberschinsky im Innenausschuss des Berliner Abgeordnetenhauses am 20. September 1999 (lt. Inhaltsprotokoll)

Dok. 9: Inhaltliche Wiedergabe der ZDF-Sendung »Mit mir nicht!« vom 3.11.1999, Moderatorin Maria von Welser

Dok. 10: Pressemitteilung der Bundesarbeitsgemeinschaft *Kritischer Polizistinnen und Polizisten* vom 19. Juni 2000 in der Sache Nina Dreisbach (Auszüge)

Dok. 11: Dienstaufsichtsbeschwerde der Eheleute Ingeborg und Jürgen Dreisbach vom 10. Mai 1999 (Auszüge)

Dok. 12: Hamburger Polizeikommission – Jahresbericht 1999 (Auszüge)

Dok. 13: Sexuelle Belästigung am Arbeitsplatz – Eine Untersuchung bei der Polizei in NRW 1995 (Auszüge)

Dok. 14: Mitarbeiterbefragung 1999 beim Polizeipräsidium München (Auszüge)

Dok. 15: Bericht der Mobbing-Kommission des Polizeipräsidenten in Berlin vom April 1999 (Auszüge) u. Stellungnahme des Berliner Innensenators Dr. Eckart Werthebach am 20. September 1999 im Innenausschuss des Abgeordnetenhauses (lt.Inhaltsprotokoll)

Dok. 16: *amnesty international*: Ausländer als Opfer – Polizeiliche Misshandlungen in der Bundesrepublik Deutschland 1992–2000 (Auszüge)

Dok. 17: Auszug aus dem Urteil des Landgerichts Frankfurt (Oder) gegen 4 Polizeibeamte wegen Körperverletzung im Amt – Az. 23 KLs 5/95

Dok. 18: Körperverletzung im Amt im Spiegel der Statistik

Dok. 19: Mobbing-Resolution der *Kritischen Polizistinnen und Polizisten* vom Januar 2000 (Auszüge)

Dok. 20: Willkür dienstlicher Beurteilungen bei Mobbing, aufgezeigt am Beispiel Bianca Müller

Dok. 21: Die 45 Handlungen der Mobber

Dok. 22: Anteil der Polizistinnen in europäischen Polizeiorganisationen

Dokument 1

Hallo Mama.

Es tut mir leid, wenn ich dir jetzt nocheinmal großen Sorgen bereite. Aber ich will nicht mehr nach München. Was wollt ich dir sagen. Das Handy abzumelden dürfte nicht schwer sein. Am besten gehst du zum Viton und fragst da mal nach. Aber ich glaube, daß interessiert dich eh noch nicht. Die Schlüssel die auf dem Fernseher liegen sind für meine geliebte PI 14. Die Telefonnummer ist übrigens die [redacted]. In Dachau mußt du mich auch abmelden. Da redest du am besten mit dem [redacted]. Seine Telefonnummer ist die [redacted]. Ich weiß, daß dies der feigste Ausweg ist, aber ich kann mir nicht mehr anders helfen. Aber das war oder ist meine letzte Entscheidung. Meine eigene Entscheidung. Ich hoffe du kannst mir verzeihen. Gerade habe ich nochmal mit dem [redacted] (PI 19) telefoniert. Die hätten mir das mit dem HWS nie geglaubt. Ich kann da nicht mehr hin. Bitte versuche mich ein bißchen zu verstehen. Jetzt weiß ich dann hoffentlich bald ob es einen Himmel gibt. Bete für mich. Du tust mir bei der ganzen Sache am meisten leid. Aber tröste dich, denn jetzt finde ich hoffentlich meinen Frieden. Jetzt fällt mir gar nichts mehr ein. Wir haben das ja alles Nächtelang besprochen. Danke daß du mir zugehört hast. Schau daß du die Tel.-Nr. vom [redacted] abschreibst, weil wie ich meine Polizeikollegen einschätze, werden die diesen Brief sicherstellen. Es ist jetzt Dienstag etwa 10.00 Uhr. Wenn ich es ändern könnte, wie alles verlaufen ist, würde ich es tun. Aber ich traue mich nicht mehr nach München. Ich habe keine Lust mehr mich von denen quälen zu lassen. Wenn du vielleicht irgendwas gegen die A-Schicht unternehmen willst, laß den [redacted] aus dem Spiel. Vielleicht sollte ich gegen einen Baum fahren, dann sieht es vielleicht wie ein Unfall aus. Aber mit meine Schutzengel passiert mir nichts. Also nehme ich diesen Weg. Nicht mal das kann ich entscheiden. [redacted]
Na ja, also bitte mach dir nicht soviele Sorgen und es tut mir leid. Also dann ich hör mal jetzt auf zu schreiben.

Ich liebe Dich

Abschiedsbrief von Silvia Braun

Dokument 2

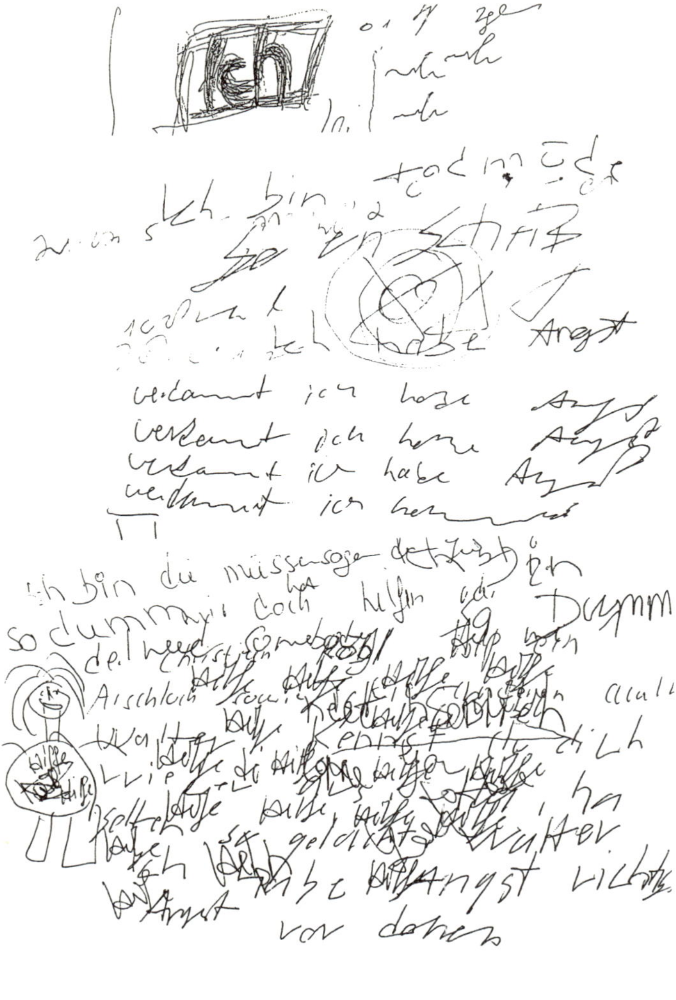

Notizen von Silvia Braun (Mobbing als Auslöser von Angst und Verzweiflung)

Dokument 3

Offener Brief von Margit und Johann Braun an das Bayerische Staatsministerium des Innern vom 1. Februar 2000 (Auszüge)

Sehr geehrter Herr Minister Beckstein,
wir möchten uns zunächst für die aus unserer Sicht bisherige Fairness durch Ihre Person und Ihr Ministerium bedanken. Sie und Ihre Mitarbeiter, z.B. Herr H., haben uns bisher die Zuversicht gegeben, sich um eine ernsthafte Aufklärung und Bestrafung der Täter zu bemühen.

Deswegen wenden wir uns heute nochmals hilfesuchend an Sie.

Vorausschicken möchten wir, um jeglichen Missverständnissen vorzubeugen, dass wir stets ausschließlich Gerechtigkeit und Bestrafung der Täter verlangt haben. Wir haben immer wieder betont, dass es uns nicht um eine pauschale Verurteilung der PI 14 oder der Polizei als solcher geht, ganz im Gegenteil (...) Gleichzeitig danken wir der großen Zahl von Polizeibeamten, die uns ihr Mitgefühl ausgesprochen haben und die zu unserer Tochter stehen. Der Polizeiberuf war für Silvia ein Traumberuf, und wir haben sie in dieser Auffassung bestärkt. Es besteht daher kein Grund, die Polizei pauschal zu kritisieren. (...)

Leider gibt die Presseerklärung der Staatsanwaltschaft München I durch den Leitenden Oberstaatsanwalt vom 24.01.2000 sowie die Pressekonferenz des Polizeipräsidiums München vom 28.01.2000 Anlass für massive Kritik, so dass wir Sie höflich bitten, sich von beiden zu distanzieren.

Die Pressekonferenz wird von uns als überraschende Kriegserklärung des Polizeipräsidiums aufgefasst, zu der wir keinen Anlass gegeben haben. Dort ließ man eine Anzahl von Polizeibeamtinnen auftreten, die von sich aus behaupteten, nicht gemobbt zu werden. Wir haben nie behauptet, dass diese Beamtinnen gemobbt werden.

Weiter behaupten einige, insbesondere eine Beamtin, die von unserer Tochter als »die grässliche Silke« beurteilt wurde, nichts vom Mobbing gegenüber unserer Tochter beobachtet zu haben. Aller-

dings geben diese Beamtinnen nicht an, ob sie überhaupt etwas beobachtet haben konnten. Sie spielen sich abstrakt als Zeugen für einen langandauernden Prozess auf, ohne dass sich aus den Umständen auch nur ansatzweise erkennen ließe, in welchem Umfange diese Beamtinnen überhaupt Kontakt zu unserer Tochter hatten und inwieweit sie anwesend waren, als unsere Tochter mit den drei mutmaßlichen Haupttätern zusammen Dienst hatte.
(...)

Die Behauptung des Polizeipsychologen T. entbehrt wiederum jeder Grundlage. Nachdem er zunächst behauptet hatte, es gebe Hinweise auf eine psychische Störung unserer Tochter, wirft er ihr nunmehr vor, sie sei sehr ehrgeizig und labil gewesen. Dadurch gibt er zu erkennen, dass ehrgeizige Polizeibeamte offensichtlich beim Polizeipsychologen als psychisch auffällig gelten. (...) Unsere Tochter wollte weiterkommen und wurde hierzu sogar von früheren Vorgesetzten ausdrücklich motiviert. Von einem ungesunden Ehrgeiz kann keinesfalls gesprochen werden.

Die Behauptung, unsere Tochter sei labil gewesen, ist durch die diversen Zeugen und Beurteilungen widerlegt. Dort wurde ihr gerade eine hohe Belastbarkeit bescheinigt.(...)

Völlig aus der Luft gegriffen und bösartig ist die Behauptung, Silvia habe schon Wochen vorher Anzeichen einer schweren persönlichen Krise gezeigt, sie habe sich äußerlich vernachlässigt, habe abgenommen und Schlaftabletten geschluckt und überall Feinde gewittert.

Fakt ist, dass unsere Tochter vor dem 01.12.1998 lebensfroh und ausgeglichen war und sich auf den Dienstantritt auf dem Revier freute.

Weil sie dort jedoch von der ersten Stunde an feindselig behandelt, permanent mit Schmähkritik, Hohn und Spott über alles, was sie machte, überzogen wurde und offensichtlich ganz unten in der dort herrschenden Hackordnung war, überlegte sie, nach ca. 14 Tagen zu kündigen, weil sie dort keine Feinde witterte, sondern Todfeinde hatte, wie die Fakten zeigen. Silvia und wir überlegten gemeinsam, wie wir ihre Situation ändern konnten. Wir setzten uns mit einem Landtagsabgeordneten in Verbindung, Silvia rief verschiedene Institutionen bei der Polizei an. Hilfe wurde ihr jedoch nicht angeboten.

Vielmehr hieß es, die Polizei sei doch kein Wunschprogramm. Gleichzeitig wurde der Druck seitens der drei mutmaßlichen Haupttäter weiter erhöht. Ihr wurde klar gemacht, dass alles innerhalb der Schicht zu bleiben habe. Die damit verbundenen Drohungen führten dazu, dass ein Beamter ihres Vertrauens feststellte, dass sie panikartige Angst vor Kollegen ihrer Schicht entwickelt hatte. Und diese Angst kam ausschließlich durch den permanenten Psychoterror und durch sonst gar nichts. Dies alles führte dann dazu, dass Silvia abmagerte und Schlaftabletten verordnet bekam. (...) Durch den ständigen Psychoterror und die gesundheitlichen Folgen konnte sie sich nicht mehr in gewohnter Weise um ihr Äußeres kümmern.

Auch ist es nicht richtig, dass Silvia in nur sechs Tagen fertiggemacht worden sei. Der Prozess dauerte rund 2 ½ Monate. Der psychische Druck wurde an den Tagen, an denen Silvia nicht im Dienst war, gerade nicht abgebaut, sondern staute sich weiter auf und wurde verstärkt. Silvia war vom 19. bis 31.12.1998 wegen eines Unfalles krank zu Hause, aber sie erhielt dort etliche Anrufe von der Dienststelle, in denen sie massiv unter Druck gesetzt (...) und ihr vorgehalten wurde, dass sie sich wegen des Mobbings in den ersten Wochen anderen Kollegen anvertraut hatte. Ihr wurde bedeutet, niemanden etwas über die Angelegenheiten der Schicht weiterzuerzählen, insbesondere solle sie dem Chef nichts erzählen, sonst werde sie schon sehen, was sie davon habe, sie könne sich auf etwas gefasst machen. Unter diesen primitiven Drohungen musste sie im Januar wieder den Dienst antreten und konnte dies nur unter Angst tun. Bei jedem Anruf, der bei uns einging, hatte sie Angst, es wären die Kollegen von der Dienststelle, die ihr wieder zusetzen wollten. Daher war sie nicht einmal zu Hause bei uns vor der Psychofolter sicher.

Obwohl diese Fakten auch in der staatsanwaltschaftlichen Ermittlungsakte enthalten sind, werden sie schlichtweg übergangen. Statt dessen versucht man, (...) unsere Tochter mit Schmutz zu bewerfen. Ihr Leidensweg wird vom Polizeipsychologen T. in einer bösartigen Weise und mit Zynismus entstellt (...). Er versucht hier mit plumpen Methoden Ursache und Wirkung zu verkehren.

(...)

Fakt ist nach Ihren eigenen Erhebungen, dass rund ein Drittel aller Polizistinnen wenigstens einmal gemobbt wurden. Jedes dieser großen Zahl von Mobbing-Opfern muss nun damit rechnen, wenn es seine Rechte wahrnimmt, dass Täter, Zuschauer und Nichtopfer geschlossen Front gegen das Opfer machen und es mit vom Polizeipräsidium München veranlassten oder veranstalteten Protestkundgebungen mundtot machen wollen. So wird die Polizei das Mobbing-Problem sicher nicht in den Griff bekommen. (...)

Unsere Tochter hat leider in jungen Jahren durch Beamte dieser PI 14 ihre letzte und ewige Ruhe finden müssen. Daher finden wir die Forderung der Beamtinnen der PI 14, jetzt endlich ihre Ruhe haben zu wollen, als zynisch. (...) Vorliegend werden unter scheinbarer Federführung des Polizeipsychologen T. mit Lug und Trug Sachverhalte manipuliert, Fakten übergangen und aufgrund eines so entstellten Geschehensablaufes unhaltbare Schlussfolgerungen gezogen. (...) Die Opfer erhalten somit von ihrem Dienstherrn nicht die ihnen zustehende Hilfe.

Die Staatsanwaltschaft I München gelangt zu dem Ergebnis, dass eine Bestrafung des mutmaßlichen Haupttäters daran scheitert, dass unsere Tochter ihren Gesundheitszustand verheimlicht und sich nur wenigen Personen anvertraut habe. Dem Täter sei der sich verschlechternde Gesundheitszustand unserer Tochter nicht erkennbar gewesen.

(...) Fakt ist, dass unsere Tochter, wie sich aus den Ermittlungsakten ergibt, noch im Januar den Kollegen S. in Gegenwart der übrigen mutmaßlichen Täter angesprochen und gebeten hat, gemeinsam über den Umgang mit ihr zu sprechen. Die Betreffenden sind alle schweigend aufgestanden und dann, so unsere Tochter, wurde es noch schlimmer.

Fakt ist, dass unsere Tochter nachts im Krankenhaus einen anonymen Anruf erhielt und feststellte, dass es ein Beamter des PI 14 war. (...) Dies belegt, mit welch unglaublicher Brutalität die Täter, die für uns nur die Bezeichnung Psychofolterknechte verdienen, unsere Tochter vorsätzlich gequält haben.

Fakt ist weiter, dass sich aus der Ermittlungsakte ergibt, dass unsere Tochter eine panikartige Angst vor ihren Kollegen, insbesondere vor dem mutmaßlichen Haupttäter Kai Uwe W. hatte.

Fakt ist weiter, dass der behandelnde Neurologe und Psychiater

Dr. A. eine ausgeprägte reaktive Depression festgestellt hat, (...) die grundsätzlich das Risiko einer Kurzschlusshandlung bis hin zum Suizid enthält. (...) Die Täter wussten genau, dass sie unsere Tochter systematisch quälten, (...) ihre Gesundheit massivst schädigten. (...) Wer einen anderen psychisch foltert, der nimmt damit automatisch das Risiko schwerster Gesundheitsschäden und auch den Tod des Opfers als typisch mögliche Folge in Kauf. Fakt ist, dass unsere Tochter bis zum 01.12.1998 leistungsfähig, fachlich gut ausgebildet und guten Mutes ihren Dienst bei der PI 14 aufgenommen hat. Bis dahin waren ihr stets gute Leistungen und überdurchschnittliche Belastbarkeit bescheinigt worden. Fakt ist, dass unsere Tochter innerhalb von rund 2 ½ Monaten eine ausgeprägte reaktive Depression erlitt und panikartige Angst vor den Kollegen ihrer Schicht, insbesondere vor den drei mutmaßlichen Haupttätern, hatte. Fakt ist weiter, dass es keinerlei Hinweise auf psychische Störungen unserer Tochter gibt. Folglich müssen die ärztlich festgestellten, ausgeprägten psychischen Misshandlungen unserer Tochter durch die bekannten Täter zugefügt worden sein. (...) Wer mit gesundem Menschenverstand die vorliegenden Fakten würdigt, kommt zum Ergebnis, dass die drei genannten Personen als Täter einer Körperverletzung mit Todesfolge anzuklagen und zu verurteilen sind. (...) Die Staatsanwaltschaft übersieht, wie subtil Psychoterror regelmäßig durchgeführt wird. Egal, was Silvia machte, es war falsch. Sie musste sich anhören, wie ihre Kollegen sich unterhielten, wie man eine Frau aus der Schicht mobbt. Sie musste täglich erdulden, wie man hinter ihr her lachte, sie Bauerntrampel schimpfte. Obwohl sie ihren Kollegen bei der Bedienung eines EDV-Programms half, wurde sie sogar hierfür zum Dank noch verspottet. Unsere Tochter hat ein Martyrium durchlitten ... (...)

Dokument 4

Schadensersatzforderung der Eheleute Margit und Johann Braun gegenüber dem Polizeihauptkommissar W. vom 13. April 2000 (Auszüge)

(…)
Die Vorgänge auf der PI 14, München, in der Zeit vom 01.12.1998 bis 13.02.1999 sind Ihnen hinlänglich bekannt, so dass ich gleich zur Sache kommen kann.

Sie haben nach den Feststellungen der Staatsanwaltschaft München I Silvia Braun wiederholt massiv beleidigt und an die männlichen Mitarbeiter der A-Schicht, die Sie geführt haben, die Zielvorgabe für 1999 herausgegeben, wie man Frauen am besten aus der A-Schicht mobbt. Dabei wussten Sie, dass es sich bei Mobbing um Psychoterror und Psychofolter handelt und nur eine brutale Verletzung der Psyche des jeweiligen Opfers dieses veranlassen würde, die A-Schicht zu verlassen. Dieses Ziel haben Sie bei Silvia Braun auf tragische Weise erreicht, und jetzt werden Sie hierfür zivil- und strafrechtlich zur Verantwortung gezogen.

Hinter dem Institut der Amtshaftung können Sie sich nicht verschanzen, da Psychoterror gegenüber Mitarbeitern nicht zu Ihren dienstlichen Pflichten gehört hat. Vielmehr waren rein private Motive niederer Art, insbesondere Frauenhass oder Erniedrigung von Frauen als Sexualobjekt, Anlass für Ihr grausames Verhalten. (…) Deshalb haften Sie persönlich mit Ihrem gesamten Vermögen für den durch Ihr vorsätzliches und rechtswidriges Verhalten entstandenen Schaden.

Dieser setzt sich wie folgt zusammen:

1. Beerdigungskosten lt. Belegen in der Anlage	12.330,41 DM
2. Schmerzensgeld	100.000,00 DM
Zahlungsbetrag	112.330,41 DM

Hinsichtlich der Höhe des Schmerzensgeldes ist auszuführen, dass es besonders grausam ist, einem jungen, lebensfrohen Menschen, der seinen Traumberuf gefunden hatte, das Leben so zur Hölle zu machen, dass er innerhalb weniger Wochen schwerste psychische Verletzungsfolgen davongetragen hat und sich sogar in eine Krankenhausbehandlung begeben musste und schließlich aufgrund der gnadenlosen Fortdauer des Psychoterrors keinen anderen Weg als den Freitod gesehen hat.

Sie haben Silvia Braun jeden Lebensmut und jede Lebensfreude genommen, indem Sie ihre Psyche systematisch durch permanenten Psychoterror aufgeschlitzt und sie hierdurch in den Tod getrieben haben.

Das Leid des Opfers und der Eltern können Sie nie mehr gut machen, aber das, was der Gesetzgeber als Schadensersatz für solche Fälle vorsieht, werden Sie bezahlen.

Als Zahlungsfrist habe ich mir den 05.05.2000 notiert. Nach fruchtlosem Fristablauf wird ohne weitere Vorankündigung Klage gegen Sie erhoben und der Anspruch umfassend begründet.

(...)

Dokument 5

Antrag der Eheleute Margit und Johann Braun auf Zulassung der Nebenklage vom 13. April 2000 (Auszüge)

(...)

Zutreffend hat die Staatsanwaltschaft München I festgestellt, dass der Angeklagte gegenüber Silvia Braun in der Zeit vom 01.12.1998 bis 13.02.1999 folgendes u. a. gesagt hat:

- »Flachzange«
- »Gell, Fußballspielen lernt man beim Ficken.«
- »Bist du die ganze Nacht durchgefickt worden, so wie du ausschaust?«
- »Bauerntrampel«
- »Wie ist dein Alter im Bett?«
- »Hast du wieder einen neuen Stecher?«
- »Hast du deine gute Kondition vom Ficken?«
- »Die Anstellungsprüfung kannst du nur geschafft haben, indem

du mit jedem Prüfer im Bett warst, weil du ansonsten sowieso zu dumm bist.«

Vorgelegte Anzeigen wurden mit der Bemerkung »Mist« zurückgegeben.

Die Staatsanwaltschaft München I kommt aufgrund der Gesamtumstände zum unzutreffenden Ergebnis, dass der Angeklagte Silvia Braun nur beleidigt habe. Vorliegend handelt es sich jedoch nicht nur um einmalige Verbalentgleisungen, sondern angesichts der Zielvorgabe des Psychoterrors und der Psychofolter um zielgerichtetes Aufschlitzen der Psyche des Opfers, somit eindeutig um Körperverletzung. Da bei Psychoterror der Suizid des Opfers eine typische Folge ist, hätte die Staatsanwaltschaft München zudem wegen Körperverletzung mit Todesfolge anklagen müssen. Denn wer andere psychisch foltert und terrorisiert, der weiß, dass und wie das Opfer leidet. Zweck des Psychoterrors war ja gerade, Frauen der A-Schicht psychisch derart zu verletzen, dass diese die Schicht verlassen. Folglich hatte man eiskalt und skrupellos massivste Verletzungen der Psyche der Opfer eingeplant. Daher hatte der Angeklagte eindeutig Vorsatz. (...) Es wird daher beantragt, der Staatsanwaltschaft aufzugeben, die Anklage auf Körperverletzung mit Todesfolge zu erweitern. (...)

Dokument 6

Medizinisches Gutachten über Silvia Braun vom 14. 6. 2000 (Auszüge)

Stiftungskrankenhaus Nördlingen
Nördlingen, 14. 6. 2000

Betr.: Todesfall Silvia Braun, geb. 27.3.1976

Die Patientin klagte bei stationärer Aufnahme am 27.1.1999 über seit 6 Wochen bestehende Schlafstörungen, Gewichtsabnahme und

Durchfälle sowie gelegentliches Aufstoßen und Übelkeit. Die Patientin wirkte bei Aufnahme erschöpft und ausgelaugt, die Stimmung war zeitweise depressiv, wenn die Patientin über ihre aktuelle berufliche Situation sprach, es zeigte sich ein vermindertes Selbstwertgefühl. (...)

Die von der Patientin geschilderten Symptome, die auch den Hausarzt zur stationären Einweisung veranlasst haben (...), sind in engem zeitlichen Zusammenhang mit dem Wechsel des Arbeitsumfeldes aufgetreten. Die Patientin ist nach eigenen Angaben und nach Angaben der Mutter vorher niemals ernsthaft krank gewesen. (...)

Im Aufnahmegespräch und in mehreren darauf folgenden Gesprächen wirkte die Patientin merkbar deprimiert und ratlos. Die Belastungen durch das menschlich-berufliche Umfeld, in dem sie vom Vorgesetzten ohne Begründung immer wieder kritisiert und von den übrigen Kollegen nicht unterstützt wurde, führten bei der Patientin zu vermehrtem Grübeln, zur kritischen Beleuchtung der eigenen Person und zu deutlicher Verminderung des Selbstwertgefühls sowie zu der Neigung, die Schuld für die Ablehnung durch die Kollegen im eigenen Verhalten zu suchen, obwohl dies in mehreren Gesprächen unbegründet erschien. Diese psychischen Symptome sind ohne Zweifel auf die beruflichen Lebensumstände zum Zeitpunkt des stationären Aufenthaltes zurückzuführen. Dieser Meinung hat sich auch der (...) hinzugezogene neurologisch-psychiatrische Konsilarius angeschlossen. In mehreren Gesprächen wurde versucht, mit der Patientin zusammen Strategien zu entwickeln, um die zwischenmenschliche Situation im beruflichen Umfeld zu ändern. (...) Die Patientin beteiligte sich nach anfänglichem Zögern an den Gesprächen alsbald aktiv und zeigte die Fähigkeit, eine entschlossene und aktive Rolle zu spielen, um ihre berufliche Situation zu ändern. (...)

Während des gesamten stationären Aufenthaltes ergaben sich keine aktuellen Anhaltspunkte für Suchtkrankheiten, dies schließt Drogen-, Alkohol- und Medikamentenabhängigkeit ein. (...) Für die Beurteilung der Patientin kann ich den Zeitraum vom 27.1.–30.1.1999 überblicken, ergänzt durch die anamnesischen Angaben der Patientin. Unter Berücksichtigung dieser Einschränkungen gab es keine Anzeichen, dass die Patientin vor dem 1.12.1998 unter einer psychischen Erkrankung gelitten hat.

Dr. med. F., Oberärztin

Dokument 7

Offener Brief der Familie Limmer an die Mitglieder des Innenausschusses der SPD, CDU, PDS, Bündnis 90/Grüne im Berliner Abgeordnetenhaus vom 20. September 1999 (Auszüge)

Sehr geehrte Herren,
am Samstag hat uns ein mit polizeikritischen Themen befasster Autor eine Kopie des Berichtes der polizeilichen »Mobbing-Kommission« überlassen. Wir nehmen im Folgenden Stellung hinsichtlich der Ausführungen zum »Fall Stefanie L.« auf Seite 4 und 5 des Berichtes. Wir tun dies auch vor dem Hintergrund der Innenausschusssitzung vom 8. September 1997, deren Wortprotokoll uns vorliegt.

In jener Sitzung vom 8.9.1997 verbreitete sich der Polizeipräsident – von den Abgeordneten nicht gehindert, von seinem Vorgesetzten beflügelt – verantwortungs- und gedankenlos über vermeintliche Krankengeschichten unserer Tochter/Schwester. Er trug missverständliche, unbewiesene, in einen falschen Zusammenhang gebrachte sowie sachfremde Äusserungen vor zu Stefanies Gesundheitszustand, zu ihren Leistungen, zu ihrem Krankenstand während der Ausbildung, zu angeblich »familiären« Hintergründen ihres Todes. Er ließ Halbwahrheiten wirken, natürlich unerwähnt blieb z.B., dass die Amtsärztin den Polizei-Antrag auf die »Bestellung eines Betreuers« abgelehnt hatte. Wahrheitswidrig ließ er sich aus zu einer »Gefährdung für dritte Personen« durch unsere Tochter/Schwester, zu einer »sehr langen vorausgehenden Krankengeschichte« und einem »ganz bestimmten Krankheitsbild«, er fantasierte von »Betreuung« und »Hilfe«, von einer »Zustimmung« Stefanies zur Verschleppung in die Nervenklinik, von »polizeiärztlichen Untersuchungen«, die von »Fachärzten vorgenommen« worden seien. Seit seiner eiligen Presseerklärung am 9. August 1997 meistens im Sinne der Schädiger handelnd, gab er auch die Mär über die Hinterlegung von »Tabletten« zum Besten, »deren Wirkungsweise für einen Laien nicht erkennbar war«.

Im Schwung der Hemmungslosigkeit schreckten auch in der Angelegenheit uninformierte Abgeordnete vor markigen Kommentaren nicht zurück, unser Leid wurde mit Erkenntnissen aus Tratsch und Hobbypsychologie beleuchtet. (…)

Parallel zu derartigen Schamlosigkeiten sind auch andere im Dienst der Rufschändung tätig gewesen. Die ursprünglich angezeigte Angestelle des Sozialdienstes K. durfte (für ihre guten Dienste?) an einem Seminar teilnehmen, wo sie sich, ohne Konsequenzen befürchten zu müssen, zu Äußerungen über eine angeblich vorhandene und aus Bayern mitgebrachte Vorbelastung Stefanies verstieg. Polizeidirektor A. log dem ZDF-Journalisten Wolf L. vor, Stefanie habe »schon vorher Selbstmordversuche« unternommen.

Man entzieht sich der unparteiischen und fachgerechten Untersuchung des Falles seit seinem Entstehen im Rahmen der frühzeitig von hoher Stelle vorgegebenen Marschrichtung. Es überrascht uns nicht, dass in den oberflächlichen Darlegungen der »Mobbing-Kommission« der brutale, gegen alle tangierten Gesetze und verfassungsrechtlichen Werte verstoßende SEK-Einsatz in Stefanies Wohnung in der Nacht zum 9. April 1997 mit keinem Wort erwähnt wird. Stattdessen wird der übliche Schulterschluss auf dem Rücken des Opfers dokumentiert, mit den üblichen dreisten Spekulationen und Behauptungen.

Stefanie wurde auf dem A 17 geradezu exemplarisch gemobbt, zum Beispiel durch:

Verschiedene Formen der Isolation, ständiges, pseudo-gutwilliges Hervorgehobenwerden; abwertende Spitznamen; dienstliche Beurteilung durch die von ihr angezeigten Kartenspieler im Dienst; Indoktrination lascher und falscher Dienstauffassungen, falsche Versprechungen hinsichtlich ihrer Karriere; dienstliche Irreführung; Anfeindungen wegen Idealismus und »Übereifer«; das Verstecken von wichtigen Gegenständen; schlechtes Reden hinter ihrem Rücken; In-den-Weg-Stellen; Verbreitung falscher Gerüchte über sie; Angreifen ihrer persönlichen und religiösen Einstellung, ihrer Herkunft, ihres Engagements für Tierschutz; kränkende und falsche Beurteilung ihrer Arbeit und ihres Auftretens; Infragestellen ihrer Entscheidungen; Konstruieren von Streitsituationen; Verunsicherung durch Kontaktentzug und Verhaltenswechsel; das Ignorieren ihrer Eingaben bezüglich des Mobbings; physisch-psychische Bedrohung; Drohen mit falschen Zeugen; Zwang zum psychologischen Gesprächstermin (14 Tage vor dem SEK-Überfall); den Missbrauch privater Mitteilungen (wenige Tage vor dem Überfall); schweren Vertrauensbruch; den brachialen Einbruch eines Sondereinsatzkommandos in ihre Wohnung um ca. 1 Uhr nachts; Durchsuchung, Verschleppung in eine Nervenklinik; den Gesprächsterror nach dem Überfall durch Angehörige des Sozialmedizinischen Dienstes; die willkürliche, jeder ärztlichen Sorgfalt widersprechende Blitz-Untersuchung zwecks Blitz-»Zur-Ruhe-Setzung«; den entwürdigenden Versuch, eine Betreuung für sie einzurichten; ein entwürdigendes Überstülpen der Dienstunfähigkeit ohne jede Chance auf Erholung und Neuorientierung.

Die größte Mühe der polizeilichen Investigatoren muss in unserem Fall gewesen sein, nicht einmal einen Teil dieses Mobbings wahrzunehmen und geflissentlich zu übersehen,

- dass vor dem SEK-Überfall keine krankheitsbedingte Vorgeschichte existierte;
- dass die von Polizeipräsident Saberschinsky am 8.9.1997 angeführten »polizeiärztlichen Untersuchungen« eine Farce waren: Eine Polizeipsychologin (und lt. der Frauenbeauftragten Ka's Ex-Freundin) sorgte mit einem einmaligen, frostigen Zwangstermin mit Stefanie für den Pro-Forma-Kontakt zur Psychologie. Eine Polizeiärztin, die Stefanie gar nicht kannte, gab für den SEK-Überfall eine Blinddiagnose ab und schrieb Stefanie nach dem Überfall in einer 20-minütigen Erst- und Einzelsitzung dauerhaft dienstunfähig;
- dass schon alleine der zeitliche Ablauf jede dringliche Eingreifnotwendigkeit als Lüge enttarnt: Über fünf Stunden nach ihrem freundlichen Besuch bei Ka. trat das SEK Stefanies Wohnungstür ein (nachdem ihr Ka. ein Gespräch am folgenden Tag versprochen und sie wegen abendlicher Termine weggeschickt hatte);
- dass die Polizei bis heute keinen einzigen stichhaltigen Beweis vorlegen konnte, der auch nur ansatzweise begründen würde, weshalb eine mit Schwerverbrechensbekämpfung befasste Truppe gegen unsere harmlose, brave Tochter/Schwester eingesetzt wurde;
- dass der Einsatz auch im Spiegel der Polizeigesetze völlig unhaltbar ist; Stichworte sind z. B. die fehlende richterliche Verfügung für das Eindringen in die Wohnung, die Durchsuchung, das Verbringen in die Klinik; objektive Erkenntnisse und ein Erfahrungssatz

für die Ermessensentscheidung waren nicht vorhanden; aktiver Ermessensmissbrauch; völlig unbegründbare Erforderlichkeit der Aktion etc.;
- dass kein Mensch, gleich in welcher seelischen Verfassung er ist, so perfide und brutal behandelt werden darf, wie die Berliner Polizei mit unserer Tochter/Schwester verfuhr.

In Verantwortung stehende Politiker, Staatsdiener und Juristen, die aus politischem Raisonnement oder anderen Gründen die Augen vor den Ungereimtheiten und dem Unrecht schließen – und damit auch den Konflikt- und Entwürdigungstod unserer Tochter/Schwester aussitzen – haben sich menschlich, fachlich und politisch disqualifiziert.

Wir sehen dem Ergebnis Ihrer heutigen Sitzung mit Interesse entgegen.

(...)

»Am Schluss geht es auch noch darum, ob die mir überhaupt geschadet haben.« Zitat Stefanie, Juni 97

(...)

Dokument 8

Stellungnahme des Berliner Polizeipräsidenten Hagen Saberschinsky im Innenausschuss des Berliner Abgeordnetenhauses am 20. September 1999 (lt. Inhaltsprotokoll)

PolPräs Saberschinsky informiert, dass im Dezember 1998 – was ihm nun erst bekannt geworden sei – das Ermittlungsverfahren gegen Angehörige der Berliner Polizei wegen Verdachts auf Körperverletzung im Amt und anderem gem. 170 Abs. 2 StPO eingestellt worden sei. Aus der Einstellungsverfügung gehe hervor, dass die ehemalige Mitarbeiterin der Berliner Polizei Stefanie L. seit Ende1996 an einer schweren gesundheitlichen Störung gelitten habe. Es sei festgehalten worden, dass es nicht beweisbar sei, dass irgendein Verhalten der

Mitarbeiter des Polizeipräsidenten in Berlin Stefanie L. »krank gemacht« habe. Es sei festgehalten worden, dass die zu dieser Zeit ausbrechende Erkrankung der Stefanie L. die Ursache für die danach aufgetretenen Schwierigkeiten an ihrer Arbeitsstelle gewesen sei. Es werde darauf hingewiesen, dass aus nichts abgeleitet werden könne, dass das nachfolgende Handeln der Polizei in Berlin den Krankheitszustand der Stefanie L. verstärkt, verlängert oder sie sogar – so habe ein Vorwurf gelautet – in die Selbsttötung getrieben habe. Der Einsatz der Polizei bei Stefanie L. in der Nacht zum 9. April 1997 sei nach sorgfältiger Prüfung als gerechtfertigt gewertet worden. Auch das Hausverbot für Stefanie L. bezüglich des Abschnitts 17 sei als hinreichend begründet anerkannt worden. In dem Schriftsatz heiße es: »Niemandem von der Polizei kann vorgeworfen werden, dass bei der Einschätzung des Krankheitszustandes der Stefanie L. nach dem 18. April 1997 die Suizidgefahr nicht als akut erkannt wurde.« Es heiße letztlich hinsichtlich des Vorwurfs, es habe von Seiten der Polizei an Fürsorge bezüglich der Stefanie L. gefehlt und Hilfe, statt sich auf deren Dienstunfähigkeit zu berufen, sei erforderlich gewesen, dass die Angaben aller dazu Gehörten einen gegenteiligen Eindruck vermittelten. Er habe noch einmal auf diese Einstellungsverfügung hinweisen wollen, weil damals zum Teil in sehr drastischer Weise Vorwürfe gegen Mitarbeiter der Polizei erhoben worden seien, die nun nach Prüfung als unzutreffend dargestellt worden seien.

Dokument 9

Inhaltliche Wiedergabe der ZDF-Sendung »Mit mir nicht!« vom 3. November 1999, Moderatorin Maria von Welser

Moderatorin: »Sexuelle Belästigung am Arbeitsplatz, meine Damen und Herren, stellt eine Verletzung der Menschenwürde und des Rechtes auf sexuelle Selbstbestimmung dar. Es handelt sich um eine Form männlichen Machtmissbrauchs, der darauf zielt, Frauen herabzuwürdigen und in der beruflichen Entwicklung zu beeinträchtigen. Solche Erscheinungen gibt es überall im Berufsleben, besonders aber bei der Polizei. Denn jede vierte Polizistin in Nordrhein-Westfalen hat sich schon einmal während der Dienstzeit sexuell belästigt gefühlt. Das behaupte nicht ich, sondern eine viel kompetentere Stelle, nämlich das Innenministerium in Düsseldorf.«

Film: **»Wie ein Polizist seine Kollegin in den Tod trieb«**

Die Kamera schwenkte über einen Friedhof und zeigte dann ein Grab, im Off der Kommentator: »In keiner anderen Berufsgruppe sind Frauen so häufigen Belästigungen ausgeliefert wie bei der Polizei. Es verwundert nicht, wenn so manche Polizistin Selbstmord begeht. Unser Reporter hat die Eltern einer Neusser Polizeimeisterin besucht, die sich mit der Dienstpistole in die Schläfe schoss. Die Eltern kommen gerade vom Grab ihrer Tochter Nina, sie starb kurz vor ihrem 21. Geburtstag unter ungeklärten Umständen. Offizielle Darstellung: Selbstmord.«

Einblendung der Mutter, Frau Dreisbach: »Wir werfen der Wache vor, fahrlässig mit dem Leben unserer Tochter Nina umgegangen zu sein, obwohl Mobbing, Verfehlungen, sexuelle Belästigungen und drei Suizide bekannt waren.«

Der Film zeigt jetzt die Polizeiwache an der Jülicher Straße in Neuß, den Ort einer schrecklichen Serie, die nunmehr aufgelistet wird:

– 11. September 1990, Polizeimeister Olaf G., gerade Lebenszeitbeamter geworden, erschießt sich mit seiner Dienstpistole auf der Toilette im Obergeschoss;

– Pfingstmontag 1992, Kriminalhauptmeister Norbert G., 42 Jahre alt, erschießt sich auf der Toilette im Obergeschoss;

– 11. Januar 1995, Polizeimeisterin Alexandra Richter, 27 Jahre alt, stirbt durch Kopfschuss aus ihrer Dienstwaffe, offizielle Darstellung: Selbstmord im Wohnzimmer;

– 9. Februar 1999, Polizeimeisterin Nina Dreisbach, erst 20 Jahre alt, stirbt durch Kopfschuss aus der Dienstwaffe in der eigenen Wohnung, offizielle Darstellung: Selbstmord.

– Kurz darauf versucht ein weiterer Kollege derselben Wache sich das Leben zu nehmen – er überlebt.

Fotos illustrieren dann einen Rückblick auf Leben und Tod von

Alexandra Richter. Die Polizeimeisterin litt unter den zunehmenden Aggressionen ihres Streifenkollegen und Freundes Andreas F., als sie sich schließlich am 11. Januar 1995 den Todesschuss im Beisein des Partners mit dessen Dienstpistole gab.

Die Vorgesetzten erklärten seinerzeit, dass F. nie wieder Dienst an der Waffe verrichten dürfe, dass er psychisch gefährdet und instabil sei, dass er erst einmal eine psychotherapeutische Behandlung in einer Klinik machen solle und anschließend nur noch Innendienst versehen dürfe.

Der Film dokumentiert, dass es anders kam: »Bald darauf leistete Andreas F. doch wieder Streifendienst, natürlich auch mit der Waffe, wurde sogar zum Polizeiobermeister befördert. Dann geschah das Unfassliche: Er, den zumindest eine moralische Schuld am Tod der Kollegin trifft, erhielt eine Sonderaufgabe als Ausbilder für junge Polizistinnen. So geriet auch die zwanzigjährige Nina Dreisbach an den Polizeiobermeister Andreas F., er wurde auch ihr zum Verhängnis.« Die Mutter groß im Bild: »Dass man einem solchen Vorgesetzten eine gerade von der Polizeischule kommende junge Frau anvertraut, das finde ich unvorstellbar!«

Damit endet der Film.

Die Moderatorin stellt die Personen im Studio vor, das sind die Mutter, Frau Ingeborg Dreisbach, ferner die Schwester von Alexandra Richter, Marina Richter, Bianca Müller als Sprecherin der *Kritischen Polizisten* und Ministerialrat Werries vom Düsseldorfer Innenministerium. Es entwickelt sich folgender Dialog:

Moderatorin: »Herr Werries, was macht dieser Andreas F. heute?«

Werries: »Er hat nach dem Vorfall zunächst einmal krankgefeiert, er ist in Behandlung gewesen. Er ist dann wieder gesund geschrieben worden, derzeit verrichtet er in einer anderen Dienststelle Dienst mit der Auflage, dienstlichen Kontakt zu Frauen zu meiden.«

Moderatorin: »Haben die Vorgesetzten inzwischen erkannt, dass das eine Fehlentscheidung war?«

Werries: »Ob das eine Fehlentscheidung gewesen ist, das müssen wir erst einmal abwarten. Wenn das alles so richtig ist, was hier an Vorwürfen in den Raum gestellt worden ist, dann hätten wir sicher einen Verurteilten. Und ich kann Ihnen versichern, wir würden dann als Personalvorgesetzte tätig, dieser Mann wäre nicht mehr im Polizeidienst. Es gibt Zuständigkeiten und Rechte, die zu beachten sind. Hier hat zunächst einmal die Staatsanwaltschaft die Herrschaft, sie muss ermitteln, was an diesen Vorwürfen dran ist, das tut sie derzeit, das Verfahren ist noch nicht abgeschlossen. Und es gibt Rechte des Betroffenen. So lange jemand nicht verurteilt und ihm die Schuld nachgewiesen ist, hat er als unschuldig zu gelten. Ich bitte um Verständnis, dass wir aus Fürsorgegründen darauf hinweisen müssen.«

Nun schaltet sich Marina Richter ein: »Man hatte uns versichert, dass Herr F. nie wieder Dienst an der Waffe machen wird. Hintergrund war, dass er sich damals bereits zweieinhalb Jahre in psychotherapeutischer Behandlung befand, er war nach Alexandras Aussage manisch-depressiv und musste ein sehr starkes Antidepressivum nehmen, Alexandra hat mir damals den Beipackzettel gezeigt. Nachdem beide zusammengezogen waren, kam die destruktive Seite immer stärker durch, sie wurde zunehmend unglücklicher und wollte sich trennen, sie wollte es nicht mehr ertragen, er würde sie nur noch psychisch terrorisieren. Ich war diejenige, die damals die Kripo Aachen und die Polizeiführung Neuß in Kenntnis setzte, dass sich Herr F. in langjähriger psychotherapeutischer Behandlung befinde und Depressiva nehmen müsse. Da hat man mir gesagt: ›Wenn wir das gewusst hätten, hätte er sofort seine Waffe abgeben müssen, weil er sich und andere möglicherweise gefährdet.‹ Man versicherte uns, er würde jetzt eine Therapie machen und anschließend nur im Innendienst tätig sein. Das ist der Kritikpunkt gegenüber den Vorgesetzten, dass hier fahrlässig gehandelt worden ist und sie eine Personalentscheidung trafen, die zu einem weiteren Todesfall einer jungen engagierten Polizistin führte.«

Die Moderatorin will wissen: »Wo ist er Beamte zur Zeit genau tätig?«

Der Ministerialbeamte antwortet, dass er bei der Autobahnpolizei im Raum Düsseldorf eingesetzt sei.

»Ohne Waffe?« fragte die Moderatorin.

Werries: »Das geht nicht, wenn jemand als Polizeivollzugsbeamter arbeitet, dann gehört die Waffe dazu.«

Entsetzen spiegelt sich in den Gesichtern, auch bei vielen Zuschauern.

Die Moderatorin wendet sich an Frau Dreisbach: »Niemand kann

Ihnen Ihre Tochter wiedergeben, aber was fordern Sie von den Verantwortlichen, von den Vorgesetzten bei der Polizei?«

Frau Dreisbach antwortet: »Ich fordere, dass die Vorgesetzten auf der Neußer Polizeiwache und der Beamte, der unserer Tochter mit Psychoterror quälte und ihr das antat, sich für den Tod zu verantworten haben.«

Nun fragte die Moderatorin, welchen Rat Bianca Müller geben möchte. »Ich appelliere an meine Kollegen auf der Polizeiwache in Neuß, der Staatsanwaltschaft die volle Wahrheit zu sagen. Sie brauchen sich nicht als Nestbeschmutzer zu fühlen, denn das Nest wurde von anderer Seite beschmutzt.«

»Gibt es so etwas wie ein Corporate-Identity-Gefühl bei der Polizei«, fragt die Moderatorin weiter, » keiner darf über den anderen etwas Negatives sagen?«

Bianca Müller bestätigte dies: »Dieser Korpsgeist ist bekannt, er wird auch nicht bestritten, und es ist klar, dass überall gemauert wird.«

Abschließend will die Moderatorin den Ministerialrat zu einer Zusage bewegen, dass er als Dienstvorgesetzter etwas unternimmt. Doch Werries zieht sich darauf zurück, dass zunächst ein staatsanwaltschaftliches Ermittlungsergebnis vorliegen müsse.

(Die inhaltliche Wiedergabe erfolgt mit freundlicher Genehmigung des ZDF.)

Dokument 10

Pressemitteilung der Bundesarbeitsgemeinschaft *Kritischer Polizistinnen und Polizisten* vom 19. 6. 2000 in der Sache Nina Dreisbach (Auszüge)

Die Justiz und der »Frei«tod von Nina Dreisbach

Zu der übermorgen vor dem Amtsgericht Neuss stattfindenden Gerichtsverhandlung gegen den Mobbing-Beamten der vor über einem Jahr von uns gegangenen jungen Kollegin nehmen wir drei SprecherInnen wie folgt Stellung:

Es handelt sich um den zweiten Fall, dass eine junge Kollegin, die dem Angeklagten zur Praxisbegleitung anvertraut war, sich das Leben nahm.

Bei dem ersten Fall vor inzwischen fünf Jahren, Kollegin R., ergeben sich aufgrund der Aktenlage zunächst Indizien für ein Tötungsdelikt. Man fand Schmauchspuren an der Hand des jetzt wegen Nina Dreisbach Angeklagten. Die Kollegin, die sich angeblich selbst tötete, die sich in Bauchlage auf dem Boden liegend mit der Waffe dieses Beamten erschossen haben soll, hatte nur minimale Schmauchspuren an den Händen.

Der übermorgen wegen eines ähnlichen Falles Angeklagte nahm seine Schusswaffe damals entgegen seiner Gewohnheiten mit zu sich nach Hause (...). Dieser Kollege will das damals ausnahmsweise (...) getan haben, weil er auf dem Weg zu einem Schieß-Sport-Club gewesen wäre. Er konnte jedoch keine konkreten Angaben dazu machen. Es wurde ein Gutachten in Auftrag gegeben, das auch gleich wertete, dass der Kollege Schmauchspuren trug, die aber nur »Zufallsprodukt« seien, aber kein Gutachten, ob die bei ihm gefundenen Schmauchspuren nicht durch eigenes Schießen hätten entstehen können mit anschließendem Händewaschen! – Und so viele Unklarheiten mehr, wie ein nachträglich datierter »Abschiedsbrief«, fehlende Fingerabdrücke, Schusswinkel usw.

Die Dienstaufsicht in der gesamten Vorgesetztenhierarchie hatte versagt, sonst wäre Nina Dreisbach noch am Leben, denn es war bekannt, dass der Beamte seit Jahren unter psychiatrischer Medikamentation stand.

Insgesamt haben sich auf der Wache in Neuss 1990 bis 1999 vier Kolleginnen bzw. Kollegen das Leben genommen. (...)

Wir *Kritischen* haben über Polizeidienststellen in der Bundesrepublik Deutschland Kenntnis von mehr als 15 Freitoden in Polizeikreisen innerhalb kurzer Zeitabstände. (...)

Nun zum Kern dieser Presseinformation:

1.

Die Staatsanwaltschaft Düsseldorf reduzierte die Anklagepunkte gegen den Mobbing-Täter im Verfahren um den Tod von Nina Dreisbach auf »Unterlassene Hilfeleistung«, statt die Erfüllung der Tatbestände der Misshandlung Schutzbefohlener und Körperverletzung mit Todesfolge zu prüfen, wofür es Zeugen gibt.

2.
Das Amtsgericht Neuss lehnte die Anklageeröffnung ab; der auch heute noch zuständige Richter wollte nicht einmal einen Strafbefehl erlassen.

3.
Das Landgericht Düsseldorf beschloss die Anordnung der Hauptverhandlung gegen den Mobbing-Täter.
(...)

4.
Der heute also weiter zuständige Amtsrichter hatte nichts anderes zu tun, als zunächst das Ehepaar Dreisbach und Ninas Schwester als Nebenkläger aus dem Verfahren auszuschließen. (...)

Nina Dreisbach ist kein Einzelfall. Und die bekannt gewordenen Fälle stellen lediglich das Hellfeld dar. Mobbing ist nicht bloß in der nordrhein-westfälischen Landespolizei – über Erkrankungen, Psychiatrisierungen, Frühpensionierungen bis hin zum »Frei«tod – an der Tagesordnung. Forschungen finden so gut wie nicht statt oder werden durch »Eigendefinitionen« des Mobbings der Behörden ad absurdum geführt, vorhandenes statistisches Material wird bewusst nicht aufbereitet – der Skandal ist systemischer Art und selten so konkret nachvollziehbar wie im Fall Nina Dreisbach.

Dass Fälle überhaupt bekannt werden, liegt nicht an couragierten Kollegen, die den Mobbing-Täter zur Verantwortung ziehen wollen, auch nicht an Staatsanwaltschaften oder Gerichten –, sondern, wie hier grausam belegt, einzig und allein an den Eltern der Toten, die über die Medien die Öffentlichkeit zur Anteilnahme bewegen.

Das ändert aber nichts daran, dass Mobbing-Täter, wie jetzt auch in München im »Frei«tod-Fall Silvia Braun, mit lächerlich anmutenden Strafbefehlen, zum Beispiel wegen Beleidigung, praktisch unbehelligt bleiben und nicht zur Verantwortung gezogen werden.

Wir fordern die rückhaltlose Aufklärung beider Todesfälle, bei denen der Angeklagte in Neuss unmittelbar beteiligt gewesen ist, von den staatlichen Institutionen. – Wir fordern ferner die politische Aufbereitung des Problemfeldes und endlich eine effiziente externe Kontrolle der Polizeien durch rechtlich, personell und sachlich kompetente, gut ausgestattete Polizeibeauftragte.

Martin Herrnkind, Bianca Müller, Thomas Wüppesahl

Anmerkung: Der angeklagte Andreas F. wurde in der Verhandlung am 21. 6. 2000 freigesprochen.

Dokument 11

Dienstaufsichtsbeschwerde der Eheleute Ingeborg und Jürgen Dreisbach vom 10. Mai 1999 (Auszüge)

Die Dienstaufsichtsbeschwerde vom 10. Mai 1999 wurde bei dem Innenminister des Landes Nordrhein-Westfalen erhoben und ist gegen den Leiter der Hauptwache Neuss PI Mitte sowie gegen alle Dienstvorgesetzten des Polizeiobermeisters Andreas F. gerichtet. Anlage der Dienstaufsichtsbeschwerde ist eine Strafanzeige gegen F. wegen unterlassener Hilfeleistung, weil ihm Nina Dreisbach am 9. Februar 1999 in einem längeren Telefongespräch ihre bevorstehende Selbsttötung konkret ankündigte und Polizeiobermeister F. erst 21 Minuten nach Beendigung des Gesprächs über Notruf 110 die Polizei verständigte. Die jetzt eingeleiteten Hilfsmaßnahmen kamen zu spät.

Mit der Begründung, dass staatsanwaltschaftliche Ermittlungen noch nicht abgeschlossen seien, ist über die Dienstaufsichtsbeschwerde bisher nicht entschieden worden.

(...)

Im Zuge der Ermittlungen meiner Mandanten erfuhren diese, dass Herr F. bereits im Jahre 1995 eine wohl vergleichbare Situation erlebt haben muss. Am 10. Januar 1995 erschoss sich eine Polizeibeamtin Alexandra Richter in Gegenwart des Beamten F. mit dessen Dienstwaffe.

Dieses Geschehen führte dazu, dass der Dienststellenleiter und sein Stellvertreter bei den Hinterbliebenen vorsprachen und mitteilten, dass der Beamte F. für unabsehbar lange Zeit vom Dienst suspendiert werde, sich einer Therapie in einer psychiatrischen Anstalt zu unterziehen habe und dass man davon auszugehen habe, dass dieser Beamte nie wieder »Dienst an der Waffe« verrichten dürfe.

(...)

Sämtlichen Dienstvorgesetzten des Herrn F. sind die beschriebenen Umstände bekannt gewesen. Es ist daher nicht nachvollziehbar, wie Herr F. nach dem damaligen Vorfall - heute immer noch in psychotherapeutischer Behandlung befindlich – als verantwortlicher Streifenführer mit Dienst an der Waffe zur Ausbildung junger Polizeibeamtinnen eingesetzt werden konnte. (...) Sein dienstliches Verhalten, insbesondere gegenüber der ihm zur Ausbildung anvertrauten Nina Dreisbach, hätte überprüft und kontrolliert werden müssen. Frau Dreisbach hätte über das damalige Geschehen aufgeklärt werden müssen. (...) Aus Gründen der Fürsorge hätte Herr F. überhaupt nicht zur Ausbildung einer jungen, gerade von der Polizeischule kommenden, 20-jährigen Beamtin eingesetzt werden dürfen. (...) Die Tochter meiner Mandanten war aufgrund des Verhaltens der Dienstvorgesetzten des Herrn F. diesem nahezu vollständig ausgeliefert.

(...)

Dokument 12

Hamburger Polizeikommission – Jahresbericht 1999 (Auszüge)

Die Polizeikommission besteht aus drei ehrenamtlichen Mitgliedern, von denen eins die Befähigung zum Richteramt besitzen muss.

Die Mitglieder der Kommission, die an Aufträge und Weisungen nicht gebunden sind, haben die Aufgabe, interne Fehlentwicklungen und daraus folgende Gefährdungen der Einhaltung rechtsstaatlichen Verhaltens der Polizei zu erkennen und darüber zu berichten.

Der Kommission ist Auskunft auf ihre Fragen sowie Einsicht in alle Unterlagen sowie Zutritt zu allen Diensträumen zu gewähren. Sie übt Kontrollbefugnisse im Sinne des Hamburger Datenschutzgesetzes aus. (1–4 Gesetz über die Polizeikommission v. 16. Juni 1998)

Rechts- und Disziplinarverstöße

Im Bereich des Dienst- und Disziplinarrechts liegt die Entscheidung weitgehend sogar ganz bei den Dienstvorgesetzten. Die entsprechenden Stellen innerhalb der Polizei sind dabei Teil der Institution, über deren rechtmäßiges und reibungsloses Funktionieren sie zu befinden haben. Sie stehen damit in einem intern nur schwer auflösbaren Rollenkonflikt und machen sich angreifbar für die Unterstellung, Meldungen über polizeiliche Verfehlungen werde nicht mit der gebotenen Konsequenz nachgegangen. Allein der Umstand, dass über 95 % aller staatsanwaltschaftlichen Ermittlungsverfahren gegen Polizeibeamte eingestellt werden, trägt zu dieser Skepsis bei. Für die Polizeikommission manifestiert sich darin vor allem eine institutionell und rechtlich abgesicherte »Herrschaft über die Wirklichkeit« durch die Polizei. Diese basiert dabei auf einer privilegierten Verankerung der Polizei in einer Art »Hierarchie der Glaubwürdigkeit«. Als entscheidendes Ermittlungsorgan bei der Verfolgung und Ahndung strafrechtlicher Verstöße ist sie nicht nur Beschaffer von Beweismitteln, sondern vor Gericht als Institution und Funktionsträger selbst »Beweismittel«. (S. 4)

»Mauer des Schweigens«

Die Polizeikommission wurde mit der ausdrücklichen Erwartung eingerichtet, einen Beitrag zum Abbau der sogenannten Mauer des Schweigens zu leisten. Mit diesem Ausdruck sind vielfältige Zusammenhänge gemeint, die die Bereitschaft von Polizeibeamtinnen und Polizeibeamten, ihr Wissen über mögliche rechtliche Verfehlungen von Kollegen zur Verfügung zu stellen, systematisch behindern: falsch verstandene, d.h. zudeckende, Loyalität und Solidarität und damit verbunden das Risiko, im Falle einer Aussage von den Kolleginnen und Kollegen ausgegrenzt zu werden. Ebenso sind die – ungewollten – Konsequenzen des Legalitätsprinzips zu nennen, das die unbedingte und umgehende Einleitung eines strafrechtlichen Ermittlungsverfahrens vorschreibt, sobald ein möglicher Verstoß gegen strafrechtliche Bestimmungen einer Polizeibeamtin oder einem Polizeibeamten zur Kenntnis gelangt.

Folge einer solchen Dynamik sind Beeinträchtigungen in allen drei bearbeiteten Problemfeldern:

- effektive strafrechtliche Ermittlungen gegen Polizeibeamtinnen und Polizeibeamte werden erschwert;
- eine offene und konstruktive Auseinandersetzung mit Beschwerden von Bürgerinnen und Bürgern wird behindert;
- eine offene und innerpolizeiliche Konfliktbearbeitung im Sinne eines konstruktiven Selbstregulationsprozesses unterbleibt. (S. 6, 7)

Strafrechtliche Ermittlungen gegen Polizeibeamtinnen und Polizeibeamte

Grundsätzlich gelten folgenlose Einstellungen von strafrechtlichen Ermittlungen (...) als Ausdruck der Tatsache, dass das angezeigte Handeln entweder offensichtlich keinen Straftatbestand erfüllt oder die Straftat nicht zu beweisen war.

(...) In allen Fällen war die beschuldigte Aussage der oder des Geschädigten in entscheidenden Punkten von der Aussage der polizeilichen Beschuldigten oder der polizeilichen Zeugen abgewichen. Da die Staatsanwaltschaft aber keinen Anlass gesehen hatte, die Aussagen der Polizeibeamten in Zweifel zu ziehen, wurden dann regelmäßig die Ermittlungsverfahren eingestellt.

Für die Polizeikommission gewann die Frage zunehmend an Bedeutung, ob – möglicherweise systembedingt – Aussagen von Polizeibeamtinnen oder Polizeibeamten (...) gleichsam automatisch eine erhöhte Glaubwürdigkeit zugestanden wird. Polizeibeamte stehen in Strafverfahren gegen Kollegen in der Tat vor einer ausgesprochen schwierigen Situation. Auf der einen Seite belasten sie mit ihren Aussagen u.U. Kollegen, denen gegenüber natürlich Loyalitäts- bzw. Solidaritätsgefühle bestehen (...). Auf der anderen Seite, und auch das unterscheidet sie von unbeteiligten zivilen Zeugen, laufen sie gegebenenfalls selbst Gefahr, sich durch ihre Zeugenaussage zu belasten,

(…) den Tatbestand der Strafvereitelung erfüllt zu haben. Denn, anders als sonstige zivile Bürger, ist jede Polizeibeamtin und jeder Polizeibeamter verpflichtet, einen Sachverhalt (…) bei hinreichendem Anfangsverdacht auf das mögliche Vorliegen einer Straftat unverzüglich zur Anzeige zu bringen. (…) Dass dieser besonderen Problematik hinreichend Rechnung getragen wurde, indem entsprechende Aussagen besonders gründlich betrachtet und geprüft wurden, war den vorliegenden Fällen aber nicht zu entnehmen. Vielmehr wurden entsprechende Zeugenvernehmungen routinemäßig abgewickelt, basierten oftmals lediglich auf den schriftlichen Berichten der Polizeibeamten und führten selbst dann nicht zur Irritation, wenn entsprechende Aussagen im Falle mehrerer Polizeizeugen häufig bis in die Formulierungen hinein identisch ausfielen. (…)

In diesem Zusammenhang verdient eine offensichtliche polizeiliche Praxis der Abwehr von gegen sie gerichteten Vorwürfen besondere Erwähnung. Nach dem Eindruck der Polizeikommission reagiert die Polizei, wenn sie der Verletzung von Normen bezichtigt wird, vielfach selbst mit einer Anzeige (…) wegen Widerstandes gegen die Staatsgewalt.(…) Für die Polizeikommission wurde nach ihren bisherigen Erfahrungen deutlich, dass nicht nur die unzureichende Beweislage zu der hohen Einstellungsquote gegen Polizeibeamtinnen und Polizeibeamte führt, sondern anscheinend auch eine Art von hervorgehobener Glaubwürdigkeit von Polizeibeamtinnen und Polizeibeamten im Unterschied zu sonstigen Bürgerinnen und Bürgern. (S. 23–25).

Individualisierung von Konflikten

In den geprüften Fällen war ein dominierendes Muster der Konfliktbewältigung besonders deutlich geworden: eine starke Tendenz zur Abschirmung der Institution vor Kritik zu Lasten der Kritiker (Personalisierung der Kritik). Selbst Beamtinnen und Beamte, die vorher unbeanstandet ihren Dienst verrichtet hatten und gute bis sehr gute Beurteilungen vorweisen konnten, wurden im Konfliktzusammenhang umfassend, hinsichtlich ihrer fachlichen Befähigung ebenso wie hinsichtlich ihrer charakterlichen Eigenschaften, diskreditiert. So wurde regelmäßig als vermeintliche Konfliktlösung der »unfähige Querulant« zum alleinigen Verantwortlichen gemacht und umgesetzt. (…)

Kritikwürdig war ebenfalls die gelegentlich zu beobachtende Praxis, Entscheidungen über Umsetzungen und zukünftigen Einsatz mit kollektiven Ablehnungshandlungen zu begründen. Zwischen legitimen Erwartungen von Kollegialität und Loyalität seitens der Kolleginnen und Kollegen und solchen Ansprüchen, die als Ausdrucksformen einer Korpsgeist-Mentalität zu werten sind, verläuft nur ein sehr schmaler Grat. Kollektive Ablehnungshaltungen als Maßstab dafür zu nehmen, wie stark der Betriebsfrieden durch die unliebsame Beamtin oder den unliebsamen Beamten gestört ist, hält die Polizeikommission deshalb für bedenklich. (S. 38–40)

Mobbing

Die an die Polizeikommission herangetragenen Mobbingvorwürfe wurden von den verantwortlichen Vorgesetzten nicht als solche aufgegriffen. Vielmehr wurde – auch hier – das Problem dadurch »gelöst«, dass der Beamte von der Dienststelle entfernt und gegen seinen Willen umgesetzt wurde. Die Polizeikommission misst der Mobbing-Problematik eine große Bedeutung im Rahmen ihrer Bemühungen um den Abbau eines unzuträglichen »Korpsgeistes« innerhalb der Polizei bei. Mobbing ist gewissermaßen Ausdruck und Grundlage des »Korpsgeistes«. Mobbing-Handlungen sind eine Strategie, mit der Gruppen gegen Mitglieder vorgehen, die gegen informelle Gruppennormen verstoßen haben. (S. 40, 41)

(...) Die Polizeikommission empfiehlt, eine Dienstvereinbarung für den Umgang mit Mobbing-Vorwürfen abzuschließen. (S. 49)

Dokument 13

Sexuelle Belästigung am Arbeitsplatz – eine Untersuchung bei der Polizei in NRW 1995 (Auszüge)

Sexuelle Belästigung am Arbeitsplatz stellt eine Verletzung der Menschenwürde und des Rechtes auf sexuelle Selbstbestimmung dar.

Sie ist meist eine Form von Machtmissbrauch, die darauf zielt,

Frauen herabzuwürdigen und in ihrer beruflichen und persönlichen Entwicklung zu beeinträchtigen.

Sexuelle Belästigung am Arbeitsplatz hat nicht nur gravierende Auswirkungen auf Wohlbefinden und Leistungsvermögen, sondern stört auch nachhaltig Arbeitsklima und Betriebsfrieden. Vorgesetzte, die ihren Führungsaufgaben gerecht werden wollen, dürfen Hinweise auf eine sexuelle Belästigung am Arbeitsplatz nicht ignorieren. (Anl. D, S.2)

Unter sexueller Belästigung *im weitesten* Sinne fallen:

Hinterherpfeifen, anzügliche Witze, »aufreizende« Kleidung, Anstarren, taxierende Blicke;

hiervon waren 12 % der Frauen betroffen. (S. 26, 44)

Unter sexueller Belästigung *im weiteren* Sinne fallen:

anzügliche Bemerkungen über die Figur, anzügliche Bemerkungen über sexuelles Verhalten im Privatleben, pornografische Bilder am Arbeitsplatz, unerwünschte Einladungen mit eindeutiger Absicht, scheinbar zufällige Körperberührungen;

hiervon waren 36 % der Frauen betroffen. (S. 26, 44)

Unter sexuelle Belästigung *im engeren* Sinne fallen:

sexuelle Anspielungen in Telefongesprächen oder Briefen, Versprechen beruflicher Vorteile bei sexuellem Entgegenkommen, Androhung beruflicher Nachteile bei sexueller Verweigerung, Po-Kneifen oder Klapsen, aufgedrängte Küsse, Berühren der Brust, Zur-Schau-Stellen des Genitals, Aufforderung zu sexuellem Verkehr, Erzwingen sexueller Handlungen, tätliche Bedrohung;

hiervon waren 52 % der Frauen betroffen. (S. 27, 44)

Ein Viertel der weiblichen und immerhin noch 5 % der männlichen Beschäftigten haben sich schon einmal während ihrer Dienstzeit belästigt gefühlt. (S.31)

Wird eine Person belästigt, so ist dies in der Mehrzahl der Fälle kein einmaliges Vorkommnis, 21 % der Männer und 25 % der Frauen wurden zwei- bis dreimal belästigt. Bei 40 % der von Belästigung betroffenen Frauen und bei 43 % der Männer wiederholen sich diese Vorfälle »öfter« oder »immer wieder«. (S. 35)

Frauen werden im wesentlichen nur durch Männer belästigt; Männer überwiegend durch Frauen, in 13 % durch Männer. (S. 36)

Belästigungen erfolgten durch Vorgesetzte in 28 % bei Frauen und 21 % bei Männern. (S. 37)

Alkohol spielte in der Mehrzahl der Fälle keine Rolle. (S. 39)

Die Vielfalt der Empfindungen der weiblichen Betroffenen zeigt, dass nur ein kleiner Teil unbeeindruckt bleibt. Wut und Empörung sind mit Ekel, Peinlichkeit, Überraschung und Hilflosigkeit die vorherrschenden Empfindungen. Die Betroffenen fühlen sich durchgängig in ihrer ganzen Persönlichkeit angegriffen und in Frage gestellt. (S. 45, 46)

Die Empfindungen der betroffenen Männer sind im Grundsatz ähnlich, es zeigen sich jedoch auch Unterschiede. Ein deutlich größerer Teil der Männer bleibt unbeeindruckt; während Frauen am häufigsten Wut empfinden, sind Männer vor allem überrascht. Männer empfinden deutlich seltener Hilflosigkeit, Wut und Empörung, auch sind sie seltener angeekelt oder peinlich berührt. (S. 46)

Es ist zu vermuten, dass diese Unterschiede zu einem großen Teil noch auf die klassischen Rollenverteilungen und Verhaltensmuster der Geschlechter zurückzuführen sind. Nichts desto weniger wird auch deutlich, dass es sich auch für die Männer um unerwartete und äußerst unangenehme Vorkommnisse handelt. (S. 46)

Jeweils 11 % sowohl der weiblichen als auch der männlichen Betroffenen haben sich außerstande gesehen, in der konkreten Situation zu reagieren. (S. 48)

Als häufigste Reaktionen der weiblichen Beschäftigten, die direkt auf den Belästigungsversuch reagieren konnten, ist festzustellen, dass

die Belästigte versucht, scherzhaft damit umzugehen, so reagieren 48 % der Frauen und sind damit in 51 % der Fälle erfolgreich;

die Belästigte versucht, die Annäherungsversuche zu ignorieren, so reagieren 39 % der Frauen, sind damit aber nur in 39 % der Fälle erfolgreich;

der Belästiger zur Rede gestellt wird und die Betroffene sich die Belästigung verbittet, so reagieren 38 % der Frauen und sind damit nach ihrer Auffassung in 63 % der Fälle erfolgreich;

die Belästigte sich körperlich zur Wehr setzt, so reagieren 24 % der Frauen und sind damit in 77 % der Fälle erfolgreich. Diese Reaktion erfolgt im wesentlichen bei physischer Belästigung, wird aber auch auf verbale Belästigungen gezeigt;

die Belästigte droht, sich zu beschweren oder es weiterzuerzählen, so reagieren nur 15 % der Frauen, sind aber in 58 % der Fälle erfolgreich. (S. 48)

Es wird damit deutlich, dass es durchaus Abwehrreaktionen gibt, die sehr erfolgreich sind. Sie sind im wesentlichen durch ein offensiveres, vermutlich auch selbstbewussteres Vorgehen der Betroffenen gekennzeichnet. (S. 50) Berücksichtigt man, dass sich nur ein kleiner Teil der belästigten Frauen beschwert (10 %) oder den Belästiger verklagt (3 %), so kann die Tatsache, dass der Vorfall für die belästigende Person in vielen Fällen keine Konsequenzen hat, nicht überraschen. (S. 50)

Für die belästigte Person sind nach eigenen Angaben in den meisten Fällen keine Nachteile als Folge der Belästigung zu erkennen (74 %). Dies bedeutet jedoch andererseits, dass sich ein Viertel der Belästigten durchaus in ihrem beruflichen Umfeld beeinträchtigt fühlen, insbesondere dadurch, dass die durch die Belästigung ausgelösten Empfindungen nicht ernst genommen werden (12 %). In 13 % der Fälle fühlen sich die Belästigten nach dem Vorfall in ihrer Leistungsfähigkeit und Gesundheit eingeschränkt. 13 % empfinden sich als isoliert, schikaniert oder als Lügnerin abgestempelt. In Einzelfällen kommt es sogar zu einer Zunahme der Belästigungen oder zu Versetzungen der belästigten Person. (S. 50, 51)

Warum bei einer sexuellen Belästigung anwesende Kollegen nicht eingegriffen haben, schätzen Frauen wie folgt ein:

Sie vermuten, dass die Kollegen die Belästigung nur als Scherz betrachten (59 %); Männer der belästigten Person eine Mitschuld durch Provokation unterstellen (59 %); man die Sache nicht unnötig aufbauschen sollte (29 %), man ja nie wissen kann, wer angefangen hat (34 %); Männer Angst haben, unter Männern zu Außenstehenden zu werden (50 %); Männer oft davor zurückscheuen, sich öffentlich auf die Seite von Belästigten zu schlagen (36 %); manche Männer befürchten, als Mann nicht ernst genommen zu werden (29 %); viele Kollegen berufliche Nachteile für sich selbst befürchten (43 %); sich die Kollegen vielleicht hilflos fühlen (47 %). – (S. 53)

Anmerkung: Der Erhebung lagen 7119 anonym ausgefüllte Fragebögen zu Grunde.

Dokument 14

Mitarbeiterbefragung 1999 beim Polizeipräsidium München (Auszüge)

Stellung der Frau

24 % der Polizisten arbeiten gerne mit Kolleginnen zusammen, 25 % finden die Zusammenarbeit als »unproblematisch« und 15 % sagen, dies sei «der Aufgabenerfüllung dienlich». 8 % der Vollzugsbeamten ist die Zusammenarbeit mit den Kolleginnen «egal», 12 % würden «lieber nicht mit Polizeibeamtinnen arbeiten», 4 % empfinden die Zusammenarbeit «für die Aufgabenstellung hinderlich» und 8 % neigen zu der Auffassung, «Frauen haben im Vollzugsdienst nichts zu suchen». Insgesamt zeigt sich, dass die Vollzugsbeamten bei der Schutzpolizei eine kritischere Einstellung zur Zusammenarbeit mit Frauen zeigen (23 %) als die Kollegen der Kriminalpolizei (13 %). (S. 44)

64 % der Polizistinnen »arbeiten gern mit männlichen Kollegen zusammen«, 17 % empfinden die Zusammenarbeit als »unproblematisch« und 7 % sagen, dies sei »der Aufgabenerfüllung dienlich«, 4 % ist es egal. Weniger als 1 % würden »lieber nicht mit Polizeibeamten arbeiten«. (S. 44)

32 % der Polizisten plädieren für eine »reine Männerstreife« als Besatzung von Funkwagen, während sich 68 % der Polizistinnen für »gemischte Streifen« aussprechen. (S. 45)

23 % der Männer gehen davon aus, dass Frauen bei der übertragenen Arbeit bevorzugt behandelt und 36 %, dass Frauen bevorzugt beurteilt werden. (S. 46)

Den Umgangston der Männer gegenüber Frauen kritisieren 8 % der Polizistinnen als »abweisend, rüde« und 5 % als »feindselig«. (S. 47)

Sexuelle Belästigung am Arbeitsplatz

Jede fünfte Polizistin stellt sexuelle Belästigung am Arbeitsplatz fest (3 % »sehr häufig«, 17 % »häufig«), davon in 15 % durch Vorgesetzte. Jede 11. Beamtin sagt, dass sie schon mehrmals persönlich Opfer von sexueller Belästigung war und zusätzlich jede siebte Beamtin berichtet von einmaligen Vorkommnissen.(S. 51, 52)

Mobbing am Arbeitsplatz

Besonders häufig genannt werden:

– jemand wird vor versammelter Mannschaft öfters lächerlich gemacht (77 %);
– unbequeme oder lästige Aufgaben werden immer derselben Person übertragen (64 %);
– geringe Fehler werden aufgebauscht bzw. überbewertet (59 %);
– Arbeitsmaterialien verschwinden häufig auf geheimnisvolle Weise (51 %);
– jemand wird ständig grundlos gleichgültig behandelt (49 %);
– jemand wird mit Arbeit systematisch zugedeckt (48 %). (S. 53)

Ein Viertel der Mitarbeiter im PP München gibt an, Opfer von Mobbing am Arbeitsplatz geworden zu sein (11 % mehrmals, 13 % einmal). Von den Frauen hat sich jede Dritte schon als Opfer solcher Verhaltensweisen gesehen. 39 % der Fälle gingen von einem Kollegen aus, 28 % von einem/einer Vorgesetzten, 25 % von Kollegen und Vorgesetzten gemeinsam und 7 % von einer Kollegin. (S. 54)

Nur 6 % der Befragten haben die Situation als Mobbing erkannt *und* sind dagegen eingeschritten. 23 % haben die Situation nicht als Mobbing erkannt. 41 % hatten das Mobbing verursacht und 37 % sich daran beteiligt. Vorgesetzte haben in 27 % Mobbing erkannt, aber ignoriert. (S. 55)

Interessant ist, dass sich diejenigen, die schon Mobbing-Opfer waren, überdurchschnittlich häufig »an niemanden« (11 %), an eine »externe Vertrauensperson« (31 %) bzw. an eine »externe Beratungsstelle« (9 %) wenden würden. (S. 55)

Anmerkung: Der Erhebung lagen 2998 anonym ausgefüllte Fragebögen zu Grunde.

Dokument 15

Bericht der Mobbing-Kommmission des Polizeipräsidenten in Berlin vom April 1999 (Auszug)

Ergebnisse der Prüfungen
Von den 33 Sachverhalten erkannte die Kommission in 2 Fällen ein Mobbing, 4 Sachverhalte waren nicht in letzter Konsequenz aufklärbar und in 27 Fällen wurde kein Mobbing erkannt.

Dieses Ergebnis wird auch nicht geschmälert durch den Umstand, dass teilweise erhebliche Konflikte auch im fortgeschrittenen Stadium erkennbar waren. Sie waren durchaus mit deutlichen Beeinträchtigungen für die Betroffenen verbunden, doch rechtfertigt dies nicht leichtfertig die Qualifizierung als Mobbing.

Ein Mobbing-Verhalten richtete sich gegen eine Mitarbeiterin der Verwaltung. (...)

Der zweite als Mobbing bewertete Fall war ein Vorgehen gegen eine Mitarbeiterin der Verwaltung. (...)

(S. 14)

Stellungnahme des Berliner Innensenators Dr. Eckart Werthebach am 20. September 1999 im Innenausschuss des Abgeordnetenhauses (Auszug lt. Inhaltsprotokoll)

Senator Dr. Werthebach (Inn) führt aus, die Vorgeschichte der Anti-Mobbing-Kommission liege in der Berichterstattung über den tragischen Tod der Berliner Polizeibeamtin Stefanie L. (...)

Der Bericht zeige, dass in der Polizei ein ausreichendes Instrumentarium zur Konfliktlösung vorhanden sei. Es habe sich auch gezeigt, dass nur in 2 von 34 untersuchten Fällen Mobbing im Sinne der Definition vorgelegen und es sich im übrigen um Konflikte unterschiedlichster Art gehandelt habe. Daher erscheine es als sinnvoll, die Kommission, wie bereits mitgeteilt, als Konflikt-Kommission weiter bestehen zu lassen. Diese Kommission werde sich bei Bedarf direkt um die Lösung auftretender Konflikte kümmern.

Dokument 16

amnesty international: Ausländer als Opfer – Polizeiliche Misshandlungen in der Bundesrepublik Deutschland 1992–2000 (Auszüge)

Zwischen Januar 1992 und März 1995 hat *amnesty international* Berichte über mehr als 70 Vorfälle erhalten, bei denen deutsche Polizeibeamte in Ausübung ihres Dienstes gegen Menschen in unverhältnismäßiger oder ungerechtfertigter Weise Gewalt angewandt oder in ihrem Gewahrsam befindliche Personen grausamer, unmenschlicher oder erniedrigender Behandlung oder Strafe unterworfen haben.

Medizinische Gutachten belegen, dass den Opfern Zähne ausgeschlagen worden sind, dass sie Distorsionen und Prellungen oder sogar Knochenbrüche davongetragen haben. Die diagnostizierten Verletzungen stimmten mit den Angaben der Opfer überein, die der Polizei exzessive Gewaltanwendung oder vorsätzliche Misshandlung in Form von Fausthieben, Fußtritten oder Schlägen mit Knüppeln vorwarfen. In mindestens zwei Fällen (...) kann von Misshandlungen, die der Folter gleichkommen, gesprochen werden. Es liegen des Weiteren Anhaltspunkte dafür vor, dass bisweilen Polizeibeamte gegen die Opfer von Misshandlungen Anzeige wegen »Widerstandes gegen Vollstreckungsbeamte« erstattet haben, um eine Erklärung für das Zustandekommen der Verletzungen liefern zu können.

Bei den *amnesty international* zur Kenntnis gebrachten Fällen handelt es sich bei den Opfern, von wenigen Ausnahmen abgesehen, um ausländische Staatsbürger, unter ihnen Asylbewerber und Flüchtlinge, die der Verfolgung in ihrer Heimat entkommen waren und in der Bundesrepublik Deutschland Schutz zu finden hofften. Zu den Opfern polizeilicher Misshandlungen zählten ferner Angehörige ethnischer Minderheiten. Vielfach schienen die mutmaßlichen Misshandlungen rassistisch motiviert gewesen zu sein. *Mehr als die Hälfte der Vorwürfe richtete sich gegen Beamte der Berliner Polizei.*

(...) Obwohl in allen Fällen Ermittlungsverfahren eingeleitet worden sind, führten diese oftmals nicht zur strafrechtlichen Verfolgung der (...) Polizisten. Auch Disziplinarstrafen wurden, wenn überhaupt, nur vereinzelt verhängt. Keines der (...) Misshandlungsopfer hat bislang für die erlittenen Verletzungen eine Entschädigung erhalten.

(...) Die Übereinstimmung in den Aussagen mutmaßlicher Misshandlungsopfer und die Regelmäßigkeit, mit der *amnesty international* Berichte über Misshandlungen zugegangen sind, haben die Organisation zu dem Schluss geführt, dass Fälle von Misshandlungen durch die Polizei keine isolierten Einzelvorkommnisse darstellen. Vielmehr lassen die in den vergangenen drei Jahren gesammelten Informationen in Deutschland und insbesondere in Berlin ein deutliches Muster der Misshandlung von Ausländern und Angehörigen ethnischer Minderheiten durch die Polizei erkennen.

(...) Nachdem die Berliner Senatsverwaltung im Juni und Juli 1993 Informationen über zwei Einzelfälle übermittelt hatte, führte der Innensenator aus, dass (...) der Eindruck, die Berliner Polizei sei teilweise oder überwiegend feindlich gegenüber ausländischen Mitbürgern eingestellt, nicht zutrifft. (...) Der Senator wies ferner darauf hin, dass er »aus verständlichen Gründen nicht in der Lage sei, jedes einzelne Schreiben der Mitglieder von *amnesty international* zu beantworten«. Seitdem hat die Organisation auf ihre Anfragen zu konkreten Vorwürfen (...) keine Auskünfte mehr erhalten (...) und wurden Informationsersuche durchgängig unbeantwortet gelassen. Im Januar 1995 regte *amnesty international* ein Treffen mit einem Mitglied der Senatsverwaltung an. (...) Die Antwort lautete, dass man (...) »keinen weiteren Gesprächsbedarf sehe«.

(...) Von 16 angeschriebenen Bundesländern ließen drei jedwede Reaktion vermissen. (Mai 1995)

Im Berichtszeitraum (1996) erhielt *ai* erneut von Vorwürfen über Misshandlungen durch Polizeibeamte Kenntnis.

Im Februar wurde eine Studie »Polizei und Fremde« vorgestellt, die die Innenminister der 16 Bundesländer in Auftrag gegeben hatten. In der Studie ist als Fazit festgehalten, dass es sich bei Polizeiübergriffen gegen Ausländer nicht um »bloße Einzelfälle« handelt.

(*ai*-Jahresbericht 1997)

Im Berichtszeitraum (1997) erhielt *amnesty international* erneut von Vorwürfen über Misshandlungen durch Polizeibeamte Kenntnis, unter ihnen Asylbewerber sowie Angehörige ethnischer Minderheiten.

(*ai*-Jahresbericht 1998)

Im Berichtszeitraum (1998) erhielt *amnesty international* erneut von Vorwürfen über Misshandlungen durch Polizeibeamte Kenntnis. Bei den mutmaßlichen Opfern handelte es sich vielfach um Asylbewerber.

(*a*i-Jahrebericht 1999)

Im Berichtszeitraum (1999) sah sich die Polizei erneut mit Vorwürfen über Misshandlungen konfrontiert. Bei den mutmaßlichen Opfern handelt es sich überwiegend um ausländische Staatsbürger – vor allem Asylbewerber und Angehörige ethnischer Minderheiten. Die meisten machten geltend, wiederholt mit Fußtritten und Fausthieben traktiert und mit Knüppeln geschlagen worden zu sein. In einigen Fällen sollen Polizisten ihre Opfer in abfälliger und rassistischer Weise beschimpft haben.

(*a*i-Jahresbericht 2000)

Dokument 17

Auszug aus dem Urteil des Landgerichts Frankfurt (Oder) gegen 4 Polizeibeamte wegen Körperverletzung im Amt – Az. 23 KLs 5/95 –

(...)

Als der Angeklagte G. den Zeugen T. in hockender Haltung im Hausflur sitzen sah, nahm er ihn fest, wobei er dessen Arm nach hinten drückte, was dem Zeugen erhebliche Schmerzen bereitete und er deshalb jammerte. Der Zeuge leistete keinen Widerstand. Der Angeklagte G. führte den Zeugen sodann in bückender Haltung und gewaltsam zum Funkstreifenwagen, in dem sich bereits der Angeklagte R. zusammen mit dem ebenfalls wegen Verdachts der Steuerhehlerei vorläufig festgenommenen Zeugen M. befand (siehe hierzu Fall lfd.Nr. 4 S. 72f.). Der Aufforderung des Zeugen K., nicht so gewaltsam zu sein und sich nicht so »schweinisch« zu benehmen, begegnete der Angeklagte G. sinngemäß mit den Worten: »Die haben mehr Geld als Sie.« Vor dem Einsteigen in den Funkstreifenwagen trat der Angeklagte G. den Zeugen – ohne dass dieser ihm dazu Veranlassung gegeben hätte – mit dem beschuhten Fuß in den Rücken, so dass dieser zu Boden fiel. Feststellungen über die Beschaffenheit der Schuhe konnten nicht getroffen werden. Der Angeklagte G. legte dem Zeugen nunmehr auch Handfesseln an. Nachdem sich der Zeuge entsprechend der Aufforderung durch den Angeklagten in den Fond des Pkw gesetzt hatte, schlug der Angeklagte G. ihn im Auto mit der Faust in den Bauch- und Rippenbereich. Während der Fahrt griff der Angeklagte G. nach hinten und kniff den Zeugen zugleich in den Oberschenkel. Diese Misshandlungen waren für den Zeugen T. insgesamt sehr schmerzhaft.

Auf der Polizeiwache in Bernau angekommen, wurde der Zeuge in den mittleren der drei oben geschilderten Zuführräume geführt. Der Angeklagte G., der sich allein mit dem Zeugen in dem Wachraum befand, forderte diesen auf, sich auszuziehen. Der Zeuge kam dieser Aufforderung aus Angst vor weiteren Misshandlungen nach. Während sich der Zeuge auszog, trat der Angeklagte G. diesen erneut mit dem beschuhten Fuß gegen das Schienbein. Als der Zeuge vollkommen entkleidet war, schlug ihn der Angeklagte G. wiederum mit den Fäusten in das Gesicht und gegen die Brust, auch zog er ihn am Kopf hoch. Ebenso fragte er ihn, ob er Geld habe.

Der Zeuge, der seit 1991 in Deutschland ist, ist in der Lage, einfache Sätze in Deutsch zu verstehen und auch zu beantworten. Aus Angst vor Schlägen traute er sich jedoch nicht zu antworten. Als der Angeklagte sodann eine Ablichtung der Aufenthaltsgestattung des Zeugen gefertigt hatte, »entließ« er ihn mit einem Tritt ins Gesäß, nachdem der Zeuge sich wieder angezogen hatte. Der Zeuge hatte zu dieser Misshandlung keine Veranlassung gegeben, er hatte sich weder bei der Festnahme noch bei der körperlichen Durchsuchung gewehrt.

Durch die Misshandlungen erlitt der Zeuge Druckschmerzen in der Brust sowie heftige Kopfschmerzen. Einen Arzt suchte er allerdings nicht auf.

Der Angeklagte G. fertigte keine Strafanzeige gegen diesen Zeugen. Der Dienstbericht, handschriftlich von dem Angeklagten G. gefertigt, weist insoweit folgende Eintragung auf: »Bernau Stadt, Kontrolle illegalen Zigarettenhandels, 2 Bürger nach Information von Bürgerin gestellt. Anzeigenerstattung.« Es liegt jedoch keine Anzeige (...) vor. (S. 63–65)

[Anmerkung d. A.: Der 5. BGH-Strafsenat hat den Schuldspruch im Juli 2000 bestätigt]

Dokument 18

Körperverletzung im Amt im Spiegel der Statistik

Körperverletzung im Amt:
Anzahl der bekannt gewordenen Fälle:
1998: 2180 Fälle
1999: 2172 Fälle
Aufklärungsquote:
1998: 67,9 %
1999: 67,1 %
Ermittelte Tatverdächtige:
1998: 2178
1999: 2105
Tatverdächtige waren neben Polizeibeamten auch Zollbeamte, Strafvollzugsbedienstete und andere Amtspersonen.

In den Jahren *vor* 1998 wurde in der Kategorie der Amts- und Korruptionsdelikte die Körperverletzung im Amt (§ 340 StGB) statistisch nicht ausgewiesen.

Strafverfolgungsstatistik
(erstellt vom Statistischen Bundesamt)

Körperverletzung im Amt:
(bisher nicht flächendeckend erfasst, ohne die neuen Bundesländer)
Anzahl der verurteilten Straftäter:
1990: 24 Verurteilte
1991: 25 Verurteilte
1992: 14 Verurteilte
1993: 31 Verurteilte
1994: 20 Verurteilte
1995: 28 Verurteilte
1996: 33 Verurteilte
1997: 24 Verurteilte
1998: 21 Verurteilte
1999: liegt noch nicht vor

Auch wenn aus verschiedenen Gründen (z. B. unterschiedliche Erfassungsgrundsätze) die Polizeiliche Kriminalstatistik und die Strafverfolgungsstatistik nicht vergleichbar sind, lässt die Gegenüberstellung den groben Wert zu, dass weniger als 5 % der Täter wegen Körperverletzung im Amt verurteilt werden. Das Missverhältnis vergrößert sich noch weiter, wenn man das Dunkelfeld in Betracht zieht, weil aus unterschiedlichen Gründen (mangelndes Vertrauen in die Strafverfolgung, Angst vor Repressalien, Befürchtung ausländerrechtlicher Maßnahmen) keine Anzeige erstattet wurde.

Dokument 19

Mobbing-Resolution der *Kritischen Polizistinnen und Polizisten* vom Januar 2000 (Auszüge)

Aufgrund der Referate und Erfahrungsberichte während der gemeinsamen Tagung der BAG *Kritischer Polizistinnen und Polizisten*, Hamburg, und *Pro Police*, Berlin, zum Thema »Mobbing in der Polizei« am 6. November 1999 in Berlin sowie einer nicht gezählten Anzahl von betreuten Einzelfällen fordert die BAG im Sinne der nachfolgenden Definition und Analyse weitreichende Veränderungen und Verbesserungen.

Definition

Mobbing ist eine Methode des Psychoterrors und der Psychofolter, die geeignet ist, die Psyche des Opfers erheblich zu verletzen und hierdurch schwere Krankheitsbilder, insbesondere reaktive Depressionen, posttraumatische Belastungsreaktionen sowie psychosomatische Symptomenkomplexe hervorzurufen und das Opfer bis in den Suizid zu treiben. Dabei können sowohl kurzzeitige als auch über Monate währende Zeiträume Mobbing darstellen und diese Krankheitsbilder auslösen. Mobbing erfüllt somit den Tatbestand der Folter und unangemessenen Behandlung im Sinne von Art. 3 MRK.

Bisherige Erfahrungen

Polizeiapparate, einschließlich der aus den Haushaltstiteln der Innenressorts bezahlten Arbeitsmediziner, polizeipsychologischen Dienste und sozialtherapeutischen Dienststellen pp., vertuschen die wahren Zusammenhänge und suggerieren in der Regel den Opfern, dass sie sich ändern müssten (Individualisierung der »Schuld«). Die behördlichen Strukturen werden hingegen nicht angetastet, die Behördenvertreter verhalten sich opportunistisch im Sinne der Behördenleitung. Obwohl nur die Spitze des Eisberges sichtbar ist, lässt sich feststellen, dass von Mobbing in der Polizei (auch) die kritischen Köpfe betroffen sind, unabhängig davon, welche politischen Parteien in Bund und Ländern die Regierung bilden.

Welche Folgen hat Mobbing für den Einzelnen?

Die Folgen sind gravierend:

- erhebliche Gesundheitsschäden
- Vergütungsausfälle
- Herabstufungen
- entsprechend geringere Ersatzleistungen bzw. Anwartschaften
- krankheitsbedingte Aufwendungen
- Kündigung, Entlassung
- Frühverrentung, Frühpensionierung
- Rechtsstreit mit Anwalts- u. Gerichtskosten
- Umschulungen oder andere berufliche Förderungsmaßnahmen ohne die gewohnten Einkünfte
- teurere Lebenshaltung bei Zerstörung sozialer Bindungen am Arbeitsplatz, in Freundschaften und Familie

»Außenstehenden ist immer wieder schwer zu vermitteln, was für Belastungen durch Mobbing dem Einzelnen zugemutet werden. Früh treten die Ängste vor dem Arbeitsplatzverlust und sozialem Abstieg auf. Aber auf Dauer tritt vor allen Dingen eine schwere Schädigung von Persönlichkeit und Identität ein. Die Betroffenen müssen fürchten, am Ende eines oft jahrelangen, zunehmend undurchschaubaren Prozesses alles, sozusagen ›sich selbst‹, zu verlieren.

Aus leichteren, unspezifischen und abschnittsweisen Befindlichkeitsstörungen entwickeln sich manifeste Krankheitssymptome, komplexe psychosomatische/psychiatrische Syndrome im Sinne gravierender chronifizierter und teils irreversibler Gesundheitsschädigungen – bis hin zum Suizid.» (Dieter Groeblinghoff, Mobbing – Störungen am Arbeitsplatz – Ursachen und Lösungen, in: Arbeit und Arbeitsrecht 4/1999, S. 162 ff.)

Welche Umstände bedingen Mobbing?

Wir stellen immer wieder folgende Mängel in der Organisation und im Führungsverhalten von Landespolizeien, Bundeskriminalamt, Bundesgrenzschutz, aber auch von Zoll und Steuerfahndung fest:

- Defizite in der Arbeitsorganisation
- Defizite in der Kommunikation
- erhebliche Führungsschwäche
- Machtbesessenheit und Eitelkeit

- Bildung von Subkulturen, Seilschaften
- Rechts- und Machtübergriffe
- Ausschluss aus der Arbeitswelt
- Ärztlich psychotherapeutische (auch juristische) Stigmatisierung

Die Entstehungsbedingungen von Mobbing sind primär nicht einseitig bei den durch Schädigung Betroffenen (Opfern) oder den aktiv Mobbenden (Tätern) zu lokalisieren. Vielmehr handelt es sich um Defizite und Störungen insbesondere bei

- inhaltlicher und zeitlicher Organisation der Arbeit
- Gestaltung von Aufgaben und Zusammenarbeit
- Leistung und Supervision der Arbeit
- Sozial- und Handlungsdynamik der Gruppen
- Persönlichkeitsstrukturen aller Beteiligten und nicht (nur) der/des Hauptbetroffenen
- wirtschaftlichen und gesellschaftlichen Rahmenbedingungen

Fehlende faire Unternehmenskultur

Wer ständig direkt oder indirekt eingeschränkt wird, wer mit Zwangsumsetzung rechnen, um soziale Existenz fürchten und kämpfen muss, der kann seine Fähigkeiten nicht vollständig entfalten, weder im eigenen noch im polizeilichen Interesse.

Kommunikations- und Entscheidungsprozesse werden gerade im Leistungsbereich wesentlich auch emotional, psycho-/beziehungsdynamisch mitbegründet. Es ist eben nicht so, wie immer noch hier und da unreflektierter Weise angenommen oder vorausgesetzt wird, dass sich die Effizienz eines Arbeitszusammenhanges ergibt, wenn man »rein sachlich« zusammenarbeitet.

Wer auf eine gute Unternehmenskultur und damit verbunden auf gedeihlichen zwischenmenschlichen Umgang Wert legt, wird Mobbing möglichst schon im Ansatz durch

- eine konfliktfreie Arbeitsatmosphäre
- Transparenz am Arbeitsplatz
- menschliche Mitarbeiterführung
- reflektiertes Betriebsklima

vermeiden.

Und genau diese Ziele werden in den Polizeien gar nicht verfolgt und an Landespolizei- oder Fachhochschulen stiefmütterlich behandelt.

Mobbing kann die Aufmerksamkeit ganzer Revierschichten, Sachgebiete und Dienststellen von den eigentlichen Aufgaben ablenken. Die daraus entstehenden Fehlzeiten und Mehrbelastungen anderer Mitarbeiter führen zu erheblichem Motivationsverlust. Leistung und Arbeitsfreude sinken. Für den Betroffenen ist der Verlust des Arbeitsplatzes bzw. die Zwangsumsetzung in ungeliebte Arbeitsbereiche oft die letzte Konsequenz.

Gesamtgesellschaftliche Bedeutung

Der volkswirtschaftliche Schaden durch Mobbing und Konflikte am Arbeitsplatz beträgt pro Jahr in Deutschland ca. 85 bis 150 Milliarden DM.

Einzelerhebungen werden für die Polizei (offiziell) nicht erstellt und vorhandene Erkenntnisse nicht zusammengeführt.

Forderungen

1. Förderung der Mobbing-Forschung

Angesichts der volks- und betriebswirtschaftlichen Auswirkungen und des Leids für die Betroffenen müssen die für Deutschland relevanten Fakten von unabhängigen Experten erhoben und analysiert werden.

Fakt ist, dass es in Deutschland wenigstens 1,5 Millionen Mobbing-Opfer gibt; mindestens ¼ aller Arbeitnehmer hat innerlich gekündigt.

Um einen ersten Überblick zu gewinnen, sollten seitens der Landesinnenministerien und des Bundesinnenministeriums anonyme Mitarbeiterbefragungen durchgeführt werden.

2. Prävention

Eine der wichtigsten vorbeugenden Maßnahmen stellen Mitarbeiter- und Teamarbeitsgespräche dar, in denen Konflikte und Anliegen der Bediensteten erörtert werden. Aufgrund der Ergebnisse dieser Gespräche können einschlägige Fachkräfte hinzugezogen, die Personalvertretung kontaktiert und Schulungen organisiert werden.

Die offene Benennung von Problemen lässt sich durch eine anonyme Fragebogenerhebung zur Arbeitszufriedenheit erzielen.

Präventivmaßnahmen sind darüber hinaus:

- professionelles Konfliktmanagement
- Schulung im Umgang mit Konflikten
- Belastungen durch eine veränderte Arbeitsorganisation reduzieren
- für größere Handlungs- und Entscheidungsspielräume sorgen
- Zuständigkeiten für Aufgabe, Kompetenz und Verantwortung klar regeln
- betriebliche Entscheidungsprozesse transparent machen
- Anlaufstelle zur Konfliktlösung einrichten, z. B. externer Berater
- Führungskräfte für den Erfolg ihrer Mitarbeiter verantwortlich machen

3. Konsequente Rechtsverfolgung der Täter

Die rechtlich vorhandenen Möglichkeiten müssen angewendet werden.

Im Gegensatz zu anderen Staaten ist ein Mobbing-Tatbestand im deutschen Strafrecht noch nicht eingeführt worden.

Die Täter sollten konsequent für alle entstandenen Kosten zivilrechtlich zur Verantwortung gezogen werden.

4. Rechtlich und tatsächlich verbindliche Dienstvereinbarungen

Alle 16 Landespolizeien, beide Bundespolizeien sowie Zoll und Steuerfahndung benötigen dringend eine Dienstvereinbarung zur Mobbing-Abwehr nach dem Vorbild des Universitätskrankenhauses Hamburg-Eppendorf oder des Bezirksamtes Berlin-Weißensee.

5. Förderung und Schaffung unabhängiger, professioneller Anlaufstellen

Einrichtung von Anlaufstellen zur Lösung von Personalkonflikten am Arbeitsplatz nach dem Vorbild des Universitätskrankenhauses Hamburg-Eppendorf.

Martin Herrnkind, Bianca Müller, Thomas Wüppesahl

Dokument 20

Willkür dienstlicher Beurteilungen bei Mobbing, aufgezeigt am Beispiel Bianca Müller

1.
Dienstliche Beurteilung vor *der Mobbing-Phase* (Auszüge)
Ehrlich, ordentlich, zuverlässig, verantwortungsbewusst.

Immer pflichtbewusst, stets ausgesprochen arbeits- und einsatzwillig, stark belastbar und jederzeit zu Mehrdienstleistungen bereit.

Dienstlich sehr engagiert, setzte sich wiederholt auch für Angelegenheiten ein, die über den unmittelbaren dienstlichen Bereich hinaus gingen.

Diese Eigenschaften trafen auch gegenüber Kollegen in und außerhalb des Teams zu. Kollegial und hilfsbereit im inner- und außerdienstlichen Bereich. Scheute keineswegs Situationen mit Risiko.

Wegen umfangreichen Wissens, Selbstbewusstseins und Selbständigkeit immer wieder zum Dienst in die Schichtleitung berufen und regelmäßig zur Ausbildung eingesetzt.

Besonders fundierte Kenntnisse auf medizinischem Gebiet ließen besondere Erfolge bei Todesermittlungen erzielen, die auch von M I (Mordkommission, Anm.d.A.) anerkannt wurden.

Für die Rettung von Menschenleben im und außer Dienst wiederholt öffentliche Anerkennung erhalten.

Leistungen, Fachwissen und Persönlichkeit mit gut und besser zu bewerten. Dabei muss noch besonders auf den immer gleichbleibenden hohen Motivationsgrad hingewiesen werden.

2.
Dienstliche Beurteilung in *der Mobbing-Phase* (Auszüge)
Ihr Auftreten gegenüber der Bevölkerung war sicher und bestimmt. Gegenüber Vorgesetzten verhielt sich Frau Müller höflich und korrekt, jedoch zeigte es sich sehr schnell, dass sie häufig Kritik an den getroffenen Entscheidungen und Kritik an Mitarbeitern übte. Obwohl diese Kritik unbegründet und nicht nachvollziehbar war, ließ sie nicht davon ab und zeigte sich uneinsichtig. Belehrungen des

Schichtleiters hierzu waren nur von kurzer Wirkung. Ihr Verhalten führte schnell zu Problemen innerhalb der Schicht, die letztlich bis zur Ablehnung führten, da eine Teamarbeit mit Frau Müller mehr und mehr fraglich wurde. Ihre Kompromisslosigkeit zeigte sich besonders gravierend bei Entscheidungen des Teamführers. Sie war oft nicht gewillt, Entscheidungen zu akzeptieren. Dies führte teilweise zum Abbruch der Teamarbeit und wurde dadurch auch zum Sicherheitsproblem für andere Mitarbeiter, weil die Zuverlässigkeit nicht gegeben war. Die Bereitschaft der Mitarbeiter, mit Frau Müller im Team zu fahren, nahm rapide ab. Ihre Überheblichkeit, als erfahrene und »beste« Hauptkommissarin in Berlin alles besser zu wissen und zu können, musste immer wieder durch lange Gespräche und Belehrungen des Schichtleiters bzw. 1. Sachbearbeiters auf das Normalmaß zurückgeführt werden. Das Spannungsverhältnis Schichtleiter – Schicht – Frau Müller führte dann dazu, dass die Mitarbeiter sich geschlossen weigerten, mit Frau Müller im Team zu arbeiten. In einer relativ kurzen Zeit hatte es Frau Müller geschafft, eine harmonische und sehr gut arbeitende Schicht aus dem Gleichgewicht zu bringen, weil sie versuchte, die Mitarbeiter gegen die Schichtleitung auszuspielen. Auch der Umstand, dass Frau Müller innerhalb des Schichtdienstes relativ schnell die Grenzen ihrer körperlichen Leistungsfähigkeit erreicht hatte und bei anhaltender Belastung Regenerierungsphasen benötigte, um den vollen Dienstbetrieb durchzustehen, führte mit zur Ablösung. Eine Verlässlichkeit in Grenzsituationen war mit Frau Müller als Teampartnerin nicht gewährleistet.

Alle Fakten und der Umstand, dass sie nicht integrationswillig war, führten in Zusammenarbeit mit der Personalvertretung, der Frauenvertretung und dem Direktionsleiter zu der Entscheidung, Frau Müller sofort aus dem Schichtdienst herauszulösen.

Insgesamt ist festzustellen, dass Frau Müller für den Schichtdienst nicht mehr geeignet ist. Aufgrund ihrer erheblichen Mängel in der Persönlichkeit, aber ihrer guten Kenntnisse für die ausgeübte Verwendung wird Frau Müller insgesamt befriedigend (3,0) beurteilt.

3.
Dienstliche Beurteilung nach *der Mobbing-Phase* (Auszüge)

Körperliche Leistungsfähigkeit: stark belastbar.

Im Verhalten zur Bevölkerung sicher und flexibel, dem Einzelfall angemessen freundlich.

Gegenüber Mitarbeitern stets kollegial und hilfsbereit, aufgeschlossen und ehrlich; Vorgesetzten gegenüber ohne Einschränkungen zur konstruktiven Zusammenarbeit bereit.

Außergewöhnlich ideenreich, aufgeweckt und produktiv im Denken. Urteilsfähigkeit ausgereift und fundiert, dabei unverzüglich im Urteil. Bewahrt auch unter hoher Belastung eine klare Linie aus Sorgfalt und überaus hoher Entschluss- und Entscheidungsfreude. Beispielhaft einsatz- und arbeitsfreudig, ausgeprägtes Pflicht- und Verantwortungsbewusstsein.

Im Zeitraum ihrer hiesigen Verwendung erwies sich Frau Müller als eine ehrliche, ordnungsliebende, aufgeschlossene und jederzeit kollegiale Mitarbeiterin. Hervorzuheben sind ihre hohe Zuverlässigkeit und die uneingeschränkte Bereitschaft, Verantwortung zu übernehmen. Frau Müller zeigt sich in dienstlichen Belangen beispielhaft engagiert.

Ihre Leistungen sind gut bis sehr gut. Auf der Grundlage idealistischer Berufsauffassung, fundierten Fachwissens und jederzeit rücksichtsvollen Auftretens entwickelte sich KHK'in Müller unverzüglich zu einer allgemein geschätzten Mitarbeiterin.

Die fachlichen Kenntnisse, beruflichen Fähigkeiten und die bisher gezeigten Leistungen der Frau Müller liegen ausgewogen auf hohem Niveau. Sie wird insgesamt mit gut bis sehr gut beurteilt.

(Beurteilungszeitraum 1992 – 1997 – 1999)

Dokument 21

Die 45 Handlungen der Mobber*

1.
Angriffe auf die Möglichkeit, sich mitzuteilen
– Der Vorgesetzte schränkt die Möglichkeit ein, sich zu äußern
– Man wird ständig unterbrochen
– Kollegen schränken die Möglichkeit ein, sich zu äußern
– Anschreien oder lautes Schimpfen
– Ständige Kritik an der Arbeit
– Ständige Kritik am Privatleben
– Telefonterror
– Mündliche Drohungen
– Schriftliche Drohungen
– Kontaktverweigerung durch abwertende Blicke oder Gesten
– Kontaktverweigerung durch Andeutungen, ohne dass man etwas direkt ausspricht

2.
Angriffe auf die sozialen Beziehungen
– Man spricht nicht mehr mit dem/der Betroffenen
– Man lässt sich nicht ansprechen
– Versetzung in einen Raum weitab von den Kollegen
– Den Arbeitskollegen/innen wird verboten, den/die Betroffene/n anzusprechen
– Man wird wie Luft behandelt

3.
Angriffe auf das soziale Ansehen
– Hinter dem Rücken des/der Betroffenen wird schlecht über ihn/sie gesprochen
– Man verbreitet Gerüchte
– Man macht jemanden lächerlich
– Man verdächtigt jemanden, psychisch krank zu sein
– Man will jemanden zu einer psychiatrischen Untersuchung zwingen

* Nach Prof. Dr. Heinz Leymann

- Man macht sich über eine Behinderung lustig
- Man imitiert den Gang, die Stimme oder Gesten, um jemanden lächerlich zu machen
- Man greift die politische oder religiöse Einstellung an
- Man macht sich über das Privatleben lustig
- Man macht sich über die Nationalität lustig
- Man zwingt jemanden, Arbeiten auszuführen, die das Selbstbewusstsein verletzen
- Man beurteilt den Arbeitseinsatz in falscher und kränkender Weise
- Man stellt die Entscheidungen des/der Betroffenen in Frage
- Man ruft ihm/ihr obszöne Schimpfworte oder andere entwürdigende Ausdrücke nach
- Sexuelle Annäherungen oder verbale sexuelle Angebote

4.
Angriffe auf die Qualität der Berufs- und Lebenssituation
- Man weist dem/der Betroffenen keine Arbeitsaufgaben zu
- Man nimmt ihm/ihr jede Beschäftigung am Arbeitsplatz, so dass er/sie sich nicht einmal selbst Aufgaben ausdenken kann
- Man gibt ihm/ihr sinnlose Arbeitsaufgaben
- Man gibt ihm/ihr Aufgaben weit unter seinem eigentlichen Können
- Man gibt ihm/ihr ständig neue Aufgaben
- Man gibt ihm/ihr kränkende Arbeitsaufgaben
- Man gibt dem/der Betroffenen Arbeitsaufgaben, die seine/ihre Qualifikation übersteigen, um ihn/sie zu diskreditieren

5.
Angriffe auf die Gesundheit
- Zwang zu gesundheitsschädlichen Arbeiten
- Androhung körperlicher Gewalt
- Anwendung leichter Gewalt, zum Beispiel um jemandem einen Denkzettel zu verpassen
- Körperliche Misshandlung
- Man verursacht Kosten für den/die Betroffene/n, um ihm/ihr zu schaden
- Man richtet physischen Schaden im Heim oder am Arbeitsplatz des/der Betroffenen an
- Sexuelle Handgreiflichkeiten

Dokument 22

Anteil der Polizistinnen in europäischen Polizeiorganisationen*

Anteil in Prozent:

Estland:	22
Schweden:	17
Großbritannien:	15
Italien:	13
Norwegen:	13
Niederlande:	13
Deutschland:	10
Frankreich:	8
Türkei:	3

* Quelle: European Network of Policewomen

Kontaktadressen*

Bundesarbeitsgemeinschaft Kritischer Polizistinnen und Polizisten
Sprecher:
Bianca Müller, Tel. u. Fax 030-8034235
Thomas Wüppesahl, Tel. 04163-7433, Fax 7913
Martin Herrnkind, Tel. 0451-7070500, Fax 7070801

Die BAG Kritische PolizistInnen vertritt eine liberale Werteordnung und ein humanes Weltbild. Sie ist eine partei- und gewerkschaftlich unabhängige Gruppe und versteht sich als Teil der Bürgerrechtsbewegung. Sie nimmt bundesweit Einfluss auf Innenpolitik, Polizeiorganisation, innerdienstliche Demokratie und innere Führung der Polizei und setzt sich für die Korrektur des Berufsbildes der Polizei im Sinne des demokratischen Rechtsstaates ein. Die *Kritischen* bekämpfen Korpsgeist und Law and Order. Die BAG ist Anlaufstelle für Kolleginnen und Kollegen und ermutigt dazu, konstruktive Kritik innerhalb der Polizei zu äußern. Die BAG berät Kolleginnen und Kollegen, die Opfer von Mobbing, sexueller Belästigung oder von Justiz- und Behördenwillkür geworden sind.

Pro Police e.V.
1. Vorsitzender Dietmar Hübner
Hansa-Ufer 4, 10555 Berlin
Tel. 030-39102465, Fax 39102464

Pro Police bietet Polizeiangehörigen (vorzugsweise in Berlin) eine professionelle Beratung und Vermittlung bei dienstlichen und privaten Konflikten an. Unter Wahrung absoluter Vertraulichkeit umfasst

* Beispielhaft und nicht vollzählig

der Service u.a. : Notruftelefon in Krisensituationen, Supervision, Installation und Begleitung von Selbsthilfegruppen, individuelle Beratung. Die Vereinigung besteht aus engagierten PolizistInnen mit Zusatzausbildung in Mediation, NLP, Familientherapie, Suchtkrankenhilfe. – Externe Fachleute aus den Bereichen Medizin, Supervision, Psychologie, Sozialarbeit, Sozialpädagogik und Homosexualität ergänzen das Team. Das Motto der Vereinigung lautet: »Für die Polizei, aber nicht zwangsläufig mit ihr.«

MOBBING-BERATUNG IM INTERNET:
www.sozialnetz-hessen.de/mobbing

Arbeitsgemeinschaft »No Mobbing« Hamburg
AOK Hamburg/DAG-Landesverband Hamburg/Kirchlicher Dienst in der Arbeitswelt (KDA)
Beratungstelefon 040-2023-0209 (Montag 10–14 Uhr, Dienstag 14–18 Uhr, Donnerstag 17–20 Uhr)

Verein gegen psychosozialen Stress und Mobbing (VPSM)
Rambacher Str. 74, 65193 Wiesbaden, Tel. 0611-541737 u. 0172-6133857

Institut für Arbeitspsychologie und Arbeitspädagogik e.V. (IAP)
Dr. Martin Resch, Tel. 04105-85150, Fax 643913

Institut für Psychologie der Johann-Wolfgang-von-Goethe-Universität Frankfurt/M.
Prof. Dr. Dieter Zapf, Tel. 069-79822963, Fax 79823847

NAKOS – Nationale Kontaktstelle für Selbsthilfegruppen Berlin
Tel. 030-8914019

Deutsche Arbeitsgemeinschaft für Selbsthilfegruppen Giessen
Tel. 0641-7022478

DAG Bezirk Frankfurt
Tel. 069-71 91 16 27 od. 71 91 16 13

Mobbing-Beratung München
Tel. 089-60 60 00 70

No-Mobbing-SHG München
089-53 29 56 11

DAG München
Tel.089-28 81 22-46

AOK München
Tel. 089–62 73 03 44

amnesty international
Sektion der Bundesrepublik Deutschland e.V.
Postfach, 53 108 Bonn, Tel. 0228-98 37 30

Aktion Courage e.V. – SOS Rassismus Bonn
Tel. 0228-21 30 61

Internationale Liga für Menschenrechte Berlin
Tel. 030-3 96 21 22

Rechtsanwalt
Thomas Etzel, Goethestr. 68, 80 336 München,
Tel. 089-54 37 04 10, Fax 54 37 04 11

European Network of Policewomen (ENP)
P.O. Box 1102, 3800 BC Amersfoort, Niederlande
Tel. 0031-33-4 65 40 19, Fax 0031-33-4 65 40 83
Kontakt in Deutschland:
Petra Lazik, Tel. 02131-300-29 61
Karina Gütges, Tel. 0211-939-63 51

Schweiz
Mobbing Selbsthilfegruppe Bern, Ursula Näf, Bernsteinstr. 52, CH–3072 Ostermundingen, Tel. 0041-31-9320561

Mobbing Selbsthilfegruppe Zürich, Jules Portmann, Im Wingert 26, CH–8049 Zürich, Tel. 0041-1-3411982

Fachgruppe Mobbing, Michael Wenger, Waldstr. 8, CH–3315 Bötterkinden

Klaus Schiller, Psychologe, Bremgartnerstr. 56, CH–8953 Dietikon, Tel. 0041-1-741–5892

Österreich
Kammer für Arbeiter und Angestellte Salzburg – Betriebsräteberatung – Tel. 00436 62-8687414, Fax 876258

Abkürzungsverzeichnis

A	Abschnitt (Polizeirevier in Berlin)
ai	*amnesty international*
AOK	Allgemeine Ortskrankenkasse
BAG	Bundesarbeitsgemeinschaft
BGH	Bundesgerichtshof
DAG	Deutsche Angestellten Gewerkschaft
Diszi	Disziplinarverfahren
FAZ	Frankfurter Allgemeine Zeitung
GdP	Gewerkschaft der Polizei
IM	Innenminister(ium)
K	Kriminalpolizei
KBON	Karl-Bonhoeffer-Klinik (Berlin)
KDA	Kirchlicher Dienst in der Arbeitswelt
KHK	Kriminalhauptkommissar(in)
KOB	Kontaktbereichsbeamter
MfS	Ministerium für Staatssicherheit (der DDR)
MRK	Menschenrechtskommission
MSHG	Mobbing-Selbsthilfgeruppe
OStA	Oberstaatsanwalt
PHK	Polizeihauptkommissar(in)
PI	Polizei-Inspektion (Polizeirevier in München)
PK	Polizeikommissar(in)
PM	Polizeimeister(in)
POK	Polizeioberkommissar(in)
POM	Polizeiobermeister(in)
PP	Polizeipräsident, auch Polizeipräsidium
S	Schutzpolizei
SEK	Spezialeinsatzkommando
SFB	Sender Freies Berlin
SHG	Selbsthilfegruppe

StA	Staatsanwalt, auch Staatsanwaltschaft
Stasi	Staatssicherheitsdienst (der DDR)
VPSM	Verein gegen psychosozialen Stress und Mobbing
VU	Verkehrsunfall

Literaturhinweise

Besondere Empfehlung:
AOK/KDA/DAG (Hg.): Mobbing. Psychoterror am Arbeitsplatz. 5. Aufl., Hamburg 1999 (siehe Kontaktanschrift S. 223)
Schutzgebühr 5,– DM

Aktion Courage e.V. – SOS Rassismus (Hg.): Dokumentation: Polizeiübergriffe gegen Ausländerinnen und Ausländer, Bonn 1999

Am Orde, Sabine: Zwischen Vertragsarbeit und organisierter Kriminalität. Zur Kriminalisierung der vietnamesischen Minderheit in der Bundesrepublik. In: Bürgerrechte & Polizei, CILIP 55, Nr. 2/1996, S. 61–66

amnesty international (Hg.): Ausländer als Opfer. Polizeiliche Misshandlungen in der Bundesrepublik Deutschland – ai-Index EUR 23/06/95-, London/Bonn 1995

amnesty international (Hg.): Bundesrepublik Deutschland. Eine Zusammenfassung der Anliegen von amnesty international im Zeitraum Mai bis Oktober 1994 – ai-Index EUR 23/08/94 GERMAN, London/Bonn 1994

amnesty international (Hg.): Bundesrepublik Deutschland. Vorwürfe über Misshandlungen an Ausländern – aktuelle Entwicklung seit Veröffentlichung des Berichts vom Mai 1995 – ai-Index 23/02/96 GERMAN, London/Bonn 1996

amnesty international: »Freunde und Helfer« im Zwielicht. In: ai-Info 6/1995, S. 4–13

amnesty international, Jahresberichte 1995–2000, Länderberichte Bundesrepublik Deutschland, Frankfurt 1995–2000

Anonymus: Unter der Decke, hinter den Mauern. Eine sozialpsychologische Skizze subkultureller Mobbing-Phänomene innerhalb eines Polizeireviers, Magazin für die Polizei, Teil 1 Ausgabe 278, Juni 1999; Teil 2 Ausgabe 279, Juli-August 1999

AOK/KDA/DAG (Hg.): Mobbing. Psychoterror am Arbeitsplatz. 5. Aufl., Hamburg 1999
AOK/KDA/DAG (Hg.): Arbeiten mit Angst. Ursachen, Folgen, Handlungsansätze. Hamburg 1998
BAG Kritische Polizistinnen und Polizisten (Hg.): Mobbing-Resolution. In: Unbequem, Ausgabe 40, März 2000
Basset, Lucinda: Angstfrei leben. Das erfolgreiche Selbsthilfeprogramm gegen Stress und Panik. Frankfurt/M. 1997
Bayerisches Staatsministerium des Innern/Polizeipräsident München/Umfrageinstitut Klaus Peinelt GmbH (Hg): Mitarbeiterbefragung 1999 beim Polizeipräsidium München, München 1999
Becker, Michael: Rückwege zum Selbstbewusstsein. Ein Beispiel für die Behandlung in der Mobbing-Klinik. In: Leymann, Heinz (Hg.) Der neue Mobbing-Bericht. Erfahrungen und Initiativen, Auswege und Hilfsangebote, Reinbek 1995
Beckers, C./Merz, H.: Mobbing-Opfer sind nicht wehrlos – Wie Sie sich schützen und wehren können, Freiburg 1998
Berliner Abgeordnetenhaus – Innenausschuss: Wortprotokoll der Sitzung des Innenausschusses v. 8. September 1977 u. Inhaltsprotokoll der Sitzung des Innenausschusses v. 20. September 1999
Bernauer Polizistenprozess – ein Nachspiel. In: Der Kriminalist 11/1998, S. 467
Bezirksamt Berlin-Weißensee (Hg.): Dienstvereinbarung zur Mobbing-Abwehr. In: Arbeit und Arbeitsrecht, 1/1999
BfA -Bundesversicherungsanstalt für Angestellte (Hg.): Dienstvereinbarung über den Beschäftigungsschutz (Sexuelle Belästigung, Mobbing und Diskriminierung), Berlin 24. April 1998
Brinkmann, Ralf D.: Mobbing, Bullying, Bossing. Erkennen, Beeinflussen und Vermeiden systematischer Feindseligkeiten. Heidelberg 1995
Brusten, Manfred: Strafverfahren gegen Polizeibeamte in der BRD. In: Kriminologisches Journal 4, Beiheft 1992, S. 99
Büchert, Oliver: Kriminalstatistik und Rassismus. In: CILIP 65, Nr. 1/2000, S. 21–28
Bündnis 90/Die Grünen Bundestagsfraktion (Hg.): Polizeiübergriffe gegen Nichtdeutsche endlich ernst nehmen! Bonn 1996

Burisch, M: Das Burnout-Syndrom: Theorie der inneren Erschöpfung, Berlin 1989
Däubler, Wolfgang: Zurückhaltung des Rechts. Mobbing und das Arbeitsrecht – eine Bestandsaufnahme. In: Leymann, Heinz (Hg.) Der neue Mobbing-Bericht. Erfahrungen und Initiativen, Auswege und Hilfsangebote, Reinbek 1995
Diederichs, Otto: Berliner Polizeireformen. In: Bürgerrechte & Polizei, CILIP 56, Nr. 1/1997, S. 31–38
Diederichs, Otto: Die Berliner »Lumpen-Affäre«. Vom polizeilichen Umgang mit Menschen. In: Bürgerrechte & Polizei, CILIP 54, Nr. 2/1996, S. 68–74
Diederichs, Otto: Hilfe Polizei. Fremdenfeindlichkeit bei Deutschlands Ordnungshütern. In: Bürgerrechte & Polizei, CILIP 50, Nr. 1/1995, S. 71
Direktorium und Personalräte des Universitätskrankenhauses Hamburg-Eppendorf (Hg.): Dienstvereinbarung über die Einrichtung einer Anlaufstelle zur Lösung von Personalkonflikten am Arbeitsplatz, Hamburg 1998; auch in: Arbeit und Arbeitsrecht, 1/1999
Ebeling, Jürgen: Ärztliche Hilfe in der ambulanten Praxis. In: Leymann, Heinz (Hg.) Der neue Mobbing-Bericht. Erfahrungen und Initiativen, Auswege und Hilfsangebote, Reinbek 1995
Esser Axel/Wolmerath, Martin: Mobbing. Der Ratgeber für Betroffene und ihre Interessenvertreter. Frankfurt/M. 1999
Etzel, Thomas: Wissenswertes zum Thema Mobbing. In: Unbequem, Ausgabe 39, Sept. 1999
Fleissner, Alfred: Mobbing in der Polizei. Kompetente Selbsthilfe außerhalb der Polizei. In: Unbequem, Ausgabe 40, Dezember 1999
Fleissner, Alfred: Die Konflikt-Lösungs-Initiative Mobbing-Opfer-Anlaufstelle. In: Unbequem, Ausgabe 42, Juni 2000
Freie und Hansestadt Hamburg (Hg.): Polizeikommission. Jahresbericht 1999, Hamburg 2000
Fuchs, Jürgen: Unter Nutzung der Angst. Die »leise Form« des Terrors. Zersetzungsmaßnahmen des MfS. In: Bundesbeauftragter für die Unterlagen des Staatssicherheitsdienstes der ehemaligen Deutschen Demokratischen Republik (Hg.), BF informiert Nr. 2/1994

Funk, Albrecht: Rassismus: Kein Thema für die deutsche Polizei? In: Bürgerrechte & Polizei, CILIP 44, Nr. 1/1993, S. 34–40
Gerhardt, Ulrike/Heiliger, Anita/Stehr, Annette: Tatort Arbeitsplatz. Sexuelle Belästigung von Frauen, München 1992
Gewerkschaft der Polizei: amnesty international vergreift sich im Ton. In: Deutsche Polizei, 1/1995, S. 3
Gewerkschaft der Polizei: amnesty international. Dissens in der Betrachtungsweise. In: Deutsche Polizei, 11/11995, S. 10
Gewerkschaft der Polizei: Menschenrechtsorganisation bezichtigt Polizei der Folter. In: Deutsche Polizei, 7/1995, S. 3, 4
Gewerkschaft der Polizei: Polizei und Fremde. In: Deutsche Polizei 3/1996, S. 4, 12–14
Gewerkschaft der Polizei: Rechtsschutz. Verurteilungen im Bernauer Polizistenprozess. In: Deutsche Polizei, 6/1998
Glöß, Petra: Sexismus am Arbeitsplatz. Bedeutung für die Frauenförderung. In: Däubler-Gmelin, H. et al.(Hg.), Handbuch zur beruflichen Förderung von Frauen, Hamburg 1985
Goffmann, E.: Stigma. Über Techniken der Bewältigung beschädigter Identität, Frankfurt/M. 1976
Greif, S./Bamberg, E./Semmer, N. (Hg.): Psychischer Stress am Arbeitsplatz, Göttingen 1991
Groeblinghoff, Dieter: Folgen von Mobbing: Was kann Mobbing kosten? In: Informationsschrift der DAG und Krankenkassenverbände, Berlin 1995
Groeblinghoff, Dieter: Konzeption der in Einrichtung befindlichen Mobbing-Anlaufstelle des Universitätskrankenhauses Hamburg-Eppendorf. In: Vorlesungsreihe Konflikt- und Motivationsforschung IV, Medizinische Fakultät der Universität, Hamburg 1998
Groeblinghoff, Dieter: Störungen am Arbeitsplatz. Ursachen und Lösungen. In: Arbeit und Arbeitsrecht 4/1999, S. 162–165
Groeblinghoff, Dieter: Zur Situation und Entwicklung medizinisch-psychotherapeutischer Prävention und Versorgung bei mobbingbedingten Erkrankungen. In: Vorlesungsreihe Konflikt- und Motivationsforschung III, Medizinische Fakultät der Universität, Hamburg 1997
Groeblinghoff, Dieter: Zur wissenschaftlichen Begutachtung von Mobbing-Verläufen, hier: aus forensisch-psychiatrischer Sicht. In:

Vorlesungsreihe Konflikt- und Motivationsforschung II, Medizinische Fakultät der Universität, Hamburg 1996
Grund, Uwe: Wenn die Hemmschwellen sinken. Die Aufgabe der Gewerkschaft: Aufklärung und Prävention. In: Leymann, Heinz (Hg.) Der neue Mobbing-Bericht. Erfahrungen und Initiativen, Auswege und Hilfsangebote, Reinbek 1995
Haben, Gabriele/Harms-Böttcher, Anette: Das Hamsterrad. Mobbing – Frauen steigen aus. Berlin 2000
Halama, P./Möckel, U./Gräntzdörffer, W: Die Halama Mobbing Studie, Bad Lippspringe 1994
Hemmer, Horst Heinz: Mobbing bei der Polizei? oder Auf den Spuren des Michael Kohlhaas. In: Teil I Unbequem, Ausgabe 39, Sept. 1999; Teil II Unbequem, Ausgabe 40, Dezember 1999
Hirigoyen, Marie-France: Die Masken der Niedertracht. Seelische Gewalt im Alltag und wie man sich dagegen wehren kann, München 1999
Hohmeier, J.: Stigmatisierung als sozialer Definitionsprozess. In: M. Brusten/J. Hohmeier, Stigmatisierung, Neuwied 1975
Holzbrecher, Monika/Meschkutat, Bärbel: Mobbing am Arbeitsplatz. Informationen, Handlungsstrategien, Schulungsmaterial. Bremerhaven 1999
Jandke, Wolfgang: Mitarbeiterbefragung beim Polizeipräsidium München. In: Unbequem, Ausgabe 40, März 2000
Kast, Verena: Vom Sinn der Angst. Wie Ängste sich festsetzen und wie sie sich verwandeln lassen. Freiburg 1996
Kellner, U./Mertz, H.: Leitfaden für Mobbing-Selbsthilfegruppen, Ratingen 1998
Knorz, C./Zapf, D.: Mobbing. Eine extreme Form sozialer Stressoren am Arbeitsplatz. In: Zeitschrift für Arbeits- und Organisationspsychologie, 40/1996, S. 12–21
Kollmer, Norbert: Mobbing im Arbeitsverhältnis. Heidelberg 1997
Kolodej, Christa: Mobbing. Psychoterror am Arbeitsplatz und seine Bewältigung. Wien 1999
Kommission der Europäischen Gemeinschaft (Hg.): Anhörung der Sozialpartner zur Frage der Verhinderung von sexueller Belästigung am Arbeitsplatz, Katalog Nr. CB-CO–96–415-DE-C, Brüssel 1996

Korell, Jürgen/Liebel, Urban: Polizeiskandal – Skandalpolizei. Demokratiemangel bei der Polizei? Bonn 2000

Kratz, Hans-Jürgen: Mobbing. Erkennen, Ansprechen, Vorbeugen. Frankfurt/M. 2000

Kraus, Wolf-Dieter/Kraus, Renate: Mobbing: die Zeitbombe am Arbeitsplatz. Renningen-Malmsheim 2000

Krempl, Siegfried: Münchner Polizeiskandale. Unheimliche Ordnungshüter in der heimlichen Hauptstadt. In: Bürgerrechte & Polizei, CILIP 64, Nr. 3/1999, S. 70–77

Leymann, Heinz: Am Anfang steht das Zuhören. Einige Bemerkungen über den Umgang mit Mobbingopfern und über Hilfsmaßnahmen. In: Leymann, Heinz (Hg.), Der neue Mobbing-Bericht, Reinbek 1995

Leymann, Heinz: Einführung Mobbing. Das Konzept und seine Resonanz in Deutschland. In: Leymann, Heinz, Der neue Mobbing-Bericht, Reinbek 1995

Leymann, Heinz: Konkurrenz und Kooperation oder Vom Mythos der Konkurrenzgesellschaft. In: Leymann, Heinz (Hg.), Der neue Mobbing-Bericht, Reinbek 1995

Leymann, Heinz: Mobbing. Psychoterror am Arbeitsplatz und wie man sich dagegen wehren kann, Reinbek 1993

Leymann, Heinz: Theorien – aber welche? Wie Lena, die Schweißerin, unter die Wissenschaft fiel. Zur Kontroverse über Mobbing. In: Leymann, Heinz (Hg.), Der neue Mobbing-Bericht, Reinbek 1995

Leymann, Heinz: Wenn Mobbing krank macht. Die posttraumatische Stressbelastung und ihre Folgen. In: Leymann, Heinz (Hg.), Der neue Mobbing-Bericht, Reinbek 1995

Leymann, Heinz: Die Mobbing-Spirale, Reinbek 2000

Ludewig, K: Systemische Therapie. Grundlagen klinischer Theorie und Praxis, Stuttgart 1992

Lueger, G.: Die Bedeutung der Wahrnehmung bei der Personalbeurteilung. Zur psychischen Konstruktion von Urteilen über Mitarbeiter. In: v. Eckstein, D./Neuberger, O. (Hg.), Personalwirtschaftliche Schriften, Band 1, München 1993

Mainberger, Bettina: Jede Menge Zoff. Was tun gegen Mobbing und Gewalt? München 2000

Ministerium für Inneres des Landes Nordrhein-Westfalen, Bericht der Projektgruppe: Personal-/Organisationsentwicklung und Führung in der Polizei NRW, Düsseldorf 1998
Ministerium für Inneres und Justiz des Landes Nordrhein-Westfalen (Hg.): Sexuelle Belästigung am Arbeitsplatz. Eine Untersuchung bei der Polizei in Nordrhein-Westfalen, Düsseldorf 1995
Mittelstaedt, Inga: Mobbing und Emotionen. Aspekte einer Organisationssoziologie. Mering 1998
Moser, Thomas: Täter – Opfer – Täter – Opfer. Monatelang hat der Polizist sein schlechtes Gewissen mit sich rumgetragen, ehe er die Wahrheit sagte. In: Unbequem, Ausgabe 39, Sept. 1999
Müller, Bianca: Mobbing – der Umgang mit den Helfern! Oder auch: Mobbing bei der Polizei – gibt es doch gar nicht. In: Unbequem, Ausgabe 39, Sept. 1999
Müller, Bianca: Mobbing – ein Tabuthema in der Polizei?! In: Unbequem, Ausgabe 34, Juni 1998
Müller, Bianca: Mobbing in der Polizei – immer noch ein Tabuthema?! In: Unbequem, Ausgabe 36, Dezember 1998
Müller, Bianca: Der Prozess »Nina Dreisbach« – Eine Farce mit vielen Unklarheiten! In: Unbequem, Ausgabe 42, Juni 2000
Müller-Dreesen, Stefanie: Mobbing und Bossing. Hilfe, was tun. Haslach 1998
Narr, Wolf-Dieter: Kriminalpolitische Kategorie: Ausländer. In: CILIP 65, Nr. 1/2000, S. 6–13
Neuberger, Oswald: Mobbing. Übel mitspielen in Organisationen. Mering 1999
Niedl, Klaus: Mobbing. Bullying am Arbeitsplatz, München 1995
Niedl, Klaus: Mobbing/Bullying am Arbeitsplatz. Eine empirische Analyse zum Phänomen sowie personalwirtschaftlich relevanten Effekten von systematischen Feindseligkeiten. Mering 1999
Niedl, Klaus: Wem nützt Mobbing? Psychoterror am Arbeitsplatz und die Personalwirtschaft von Unternehmen. In: Leymann, Heinz (Hg.), Der neue Mobbing-Bericht, Reinbek 1995
Pardoe, Blaine L.: Karriere im Minenfeld. Subversive Strategien zur Selbstverteidigung am Arbeitsplatz. Frankfurt/M. 1999
Personalrat des Bezirksamtes Berlin-Weißensee (Hg.): Dienstvereinbarung zur Mobbingabwehr, Berlin 1. Juli 1996

Pfarr, H./Bertelsmann, K: Diskriminierung im Erwerbsleben. Ungleichbehandlungen von Frauen und Männern in der Bundesrepublik Deutschland, Baden-Baden 1989

Plogstedt, Sybille/Bertelsmann, Klaus: Sexuelle Belästigung am Arbeitsplatz. Frauen wehren sich. In: DGB-Bundesvorstand (Hg.), Abteilung Frauen und Jugend, Düsseldorf 1988

Plogstedt, Sybille/Bode, Kathleen: Übergriffe, sexuelle Belästigung in Büros und Betrieben. Eine Dokumentation der Grünen Frauen im Bundestag, Reinbek 1984

Plogstedt, Sybille/Degen, Barbara: Nein heißt nein! DGB-Ratgeber gegen sexuelle Belästigung am Arbeitsplatz, München 1992

Polizeiführungsakademie (Hg.): Forschungsbericht »Polizei und Fremdenfeindlichkeit«, Münster 1996

Polizeipräsident Berlin (Hg.): Bericht der Mobbing-Kommission. Berlin 1999

Pühl, Harald: Angst in Gruppen und Institutionen. Der Einzelne und sein unbewusstes Gruppennetz. Hille 1994

Resch, Martin: Stressausgleich bei Mobbing. In: Leymann, Heinz (Hg.), Der neue Mobbing-Bericht. Erfahrungen und Initiativen, Auswege und Hilfsangebote, Reinbek 1995

Richter, Horst-Eberhard: Umgang mit der Angst. Düsseldorf 1992

Schäfer, Herbert: Identifikation mit dem gesetzlichen Auftrag und auftragswidrige Kameraderie. In: Der Kriminalist, 5/1996, S. 210–221

Schauer, Renate: Mobbing- Kostspielige Kränkung am Arbeitsplatz, Wiesbaden 1998

Schlaugat, Kerstin: Mobbing am Arbeitsplatz, Mering 1999

Schmidt, Ingetraut: Sommer Mobbing. Münster 1997

Vogel, Heinz Wilhelm (Hg.): Was tun bei ... Mobbing? München 1994

Volkswagen AG (Hg.): Betriebsvereinbarung Partnerschaftliches Verhalten am Arbeitsplatz, Wolfsburg 1. Juli 1996

Wieland, Wolfgang: Der weggetauchte Staat. Staatliche (Nicht-)Reaktion auf rassistische Gewalttaten. In: Bürgerrechte & Polizei, CILIP 44, Nr. 1/1993, S. 24–29

Wüppesahl, Thomas: Mobbing? Keine Kontrolle der Kontrolleure! In: Unbequem, Ausgabe 39, Sept. 1999

Wüppesahl, Thomas: Die Bedeutung von Mobbing. »Frei«tod der Polizeibeamtin Nina Dreisbach. In: Unbequem, Ausgabe 42, Juni 2000

Wüppesahl, Thomas et.al.: Strafrecht als Mobbing-Methode. In: Unbequem, Ausgabe 42, Juni 2000

Zapf, D.: Mobbing in Organisationen. Überblick zum Stand der Forschung. In: Zeitschrift für Arbeits- und Organisationspsychologie, 43/1999, S. 1ff.

Zuschlag, Berndt: Mobbing. Schikane am Arbeitsplatz. Erfolgreiche Mobbing-Abwehr durch systematische Ursachenanalyse. Göttingen 1997

Dieter Schenk

Der Chef

Horst Herold und das BKA

Ein außergewöhnlicher Mann übernahm 1971 den Chefsessel im Bundeskriminalamt. Er war in Nürnberg nacheinander Staatsanwalt, Richter, Leiter der Kripo und Polizeipräsident gewesen, und es eilte ihm ein bundesweiter Ruf als »Kommissar Computer« voraus. Tatsächlich hat Horst Herold die Arbeit der Polizei revolutioniert, ansehnliche Erfolge in der Terroristenbekämpfung erzielt und mit seinen Visionen das BKA damals zur weltweit modernsten Zentrale der Verbrechensbekämpfung gemacht. Dieter Schenks Biographie zeichnet vor dem Hintergrund der gesellschaftspolitischen Krisen, die wichtigsten Lebensstationen nach – ohne Herold zu dämonisieren, aber zugleich in kritischer Auseinandersetzung mit seinen zum Teil utopischen Ideen

545 Seiten, gebunden

Spiegel-Buchverlag